一煲好烫，调养全家；以汤养身，胜于用药。汤营养足、味道鲜，不仅口感香润，而且能有效营养脏腑、滋润关节、补虚健体，还能防病治病，是药膳的最佳体现。每天一碗汤，大病小病一扫光。

煲滋补汤

孙志慧 ⊙ 编著

天津出版传媒集团
天津科学技术出版社

图书在版编目（CIP）数据

煲滋补汤 / 孙志慧编著 . —天津：天津科学技术出版社，2014.12
ISBN 978-7-5308-9413-2

Ⅰ . ①煲… Ⅱ . ①孙… Ⅲ . ①汤菜—菜谱 Ⅳ . ① TS972.122

中国版本图书馆 CIP 数据核字（2015）第 217487 号

策划编辑：刘丽燕　张　萍
责任编辑：孟祥刚
责任印制：兰　毅

天津出版传媒集团
天津科学技术出版社 出版

出版人：蔡　颢
天津市西康路 35 号　　邮编 300051
电话（022）23332490
网址：www.tjkjcbs.com.cn
新华书店经销
北京鑫海达印刷有限公司印刷

开本 720×1020　1/16　印张 27.5　字数 450 000
2015 年 10 月第 1 版第 1 次印刷
定价：29.80 元

前言

一煲好汤，补养全家。汤是中国人餐桌上必不可少的角色，喝汤是中国人自古延续至今的饮食传统，也是公认的最好的滋补养生方式。千百年来，中国人就用煲汤的方式，充分利用着自然食材、药材的补益功效，通过时间和火候的作用，把食物的营养“煲”入汤中，将汤变为盛在碗里的美味“营养师”，有效地营养脏腑、滋润关节、补虚健体。

汤的种类很多，有清爽开胃的蔬菜汤、营养丰富的畜肉汤、滋补身体的禽蛋汤、鲜香美味的水产汤，还有让人心情愉悦的甜汤，不同的汤品带给人不同的营养与享受。蔬菜汤采用日常生活中常见的蔬菜，或单一煮制、或混合搭配制成，能够开胃消食，帮助人体清理杂质，其中的各种营养素也最易被人体吸收，深受素食者的欢迎。畜肉汤则浓香四溢，营养丰富。好的肉汤肉味浓厚却不油腻，看上去色泽怡人却因为制作中已经汆去了杂质而更加健康。禽肉汤是日常生活中的重要补品，人在病后或者产后总是特别青睐禽肉汤带来的滋补效果。禽肉汤不仅有补血的作用，更有补气作用，对体弱者再适合不过了。水产汤鲜香四溢，能满足人的口腹之欲。水产营养丰富，脂肪含量却少，蛋白质更易吸收，有补肾健脑的作用。而甜汤清甜爽口的口感、美容养颜的功效更是备受现代人的喜爱。

经常喝汤，益处多多。研究表明，汤中的营养成分更容易被人体吸收，而且不易流失，在人体内的利用率也高。早餐喝汤，可以润肠养胃，迅速补充夜间代谢掉的水分，促进废物排泄；饭前喝汤，可以增加饱腹感，从而减少食物的摄取量，达到瘦身减肥的效果；春秋季节喝汤，可以驱赶寒冷，增强机体免疫力。而对于老年人、小孩、肠胃吸收不好的人群、术后调养的人以及孕产期妇女，喝汤更是有百利而无一害。一碗色、香味俱佳的好汤，不仅可以滋润肠胃、补益身体、守护健康，更能让家人在品味美食的同时享受天伦之乐。

喝汤是一门学问，多喝骨汤抗衰老，多喝鸡汤防感冒，多喝鱼汤治哮喘，多喝菜汤解疲劳。根据中医理论，无论是荤汤还是素羹，“对症喝汤”都可以达到滋补养生的功效。每个人根据自己的身体状况选择合适的汤品，就能用好喝又有食疗功效的汤有针对性地进行调养。

那么，如何才能烹制出美味又滋补的营养汤呢？本书集各种老火汤、清汤、香汤、鲜汤的做法于一册，根据常见食材而细分为清爽蔬菜汤、营养畜肉汤、滋补禽蛋汤、鲜美水产汤、滋补甜汤等，堪称家常美味汤煲大全。书中先介绍了一些煲汤的基本知识，包括家常汤煲常用食材的食性、煲汤用具的选择、煲汤原料的处理方法、各式汤品的基础制法以及不同人群的喝汤讲究等，让您轻松入门。书中每道汤品都将蔬菜、肉类、水产等食材和调料、药材巧妙搭配，材料、调料、做法面面俱到，语言通俗易懂，分步详解的烹饪步骤清晰明了，同时配以海量精美的分步图片和成品图，读者可以一目了然地了解汤品的制作方法。即使没有任何经验，也能按照书中的指导煲出美味健康的滋补养生汤。

健康的身体需要平时的调养呵护，本书一定会成为您喝汤养生的首选，为您的餐桌增添色彩，为您的生活增添暖意，让您及全家人喝出健康，活力四射。

目录

第一章 煲一碗好汤

第二章 清爽蔬菜汤

第三章 营养畜肉汤

第四章 滋补禽蛋汤

第五章 鲜美水产汤

第六章 滋补甜汤

第一章

煲一碗好汤

制汤，是将各种营养素丰富的食材原料放在水锅中长时间熬煮，使原料中的各种营养物质溶解于水中，制成鲜美的汤，以供烹调或食用。汤是烹制菜肴必不可少的调味品，汤的质量好坏对菜肴的影响很大，特别是鱼翅、海参、燕窝等珍贵而本身又没有鲜味的原料，全靠精制的汤提鲜增味。而且汤还是餐点中不可或缺的部分，它能增进人们的食欲，还能润口润胃。因此，制汤是一项很重要的工作。本部分将为大家介绍一些和熬制汤品有关的小窍门。

选好器具煲靓汤

◎工欲善其事，必先利其器，制作一煲好汤当然需要适当的器具。下面将为大家介绍煲汤常用的各种器具。

漏勺

漏勺是做饭用工具，勺子形状，但中间有很多小孔。漏勺可用于食材的汆水处理，多为铝制 。煲汤时可用漏勺取出汆水的肉类食材，方便快捷。

滤网

滤网是制作高汤时必须用到的器具之一。制作高汤时，常有一些油沫和残渣，滤网便可以将这些细小的杂质滤出，让汤品美味又美观。可在煲汤完成后用滤网滤去表面油沫和汤底残渣。

汤勺

汤勺可用来舀取汤品，有不锈钢、塑料、陶瓷、木质等多种材质。煲汤时可选用不锈钢材质的汤勺，耐用，易保存。塑料汤勺虽然轻巧隔热，但长期用于舀取过热的汤品，可能产生有毒化学物质，不建议长期使用。

汤锅

汤锅是家中必备的煲汤器具之一。有不锈钢和陶瓷等不同材质，可用于电磁炉。若要使用汤锅长时间煲汤，一定要盖上锅盖慢慢炖煮，这样可以避免过度散热。

瓦罐

地道的老火靓汤煲制时多选用质地细腻的砂锅瓦罐。其保温能力强，但不耐温差变化，主要用于小火慢熬。新买的瓦罐第一次应先用来煮粥或是锅底抹油放置一天后再洗净煮一次水。经过这道开锅工序的瓦罐使用寿命更长。

高压锅

高压锅在煲汤时，温度可达120摄氏度以上，食物中的维生素B_1、维生素B_2及烟酸由于不耐高温会损失掉50％以上。而食物中的蛋白质、脂肪及淀粉的损失则是极少的，经过高压，更便于人体消化吸收。

煲汤调料知多少

◎煲汤在使用配料时，也有诀窍。正确使用配料可以使汤品鲜香可口、营养丰富，还能增进食欲。以下介绍几种煲汤中经常使用的配料。

食盐

食盐是烹调时最重要的调味料，能提供菜肴适当咸度，增加风味，还能使蔬菜脱水，适度发挥防腐作用。在汤里添加适量的盐，可以维持人体的水和电解质平衡、酸碱度平衡，有益胃酸形成，促进消化，特别是对于维持神经肌肉的兴奋性，盐是不可或缺的调味料。

糖

糖能引出蔬菜中的天然甘甜，使汤品更加美味。糖更是水果甜汤中必不可少的调味料，有滋阴润肺的效果。

醋

白醋能除去汤中蔬菜根茎的天然涩味，略煮可使酸味变淡；米醋里含有的多种氨基酸、酵解酶类以及不饱和脂肪酸，能够促进人体肠道蠕动，降低血脂，排出毒素，维持肠道内环境的菌群平衡；乌醋则不宜久煮，于起锅前加入即可，以免香味散去。

酒

汤中通常使用米酒、黄酒及高粱酒，主要作用为去腥，能加速发酵及杀死发酵后产生的不良菌。特别是烹调鱼、肉类时添加少许酒，既可去腥味，又能提鲜。

葱姜蒜

葱、姜、蒜味道辛香，常用于爆香、去腥，能去除材料的生涩味或腥味，并提高汤品鲜味。

红辣椒

辣椒可使汤品增加辣味，并使汤的色彩更鲜艳。它的作用与葱、姜、蒜的作用相当，但其更为刺激的独特辣味，是使汤品令人开胃的重大“功臣”。

花椒

花椒亦称川椒，炒香后磨成的粉末即为花椒粉，能散发出特有的“麻”味，是增添汤品香气的必备配料。

五香粉

五香粉包含桂皮、大茴香、花椒、丁香、甘香、陈皮等香料，味浓，煲汤时宜酌量使用，以免覆盖住汤品的原本鲜味。

适合春季使用的煲汤食材

◎春天气温变化大，容易发生过敏、上火等现象，容易出现咽喉干、嗓子疼等症状，适宜吃一些温补及清热的汤品。

《黄帝内经》说：“春三月，此谓发陈，天地俱生，万物以荣，夜卧早起，广步于庭，被发缓形，以使志生，生而勿杀，予而勿夺，赏而勿罚，此春气之应，养生之道也，逆之则伤肝。”

春季阳气初生，天气转暖而阴寒未尽，万物萌生，人的阳气也得以升发。经过冬季的进补和春节的肥甘美食，导致营养脂肪积滞，因此要食用清淡的食物。而春季生发之气是夏长之气的基础，所以在春季生发阳气是一年健康的开始，在饮食上，可以吃一些温补阳气的食物，如豆类、花生、蛋类、鱼类等。而晚春气温偏高，应增加蔬菜的摄入量，减少肉类的食用，以补充维生素和去除体内火气。

而南方地区正是雨量增多、空气潮湿、天气变化无常的时候。这时需要加强对脾胃的养护，可多吃大枣、山药、胡萝卜、莲子等食物，防止脾胃虚弱。还需要多吃利湿的食物，如红豆、冬瓜等。

以下简单介绍一些宜于春季制作煲汤的食材。

鲫鱼

鲫鱼富含蛋白质、脂肪、钙、铁、锌、磷等营养元素及多种维生素，可补阴血、通血脉、补体虚，还有益气健脾、利水消肿、清热解毒等功效。鲫鱼肉中富含蛋白质，而且易于被人体所吸收，氨基酸含量也很高，所以对促进智力发育、降低胆固醇和血液黏稠度、预防心脑血管疾病有明显作用。

山药

山药可整顿消化系统，减少皮下脂肪沉积，避免肥胖，且能增强身体免疫功能。春季适量食用山药可在一定程度上增强体质，预防过敏。山药生食或煲汤时，排毒效果最好，饭前或饭后食用均具有健胃整肠的功能。

红豆

春季食用红豆，可以润补精气，提升自身活力。红豆富含维生素B_1、维生素B_2、蛋白质及多种矿物质，有补血、利尿、消肿等功效。另外其纤维有助于排泄体内盐分、脂肪等废物。红豆富含铁质，能使气色红润，多摄取红豆，还有补血、促进血液循环、强化体力、增强抵抗力的效果。

胡萝卜

医学研究表明，体内缺乏维生素A是患春季呼吸道感染性疾病的一大诱因。维生素A缺乏还会降低人体的抗体反应，导致免疫功能下降。在众多的食物中，最能补充维生素A的当数胡萝卜。胡萝卜中的β-胡萝卜素能有效预防花粉过敏症、过敏性皮炎等过敏反应。需要注意的是β-胡萝卜素是一种脂溶性物质，吃胡萝卜时最好是用油类烹熟，凉热皆可。

花生

花生含有大量的碳水化合物、多种

维生素以及卵磷脂和钙、铁等20多种微量元素，对儿童、少年提高记忆力有益，对老年人有滋养保健之功。花生具有健脾和胃、润肺化痰、清喉补气、通乳、利肾去水、降压止血之功效，可用于治疗因阴虚阳亢而导致的高血压。

白萝卜

白萝卜有很好的利尿效果，所含的纤维素也可促进排便，利于减肥。如果想利用萝卜来排毒，则适合生食。另外，鲜美多汁的白萝卜既能行气助消化，还能清热生津、顺气化痰，春季上火不妨吃点儿白萝卜。

红枣

红枣营养丰富，既含蛋白质、脂肪、粗纤维、糖类、有机酸、黏液质和钙、磷、铁等，又含有多种维生素，故有“天然维生素丸”之美称。红枣味甘性温，有补中益气、养血安神的功效，可用于脾胃虚弱、贫血虚寒、肠胃病食欲不振、疲乏无力、气血不足、津液亏损、心悸失眠等症，被国家卫生部公布为法定的药食两用的食物。红枣能调节神经系统的兴奋度，保护肝功能，降低胆固醇等。红枣中还含有抑制癌细胞，甚至可使癌细胞向正常细胞转化的物质。

适合夏季使用的煲汤食材

◎炎热的夏季会令很多人的食欲下降，此时的汤不仅需要刺激人的食欲，令人胃口大开，还要有效地补充微量元素，使人精力充沛。

《摄养论》中提到："四月，肝脏已病，心脏渐壮，宜增酸减苦，补肾助肝，调卫气。""五月，肝脏气体，心正旺，立减酸增苦，益肝补肾，固密精气。""六月，肝气微，脾脏独旺，宜减苦增咸，节约肥浓，补肝助肾，益筋骨。"

夏季是一年中阳气最旺盛的季节，炎热而万物成长，人体新陈代谢也随之旺盛。此时应多吃有酸味的食物以固表，多吃有咸味的食物以补心。此外，在这个时节芹菜、苦瓜、藕制作的各式煲汤菜都是消暑的佳品，但是不可以吃得过多。夏季也是各种病菌的活跃期，所以在制作汤煲时应适当加入一些可以杀菌的配料，如大蒜、韭菜、葱、洋葱等。

夏季开始时要多吃酸味的食物，少吃苦味的食物。可以选择一些清淡平和、清热利湿的食物以补心养肺，如西红柿、玉米、花生、冬瓜、芹菜等。

夏季结束时，肝肾衰弱、脾脏旺盛，应多吃苦味、咸味。因为炎热会出汗过多，要多吃新鲜多汁的瓜果、蔬菜、豆类、奶类、蛋类，以满足机体损耗。此时宜多进清热消暑的食材。但是忌食太凉食物，辛辣香燥，刺激性食物。

藕

《本草纲目》称藕为"灵根"，常常食用能"令人心欢"。但莲藕生吃跟熟吃药用价值有所不同。生藕性寒，甘凉入胃，有清热凉血的作用。因而将藕略微焯水，煲汤吃或直接生吃对治疗热性病症有很好的食疗效果，在一定程度上能清烦热、止呕渴、开胃，还能预防鼻、牙龈出血。莲藕煮熟后其性由凉变温，能促进食欲，是补脾、养胃、滋阴的佳品。

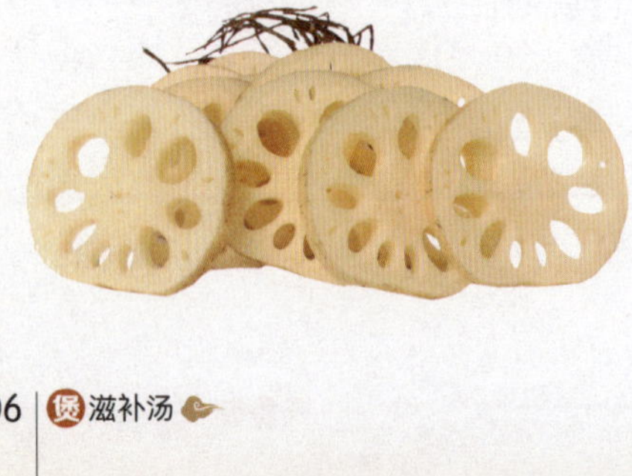

玉米

玉米含蛋白质、糖类、钙、磷、铁、硒、镁、胡萝卜素、维生素E等营养素，具有开胃益智、宁心活血、调理中气等功

效。玉米煲汤还能降低血脂肪，对于高血脂、动脉硬化、心脏病的患者有助益，并可延缓人体衰老、预防脑功能退化，增强记忆力。

鸡蛋

鸡蛋中含有多种维生素和氨基酸，比例与人体很接近，利用率达99.6%。鸡蛋中的铁含量尤其丰富，利用率100%，是人体铁的良好来源，是小儿、老人、产妇以及肝炎、结核、贫血患者、手术后恢复期病人的良好补品。鸡蛋还有清热、解毒、消炎、保护黏膜的作用，可用于治疗食物及药物中毒、咽喉肿痛、失音、慢性中耳炎等疾病。

苦瓜

苦瓜性寒味苦，有降邪热、解疲乏、清心明目、益气壮阳之功效。苦瓜中含有类似胰岛素的物质，有明显的降血糖作用。它能促进糖分分解，具有使过剩的糖分转化为热量的作用，能改善体内的脂肪平衡。糖尿病患者若将苦瓜干随茶同饮，效果奇佳。

冬瓜

冬瓜有良好的清热解暑功效。夏季多吃些冬瓜，不但解渴消暑、利尿，还可使人免生疔疮。因其利尿，且含钠极少，所以是慢性肾炎水肿、营养不良性水肿、孕妇水肿的消肿佳品。它含有多种维生素和人体所必需的微量元素，可调节人体的代谢平衡。

西红柿

西红柿含有丰富的钙、磷、铁、胡萝卜素及B族维生素和维生素C，生熟皆能食用，味微酸适口。西红柿能生津止渴、健胃消食，故对口渴、食欲不振有很好的辅助治疗作用。西红柿肉汁多，对肾炎病人有很好的食疗作用。西红柿还有美容效果，常吃具有使皮肤细滑白皙的作用，可延缓衰老。它富含番茄红素，具有抗氧化功能，还能防癌。

适合秋季使用的煲汤食材

◎气温渐低的秋天，是许多人选择进补的时机。秋季要适当地饮用汤品对身体进行降燥，这样更有利于身体健康。

秋季应有选择地食用汤品，防止“内热”。秋季空气干燥，活动量相对不足，非常容易造成体内积热不能适时散发。如果再过多地食用羊肉、狗肉等温热性的食物，很容易出现体内蕴热的现象。因此，有选择地吃点儿“凉”的食物，可以提高对寒冷的抵御能力，不但对身体无害，反而有益。而秋季也是呼吸系统问题的高发期，可多食用银耳、芝麻、豆类、乳类等以养胃生津，滋阴润肺。

对于肠胃健康的人来说，尽管秋季天气变冷，但适当地喝些凉白开水，吃些凉性食物，如白萝卜、莲子、黄瓜等，能给身体的各个部分供给多种营养，清凉降火，迫使身体在消化时自我取暖，多消耗一些脂肪，还对减肥有利。而脾胃虚弱的人，不宜食用寒凉的食材，也不宜过多食用较热的食材，这个时候，我们可以将热性的食物以煲汤的形式烹饪，去除食材中的温燥之性，健康进补。

日常生活中凉性食物很多，这些食物制作成汤品时，最好搭配温性食物一起吃。

黄瓜

黄瓜是一种可以美容的瓜菜，被称为“厨房里的美容剂”。它含有人体生长发育和生命活动所必需的多种糖类和氨基酸，含有丰富的维生素，经常食用或贴在皮肤上，可有效地对抗皮肤老化，减少皱纹的产生。黄瓜的主要成分为葫芦素，具有抗肿瘤的作用，对血糖也有很好的降低作用。它含水量高，是美容的瓜菜，经常食用可起到延缓皮肤衰老的作用。

银耳

银耳能提高肝脏解毒能力，保护肝脏功能，它不但能增强机体抗肿瘤的免疫能力，还能增强肿瘤患者对放疗、化疗的耐受力。它也是一味滋补良药，特点是滋润

而不腻滞，具有补脾开胃、益气清肠、安眠健胃、补脑、养阴清热、润燥的功效，对阴虚火旺不受参茸等温热滋补的病人来说是一种良好的补品。银耳富含天然特性胶质，加上它的滋阴作用，长期食用可以润肤，并有去除脸部黄褐斑、雀斑的功效。

青豆

青豆富含B族维生素、铜、锌、镁、钾、纤维素、杂多糖类。青豆不含胆固醇，可预防心血管疾病，并减少癌症发生。每天吃两盘青豆，可降低血液中的胆固醇。青豆还富含不饱和脂肪酸和大豆磷脂，有保持血管弹性、健脑和防止脂肪肝形成的作用。

田螺

螺肉含蛋白质、脂肪、糖、无机盐、烟酸及维生素A、维生素B_1、维生素B_2，还富含维生素D。中医认为，田螺性味甘、大寒，无毒，入心、脾、膀胱经，具有清热、明目、利尿等功效，主治中耳炎、婴儿湿疹、热疮肿毒、温病呕吐、胃痛反酸、小儿软骨病等症。

虾

虾肉具有味道鲜美、营养丰富的特点，其中钙的含量为各种动植物食品之冠，特别适宜于老年人和儿童食用。还含微量元素硒，能预防癌症。经常食虾，还可延年益寿。而虾皮和虾米中含有十分丰富的钙、磷、铁等矿物质。其中，钙是人体骨骼的主要组成成分，只要每天能吃50克虾皮，就可以满足人体对钙质的需要；磷有促进骨骼、牙齿生长发育，加强人体新陈代谢的功能；铁可协助氧的运输，可预防缺铁性贫血；烟酸可促进皮肤神经健康，对舌炎、皮炎等症有防治作用。

梨

梨水分充足，富含多种维生素、矿物质和微量元素，能够帮助器官排毒、净化，还能软化血管、促进血液循环和钙质的输送、维持机体的健康。梨能促进食欲，帮助消化，并有利尿通便和解热作用，可用于高热时补充水分和营养。煮熟的梨有助于肾脏排泄尿酸和预防痛风、风湿病和关节炎。秋季气候干燥时，人们常感到皮肤瘙痒，口鼻干燥，有时干咳少痰，每天吃一两个梨可解秋燥，有益健康。

适合冬季使用的煲汤食材

◎冬季的汤有补充人体热量和营养的作用，而且冬季寒凉，非常适合进补，这时选择高热量高营养的食材煲汤也不怕补过度了。

《黄帝内经·素问·四气调神大论》中说：“冬三月，此谓闭藏，水冰地坼，无扰乎阳。早卧晚起，必待日光。使志若伏若匿，若有私意，若己有得。去寒就温，无泄皮肤，使气亟夺。此冬气之应，养藏之道也。逆之则伤肾，春为痿厥，奉生者少。”

冬季，是进补的最佳季节，可以多食用生姜等温补佳品。应该少食咸多食苦，以达到助心阳、藏热量的目的。食材可以选择萝卜、白薯、肉类等热量较高的，但是忌食黏硬、生冷的食物。

冬季初始，应该补气。“春夏养阳，秋冬养阴。春温清淡；夏热甘凉；秋季生津；冬季温热。”秋冬养阴，应养肾防寒，宜食用豆类、奶类、芝麻、木耳、红薯、花生等温热性食物。而且此时选择食物还需防上火，以及“寒则温之，虚则补之”。

冬季末期，应该补肾。此时阳气内藏，人的体内能量不断蓄积。但是冬季人体的消化能力也比较强，所以适当进补不但可以提高免疫力，还能在人体内储存滋补食物中的有效成分，为第二年春季甚至整年打下良好的物质基础。这个时节进补可以扶正固本、培养元气，但是进补也要对应人。气虚的人应吃番薯、黄豆、花生、南瓜、山药等，忌食生冷性凉、破气耗气、油腻、辛辣的食物。而血虚的人可以食用各种动物肝脏，忌食冷性的食物。

猪腰

猪腰含有蛋白质、脂肪、碳水化合物、钙、磷、铁和维生素等，有健肾补腰、和肾理气之功效。中医认为，猪腰性味咸、平，归肾经，具有补肾益精、利水的功效。

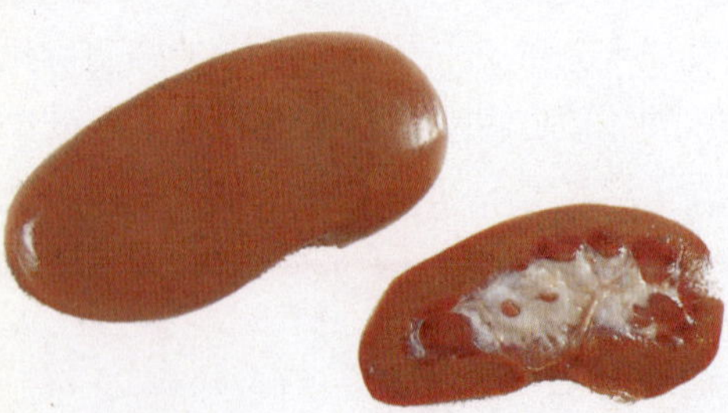

牛肉

牛肉的氨基酸组成比猪肉更接近人体需要，能提高机体抗病能力，对生长发育及术后、病后调养的人在补充失血、修复

组织等方面特别适宜。牛肉高蛋白、低脂肪的特点，有利于防止肥胖，预防动脉硬化、高血压和冠心病。

羊肉

羊肉历来被当作冬季进补的重要食品之一，中医认为“人参补气，羊肉则善补形”。寒冬常吃羊肉，可促进血液循环，增强御寒能力。羊肉含有丰富的蛋白质、脂肪，同时还含有维生素B_1、维生素B_2及钙、磷、铁、钾、碘等矿物质，营养十分全面、丰富。羊的脂肪溶点为47℃，而人的体温为37℃，所以吃了羊肉后脂肪也不会被身体吸收，不会发胖。

豆腐

豆腐的蛋白质含量比大豆高，而且豆腐蛋白属完全蛋白，不仅含有人体必需的8种氨基酸，而且其比例也接近人体需要，营养效价较高。豆腐还含有脂肪、碳水化合物、维生素和矿物质等。豆腐中丰富的大豆卵磷脂有益于神经、血管、大脑的发育生长，比起吃动物性食品或鸡蛋来补养、健脑，豆腐都有极大的优势，因为豆腐在健脑的同时，所含的豆固醇还抑制了胆固醇的摄入。

鸡肉

鸡肉富含蛋白质、脂肪、碳水化合物、维生素B_1、维生素B_2、烟酸、钙、磷、铁、钾、钠、氯、硫等营养成分，有温中益气、补精填髓、益五脏、补虚损的功效。冬季多喝些鸡汤可提高自身免疫力。

甲鱼

甲鱼含有丰富的蛋白质，蛋白质中含有18种氨基酸，并含有一般食物中很少有的蛋氨酸。此外，甲鱼还含有磷、脂肪、碳水化合物等营养成分。甲鱼是滋阴补肾的佳品，有滋阴壮阳、软坚散结、化瘀和延年益寿的功效。

各式汤品的基础制法

◎汤是家常菜肴中必不可缺的一道风景，如何煲汤、怎样煲的汤营养科学又美味，是厨房新手和老手都需要学习的一项必修课。

蔬菜汤的制作方法

①将蔬菜洗净，注意去除农药残留。淘米水呈碱性，将蔬菜放在淘米水中泡5~10分钟，再用清水洗净，对农药有解毒作用；有的瓜果蔬菜表面有一层蜡质，非常易吸收农药，所以烹饪蔬果尽量先削皮。②蔬菜味道比较清淡，煮汤可以用上汤来煮。③蔬菜水分多、纤维质，非常易熟，所以煮蔬菜汤的时间不需要太久，几分钟即可。④快出锅时加盐调味，就可以饮用了。

猪骨汤的制作方法

①清水烧开，把洗净的猪骨入锅汆水，将血沫和污物捞除，以免影响口感。②将处理干净的猪骨与煲汤用的一样或几样配料（如山药、胡萝卜、玉米等）依次放入汤煲中，慢火煲2小时。③放配料的时间与配料的易熟度有关，如胡萝卜、苦瓜等可后放。④猪骨汤本身就带有浓郁的香味，调味料只需加入盐即可。

老鸡汤的制作方法

①在炖老鸡的汤里，放入一两把黄豆同煮，鸡肉易烂。②老鸡宰杀前，先灌一汤匙醋然后再杀，用慢火炖煮，可烂得快些。③在炖老鸡的汤里放几粒凤仙花籽或三四个山楂，也可加快烂熟。④但凡老的鸡、鸭、鹅都很难煮酥烂，只需取猪胰一块，切碎后与老禽同烹煮，就容易煮熟烂，而且汤鲜入味。⑤煮熟后加少量盐调味即可。

鱼汤的制作方法

①方法一：先将鲜鱼去鳞、除内脏，清洗干净，放到开水中烫三四分钟捞出来，然后放进烧开的汤里，再加适量的葱、姜、盐，改用小火慢煮，待出鲜味时，离火，滴上少许香油即可。②方法二：将洗净的鲜鱼放入油锅中煎至两面微黄，然后冲入开水，并加葱、姜，先用旺火烧开，再放小火煮熟即可。③方法三：将清洗净的鲜鱼控去水分备用。锅中放油，用葱段、姜片炝锅并煸炒一下，待葱变黄、出香味时，冲入开水，旺火煮沸后，放进鱼，旺火烧开，再改小火煮熟即可。

甜汤的制作方法

①甜汤一般由干货制成，所以清洗后应先泡发并处理干净。②如果汤料全是干货则需要煮20分钟以上，如果是新鲜蔬果几分钟就可以煮好。③汤料煮好后加入冰糖，搅拌至冰糖溶化即可出锅。

煲好老火汤的关键

◎老火靓汤很有名，但是老火靓汤的制作并没有想象中难，但是要想做好一锅美味又营养兼备的老火靓汤，一定要注意以下七个关键。

主料调料巧搭配

常用的花椒、生姜、胡椒、葱等调味料，这些都起去腥增香的作用，一般都是少不了的，针对不同的主料，需要加入不同的调味料。比如烧羊肉汤，由于羊肉膻味重，调料如果不足的话，做出来的汤就是涩的，这就得多加姜片和花椒了。但调料多了也有一个不好的地方，就是容易产生太多的浮沫，这就需要大家在做汤的后期自己耐心地将浮沫打掉。

选择适合的配料

一般来说，根据所处的季节的不同，加入时令蔬菜作为配料，比如炖酥肉汤的话，春夏季就加入菜头做配料，秋冬季就加白萝卜。对于那些比较特殊的主料，需要加特别的配料，比如，牛羊肉烧汤吃了就很容易上火，就需要加去火的配料，这时，萝卜就是比较好的选择了，二者合炖，就没那么容易上火了。

原料需冷水下锅

制作老火靓汤的原料一般都是整只整块的动物性原料，如果投入沸水中，原料表层细胞骤受高温易凝固，会影响原料内部蛋白质等物质的溢出，成汤的鲜味便会不足。煲老火靓汤讲究“一气呵成”，不应中途加水，因这样会使汤水温度突然下降，肉内蛋白质突然凝固，再不能充分溶解于汤中，也有损于汤的美味。

注意加水的比例

因为骨头中的类黏朊物质最为丰富，如牛骨、猪骨等，可把骨头砸碎，按1：5的比例加水小火慢煮。切忌用大火猛烧，也不要中途加冷水，因为那样会使骨髓中的类黏朊不易溶解于水中，从而影响食效。

汤面浮沫要除净

打净浮沫是提高汤汁质量的关键。如煲猪蹄汤、排骨汤时，汤面常有很多浮沫出现，这些浮沫主要来自原料中的血红蛋白。水温达到80℃时，动物性原料内部的血红蛋白才不断向外溢出，此刻汤的温度可能已达90～100℃，这时打浮沫最为适宜。可以先将汤上的浮沫舀去，再加入少许白酒，不但可分解泡沫，又能改善汤的色、香、味。

适时投放调味料

制作老火靓汤时常用葱、姜、料酒、盐等调味料，主要起去腥、解腻、增鲜的作用。要先放葱、姜、料酒，最后放盐。如果过早放盐，就会使原料表面蛋白质凝固，影响鲜味物质的溢出，同时还会破坏溢出蛋白质分子表面的水化层，使蛋白质沉淀，汤色灰暗。

充分掌握好火候

大火：大火是以汤中央“起菊心—像一朵盛开的大菊花”为度，每小时消耗水量约20%。煲老火汤，主要是以大火煲开、小火煲透的方式来烹调。

小火：小火是以汤中央呈“菊花心—像一朵半开的菊花心”为准，耗水量约每小时10%。

肉类原料经不同的传热方式受热以后，由表面向内部传递，称为原料自身传热。一般肉类原料的传热能力都很差，大都是热的不良导体。因此，在烧煮大块鱼、肉时，应先用大火烧开，小火慢煮，原料才能熟透入味，并达到杀菌消毒的目的。此外，原料体中还含有多种酶，酶的催化能力很强，其最佳活动温度为30～65℃。因此，要用小火慢煮，以利于酶在其中进行分化活动，使原料变得软烂。

利用小火慢煮肉类原料时，肉内可溶于水的肌溶蛋白、肌肽肌酸、肌酐秒量氨基酸等会被溶解出来。这些含氮物浸出得越多，汤的味道越浓，也越鲜美。

另外，小火慢煮还能保持原料的纤维组织不受损，使菜肴形态完整。同时，还能使汤色澄清，醇正鲜美。如果采取大火猛煮的方法，肉类表面蛋白质会急剧凝固、变性，并不溶于水，含氮物质溶解过少，鲜香味降低，肉中脂肪也会溶化成油，使皮、肉散开，挥发性香味物质及养分也会随着高温而蒸发掉。还会造成汤水耗得快、原料外烂内生、中间补水等问题，从而导致延长烹制时间，降低菜品质量。

至于煲汤时间，有个口诀就是“煲三”“炖四”。因为煲与炖是两种不同的烹饪方式。煲是直接将锅放于炉上焖煮，约煮三小时以上；炖是用隔水蒸熟为原则，时间约为四小时以上。煲会使汤汁愈煮愈少，食材也较易于酥软散烂；炖汤则是原汁不动，汤头较清不混浊，食材也会保持原状，软而不烂。

煲汤达人高招大放送

◎不同的人煲出的同一种汤，味道是不一样的。下面将为大家介绍许多煲汤的小窍门，相信对你煲好一锅美味的汤有很大的帮助！

原汤、老汤的应用

煲汤时要善用原汤、老汤，没有原汤就没有原味。例如，炖排骨前将排骨放入开水锅内汆水时所用之水，就是原汤。如嫌其浑浊而倒掉，就会使排骨失去原味，如将这些水煮开除去浮沫污物，用此汤炖排骨，才能真正炖出原味。

使汤更营养的六项法则

第一是懂药性　比如煲鸡汤时，为了健胃消食，就加肉蔻、砂仁、香叶、当归；为了补肾壮阳，就加山芋肉、丹皮、泽泻、山药、熟地黄、茯苓；为了给女性滋阴，就加红枣、黄芪、当归、枸杞子。

第二是懂肉性　煲汤一般以肉为主。比如乌鸡、黄鸡、鱼、排骨、龙骨、猪脚、羊肉、牛骨髓、牛尾、狗脖、羊脊等，肉性各不相同，有的发、有的酸、有的热、有的温，入锅前处理方式也不同，入锅后火候也不同，需要多少时间也不同。

第三是懂辅料　常备煲汤辅料有霸王花、霉干菜、海米、花生、枸杞子、西洋参、草参、银耳、木耳、红枣、八角、桂皮、小茴香、肉蔻、草果、陈皮、鱿鱼干、紫苏叶等，搭配有讲究，入锅有早晚。

第四是懂配菜　煲汤时很少仅喝汤解决一餐，还要吃其他菜，但有的会相克，影响汤性发挥。比如喝羊肉汤不宜吃韭菜、喝猪脚汤不宜吃松花蛋与蟹类。

第五是懂装锅　一般情况下，水与汤料比例在2.5：1左右，猛火烧开后撇去浮沫，微火炖至汤余50%～70%即可。

第六是懂入碗　根据不同汤性，有的先汤后肉，有的汤与料同食，有的先料后汤，有的喝汤弃料，符合要求就最大限度发挥作用，反之影响效果。

煲腔骨防止骨髓流失的窍门

煲腔骨汤时，如果煲的时间稍长，其中的骨髓就会流出，导致营养流失，而煲的时间过短，腔骨中的营养素又不能充分溶解到汤中。能不能找到一个两全其美的办法呢？为防止骨髓流出来，可用生白萝卜块堵住腔骨的两头，这样骨髓就流不出来了。

煲骨头汤无骨渣的方法

骨头汤虽好喝，可汤中有骨头渣却难免，让人很不便。想要没有骨头渣，可用手工钢锯把骨头锯断。锯前在需要锯断的地方用菜刀把肉切开，用钢锯直接锯骨头，可以按所需长度去锯。用钢锯锯起来又轻巧又快速，一般四根猪蹄约3分钟就可以锯成理想的最佳长度。用钢锯锯骨头，没有一点儿骨渣，仅仅有极少的骨末。锯得愈小，骨油溢出越多，汤也会越煮越鲜。

使骨汤富含钙质的诀窍

熬骨汤时若加进少量的食醋，可大大增加骨中钙质在汤水中的溶解度，成为真正的多钙补品。用清水熬骨汤，只能从骨的钙质—羟基磷灰石中“熬出”几十毫克的钙离子，因羟基磷灰石极难溶解于水，而加入食醋，食醋可与骨中的钙起化学反应，生成较易溶解的醋酸钙，其溶解度是未加食醋时骨钙的一万六千多倍。

炖鸡要后放盐

炖鸡如果先放盐，会直接影响到鸡肉、鸡汤的口味、特色及营养素的保存。这是因为鸡肉含水分较高，有的高达65%～90%，而盐具有脱水作用，如果在炖制时先放盐，使鸡肉在盐水中浸泡，组织中的细胞水分向外渗透，蛋白质被凝固，鸡肉组织明显收缩变紧，影响营养向汤中溶解，妨碍汤汁的浓度和质量，使炖熟后的鸡肉变硬、变老，汤无香味。因此，炖鸡时正确放盐法是，将炖好的鸡汤降温至80～90℃时，再加适量的盐，这样鸡汤及肉质口感最好。

煲得汤太咸如何补救

很多人都有过这样的经历，做汤过程中，一不小心盐放多了，汤变得太咸。硬着头皮喝吧，实在难入口，倒掉吧，又可惜，怎么办呢？只要用一个小布袋，里

面装进一把面粉或者大米，放在汤中一起煮，咸味很快就会被吸收进去，汤自然就变淡了。也可以把一个洗净去皮的生土豆放入汤内煮5分钟，汤亦可变淡。

煲得汤过油如何补救

有些含脂肪多的原料煮出来的汤特别油腻，遇到这种情况有几种方法：

一、使用市面上卖的滤油壶，把汤中过多的油分滤去。

二、如果手头上没有滤油壶，可采用第二种办法，将少量紫菜置于火上烤一下，然后撒入汤内，紫菜可吸去过多油脂。

三、可以用一块布包上冰块，从油面上轻轻掠过，汤面上的油就会被冰块吸收。冰块离油层越近越容易将油吸干净。

四、在煲汤时放入几块新鲜橘皮，就可以大量吸收油脂，汤喝起来就没有油腻感，而且更加美味。

煲汤药材的选择窍门

如果你的身体火气旺盛，就要选择性甘凉的汤料，如绿豆、薏米、海带、冬瓜、莲子，以及剑花、鸡骨草等清火、滋润类的中草药；如果你的身体寒气过剩，那么就应选择一些性热的汤料，如人参。

冬虫夏草、参之类的草药在夏季是不宜入汤的。即使在秋冬季，滋阴壮阳类的大补草药，也并不适合年轻人和小孩子。

适合做汤的鱼类

鱼汤，素以鲜美为贵，而用于做汤的鱼以鳜鱼、鲫鱼味道最佳。鳜鱼和鲫鱼都是淡水鱼类，肉嫩、质细、营养价值高、出汤率高，特别适合病人、老人和产妇食用。

煲汤配药材小技巧

有食疗功效的汤，是以中医和中药的理论为指导，既要考虑到药物的性味、功效，也要考虑到食物的性味和功效，二者必须相一致、相协调，不可反之。如辛热的附子不宜配甘凉的鸭子，宜与甘温的食物配伍，附片羊肉汤即是；清热泻火的生石膏不宜与温热的狗肉配伍，宜与甘凉的食物配伍，豆腐石膏汤即是。食物中属平性者居多，平性之品，配热则热，配凉则凉，随药物之性而转变，这就大大方便了药食配伍的选择。

陈年瓦罐煨鲜汤效果好

瓦罐是由不易传热的石英、长石、黏土等原料配合成的陶土经过高温烧制而成，其通气性、吸附性好，还具有传热均匀、散热缓慢等特点。煨制鲜汤时，瓦罐能均衡而持久地把外界热能传递给内部原料，相对平衡的环境温度有利于水分子与食物的相互渗透，这种相互渗透的时间维持得越长，食材鲜香成分溢出得越多，煨出的汤的滋味就越鲜醇，质地就越酥烂。

怎样让蔬菜汤更营养

◎蔬菜中含有人体需要的多种营养素，经常食用蔬菜能让你身体更健康。下面教大家如何保存蔬菜，煲出的汤才含有更多营养。

不要久存蔬菜

很多人喜欢一周进行一次大采购，把采购回来的蔬菜存在家里慢慢吃，这样虽然节省时间、方便，但蔬菜放置一天就会损失大量的营养素。例如，菠菜在通常情况下（20℃）每放置一天，维生素C损失高达84%。因此，应该尽量减少蔬菜的储藏时间。如果储藏也应该选择干燥、通风、避光的地方。这样，蔬菜中的营养素得以更多地保存，煲出的汤自然也更有营养。

不要先切后洗

许多蔬菜，人们都习惯先切后清洗，其实，这样做是非常不科学的。因为这种做法会加速蔬菜营养素的氧化和可溶物质的流失，使蔬菜的营养价值降低。要知道，蔬菜先洗后切，维生素C可保留98.4%～100%，如果先切后洗，维生素C就会降低到73.9%～92.9%。正确的做法是：把叶片剥下来清洗干净后，再用刀切成片、丝或块，随即下锅煲煮。还有，蔬菜不宜切得太细，过细容易丢失营养素。

不要切成太小块

蔬菜切成小块，过1小时维生素C会损失20%。蔬菜切得稍大块，有利于保存其中的营养素。有些蔬菜若可用手撕断，就尽量少用刀切。据研究，蔬菜切成丝后，维生素仅保留18.4%。至于花菜，洗净后只要用手将一个个绒球肉质花梗团掰开即可，不必用刀切，因为用刀切时，肉质花梗团便会被弄得粉碎不成形，当然，最后剩下的肥大主花大茎要用刀切开。总之，能够不用刀切的蔬菜就尽量不要用刀切。

应现煮现处理

蔬菜买回家后不能马上整理。许多人都习惯把蔬菜买回家以后就立即整理，整理好后却要隔一段时间才煮。其实我们买回来的包菜的外叶、莴笋的嫩叶、毛豆的荚都是活的，它们的营养物质仍然在向可食用部分供应，所以保留它们有利于保存蔬菜的营养物质。而整理以后，营养物质容易丢失，菜的品质自然下降，因此，不打算马上煮的蔬菜就不要立即整理，应现煮现理。

如何煲出鲜香又健康的水产汤

◎食用水产能得到味觉与精神的双重满足，但是受到水质的影响，水产也会含有有害物质。所以水产煲汤要注意正确处理和食用食材。

煲汤前的水产处理

贝类

贝类煮食前应用清水将外壳洗擦干净，并浸养在清水中7～8小时，这样，贝类体内的泥沙及其他脏东西就会吐出来。

海蜇

海蜇含水多，皮体较厚，还含有毒素，需用盐加明矾渍三次，使鲜海蜇脱水三次，才能让毒素随水排尽。以上方法处理后才可煮食。或者清洗干净后用醋浸15分钟，然后用热水氽（100℃沸水中氽数分钟）。

虾蟹

虾蟹要清洗并挑去虾线等脏物，或用盐渍法清洗，即用饱和盐水浸泡数小时后晾晒，食前用清水浸泡清洗后烹制。

鱼类

在使用鱼类煲汤前一定要洗净，去净鳞、鳃及内脏，无鳞鱼可用刀刮去表皮上的污腻部分，因为这些部位往往是鱼中污染成分的聚集地。

干货

水产在干制的加工过程中容易产生一些致癌物，煮食虾米、虾皮、鱼干前最好用水煮15～20分钟再捞出烹调食用，并将煮干货的汤倒掉，重新加水做汤。

水产煲汤的最佳做法

煲汤后汤料可与姜、醋、蒜同食

水产性寒凉，姜性热，与水产同食可中和寒性，以防身体不适。而生蒜、食醋本身有着很好的杀菌作用，可以杀灭水产中一些残留的有害细菌。

煲汤前可先高温加热

细菌大都很怕加热，所以烹制水产要用大火，熘炒几分钟即会安全，螃蟹、贝类等有硬壳的，则必须彻底加热，一般需煮30分钟才可食用（加热温度至少100℃）。

烹煮水产的注意要点

水产中的病菌主要是副溶血性弧菌等，耐热性比较强，80℃以上才能杀灭。除了水中带来的细菌以外，水产中还可能存在寄生虫卵以及加工带来的病菌和病毒污染。一般来说，在沸水中煮4～5分钟才能彻底杀菌。

死贝类病菌毒素多

贝类本身的带菌量比较高，蛋白质分解又快，一旦死去便大量繁殖病菌，产生毒素，同时其中所含的不饱和脂肪酸也容易氧化酸败。不新鲜的贝类还会产生较多的胺类和自由基，对人体健康造成威胁。

鲜活贝类买回来以后，不能存放太久，要尽快烹煮。

过敏体质的人尤其应当注意，有时候过敏反应不仅仅是因为水产本身，通常更是因为水产蛋白质分解过程中的物质所致的。

海鲜啤酒同吃惹痛风

在食用海鲜汤时不宜饮用啤酒。虾、蟹等在人体代谢后会形成尿酸，而尿酸过多会引起痛风、肾结石等病症。如果大量食用海鲜的同时再饮用啤酒，就会加速体内尿酸的形成。

海鲜与维生素C同吃会中毒

虾、蟹、蛤、牡蛎等体内均含有化学元素砷。虾体内所含砷的化合价是五价，一般情况下，五价砷对人体没有害处。

但高剂量的维生素C和五价砷经过复杂的化学反应，会转变为有毒的三价砷，即我们常说的砒霜，当三价砷达到一定剂量时可导致人体中毒。据专业人士解释，一次性生吃1500克以上的绿叶蔬菜，才会大剂量地摄入维生素C。

如果经过加热烹调，食物中的维生素C还会大打折扣。因此，在吃海鲜汤的同时食用青菜，只要不超过上述的量是没有危险的。

海鲜、水果同吃会腹痛

鱼、虾、蟹等水产含有丰富的蛋白质和钙等营养素。而水果中含有较多的鞣酸，如果食用完海鲜汤马上吃水果，不但影响人体对蛋白质的吸收，而且海鲜中的钙会与水果中的鞣酸结合，形成难溶的钙，对胃肠道产生刺激，甚至引起腹痛、恶心、呕吐等症状。所以食用完海鲜汤最好间隔2小时以上再吃水果。

肉类滋补，如何煲得浓稠鲜香

◎肉类具有营养丰富和美味的特点，在处理肉类时如何更好地保存营养，以及烹制肉类时如何让人更好地吸收营养呢？

煲汤时肉切成大块易保存营养

肉类内含有可溶于水的含氮物质，煮猪肉时释出越多，肉汤味道越浓，肉块的香味则会相对减淡，因此煮肉的肉块切得要适当大些，以减少肉内含氮物质的外溢，这样肉味可比小块肉鲜美。

煲汤宜小火慢炖，不要用旺火猛煮

不要用旺火猛煮肉，一是肉块遇到急剧的高热时肌纤维变硬，肉块就不易煮烂；二是肉中的芳香物质会随猛煮时的水汽蒸发掉，会使香味减少。

煮肉汤加蒜更有营养

关于瘦肉和大蒜，民间就有谚语云：“吃肉不加蒜，营养减一半。”意思就是说肉类食品和蒜一起烹饪更有营养。

动物食品中，尤其是瘦肉中，含有丰富的维生素B_1，但维生素B_1并不稳定，在人体内停留的时间较短，会随尿液大量排出。

而大蒜中含特有的蒜氨酸和蒜酶，二者接触后会产生蒜素，肉中的维生素B_1和蒜素结合能生成稳定的蒜硫胺素，从而提高肉中维生素B_1的含量。

不仅如此，蒜硫胺素还能延长维生素B_1在人体内的停留时间，提高其在胃肠道的吸收率和人体内的利用率。

所以，在煮肉汤时应适量放一点儿蒜，既可解腥去异味，又能达到事半功倍的营养效果。

肉类煮吃营养高

肉类食物在烹调过程中，某些营养物质会遭到破坏。

采用不同的烹调方法，其营养损失的程度也有所不同。如蛋白质，在炸的过程中损失可达8%～12%，煮的过程则损耗较少；B族维生素，在炸的过程中损失45%，煮时损失为42%。

由此可见，肉类在烹调过程中，煮的方式损失营养较少。

另外，如果把肉剁成肉泥，与面粉等做成丸子或肉饼，其营养损失要比直接炸和煮减少一半。

巧食水果甜汤

◎你是否了解，吃水果是有讲究的，否则不仅无法达到保健的目的，反而会带来很多问题，以下为你介绍一些吃水果甜汤的注意事项。

水果是制作甜汤的主要食材，因为水果营养丰富，有些人吃水果比主食还要多几倍，但是这样吃真的可以让身体更加健康吗?

水果甜汤中最主要的组成部分就是水果了。水果可以补充人体需要的多种物质，但是吃水果也需要注意吃法，否则尽管吃了水果，也无法享受到水果带给我们的神奇好处，还会使消化器官陷入紊乱，引起一些不舒服的反应。

水果有很多神奇的地方。为了消化，一般的食物必须在胃里停留大约3个小时的时间。但有一个例外，那就是水果。水果是唯一一种几乎不需要在胃里停留就能消化的食物。

砂糖以及淀粉类的食品通过消化酶的作用而被分解，变成身体能够吸收的葡萄糖，这样才能给大脑以及身体其他的部位提供能量。

但是水果含有独特的消化酶，它们在成熟后就已经处于消化的状态了，所以在它们进入人体的同时就变成了葡萄糖的形式。

因此，一般水果只需要在胃里停留20分钟左右就完全吸收了。也就是说，水果消化和吸收利用所需要的能量与其他食物的消化利用相比起来是非常少的。而且水果的营养很快就会被肠道所吸收，身体就能轻松地利用水果给予的能量，所以说，水果是非常好的食物。

除了营养吸收方面，作为保健养生的手段，水果的效果也是相当好的。

1949年开始，历时最长的心脏病研究“弗莱明翰心脏病研究”的领导者，哈佛大学医学部教授威廉·卡斯特利在描述水果的功用时说道：“水果里含有一种神奇的物质，这种物质有降低心脏病发病风险的作用，还能够预防因血液的黏稠度过高而引起的动脉血栓。”

所以说，水果为身体组织的净化做出了巨大的贡献。但是为了更好地发挥水果的威力，在制作水果甜汤时请记住下面的几点。

水果甜汤要选用新鲜的水果

不管是喝果汁还是食用水果，切记只有新鲜的才能够对人体发挥好的作用。新鲜的水果和鲜榨的果汁在帮助身体清除有毒残留物方面，有很大的功用。

但新鲜水果和同样是水果的加工水果对身体的影响是有些区别的。水果罐头或者经高温灭菌处理的浓缩还原果汁等的营养元素很多都在加工时被消减了。所以煮水果甜汤不要把水果煮太长时间，以免失去水果的养分。

还有很多人认为，颜色鲜艳、个头完整硕大的水果才是好水果，这个观念却不是正确的。

如果只选择颜色鲜艳、个头完整硕大的水果，这就有可能掉入不法商贩利用非法手段伪造外观的陷阱，购买的水果可能就是“金玉其外败絮其中”。而腐烂的水果、表皮破损的水果则可能携带一些细菌，人体食入后就会引起不良反应。所以选择水果不仅要注意水果的外观，还要注意水果的质量。

清理水果时防止二次污染

不仅是主食食用前需要清理，水果在制作成甜汤前也需要处理。水果清理还应注意防止二次污染。

如苹果等可以用果蔬清洁剂清洗一下再削皮食用；而香蕉、杧果等带皮的水果，也可以先清洗一下果皮，再剥开食用。而在削皮或者处理水果的过程中使用的器具应该事先清洁干净，特别是刀，不可以用平时切菜的刀，以防那些生食中的细菌污染水果。而且剥皮前也应把手清洗干净。

水果宜空腹吃，水果甜汤则可饭后食用

为了使水果尽快地从胃里通过，最好在空腹的状态下食用。在食物的搭配方面很有权威的赫伯特·谢尔顿博士说，只有空腹吃水果，才能够深切地感受到水果里隐藏的真正价值。

而且把水果和其他食物一起吃，或者在吃完东西后立刻吃水果都是不行的。有些人认为“水果会使人发胖”“水果的热量过高”“水果对糖尿病有害”等。而人

们对水果产生种种类似误解，正是这种把水果作为饭后甜食来吃的坏习惯导致的。而如果把水果和其他需要时间来消化的食物一起吃进去，那么水果就会在胃里停留，它的糖分就会马上发酵，这样反而影响了胃里其他食物的消化。

古时王公贵族则有宴会后吃甜汤的习俗，用以调和食气，而且在现代，中西方也都有餐后吃甜品的习惯。所以在饭后过一段时间适当食用些水果甜汤，则会帮助消化。

只喝水果甜汤不吃饭，对减肥适得其反

许多人认为水果富含纤维素，几乎不含脂肪和蛋白质，可以用水果代替正餐，就能无节制地放心食用，既减肥又养颜真是一举两得。

其实，从营养学的角度来讲，水果并不是能量很低的食品，它所含的热量及糖分也高低不同。由于水果味道甜美很容易引人多吃，所以其中的糖就会转化为脂肪堆积起来，而且水果甜汤中的糖分更加多。尤其是晚餐大量的食用水果或水果甜汤，导致脂肪堆积的可能性就更大了。

例如夏天一些女生只吃西瓜不吃饭，

而实际上，半个中等大的西瓜就使你在不知不觉中摄入了相当于三碗米饭的热量。所以只吃水果或水果甜汤不吃饭，对减肥适得其反。

事实上，人体所需的另外一些营养素，如蛋白质、脂肪及钙、铁、锌等微量元素，在水果中的含量却很微小。

所以长期使用水果当正餐，会导致蛋白质和铁的摄入不足，从而引起贫血、免疫功能降低等现象。而且过量进食水果，会使人体缺铜，从而导致血液中胆固醇增高，引起冠心病，因此不宜在短时间内进食水果过多。

吃水果甜汤的养生注意

有些水果含有多种发酵糖类物质，对牙齿有较强的腐蚀性，而水果甜汤中更是有很多糖分，食用后若不漱口，口腔中的水果残渣和糖分易造成龋齿。

有些人在制作水果甜汤前，喜欢用酒精对水果进行杀毒。酒精虽能杀死水果表层细菌，但会引起水果色、香、味的改变，酒精和水果中的酸作用，会降低水果的营养价值。

一些人习惯起床就吃水果。其实水果大多是寒凉食物，刚起床时就食用会刺激肠胃。所以，最好在下午三四点吃水果，这有利于营养的吸收利用。而由水果制成的糖水也会有相对的寒性，所以食用也应注意时间。

喝对你的养生汤

◎众所周知，汤除了开胃润肠外，还有滋补养生的功效，而喝对你的养生汤，还能起到很好的食疗效果。

日常人们常喝的汤有荤汤、素汤两大类，荤汤有肉汤、骨头汤、鱼汤等；素汤有豆腐汤、紫菜汤、西红柿汤、米汤等。而在荤汤与素汤里，还有些特殊的煲法，如：加入药材的药膳汤，加入水果和各种糖类的甜汤等。

无论是荤汤还是素汤，都应根据个人的需求与口味来选料烹制。而根据个人对健康的需求煲汤既“对症喝汤”。“对症喝汤”可达到防病滋补、清热解毒的“汤疗”效果。

骨汤——延缓衰老

人到中老年，机体的种种衰老现象相继发生，由于微循环障碍而导致心脑血管疾病的产生。另外，老年人容易发生“钙迁徙”而导致骨质疏松、骨质增生和骨折等症。骨头汤中特殊养分——胶原蛋白可补充钙质，从而改善上述症状，延缓人体的衰老。

鸡汤——防治感冒

鸡汤特别是母鸡汤中的特殊养分，可加快咽喉及支气管黏膜血液循环，增加黏液的分泌，及时清除呼吸道病毒，可缓解

咳嗽、咽干、喉痛等症状，对感冒、支气管炎等防治效果尤佳。

鱼汤——防治哮喘

鱼汤中尤其是鲫鱼、墨鱼汤中含有大量的特殊脂肪酸，可防止呼吸道发炎，并防治

哮喘的发作，对儿童哮喘病更为有益。鱼汤中卵磷脂对病体的康复更为有利。

猪蹄汤——补养气血

猪蹄性平味甘，入脾、胃、肾经，能强健腰腿、补血润燥、填肾益精。加入一些花生和猪蹄煲汤，尤其适合女性，民间还用于妇女产后阴血不足、乳汁缺少。

豆汤——祛退风热

很多豆类都有祛风除湿、调中下气、活血解毒、明目等功效。如甘草生姜黑豆汤，对小便涩黄、风热入肾等症，有一定治疗效果；绿豆陈皮排骨汤能厚肠胃、润皮肤、和五脏、滋脾胃。

蔬菜汤——缓解体衰

各种新鲜蔬菜含有大量碱性成分，常喝蔬菜汤可使体内血液呈正常的弱碱性状态，防止血液酸化，并使沉积于细胞中的污染物或毒性物质重新溶解后随尿排出体外。

胃火旺盛的人如何喝汤

平时喜欢吃辛辣、油腻食品的朋友，日久易化热生火，积热于肠胃，表现为胃中灼热、喜食冷饮、口臭、便秘等。这类人群一定要注意清胃中之火，适度多喝苦瓜汤、黄瓜汤、冬瓜汤、苦菜汤等。

脾虚的人如何喝汤

脾虚的人常常表现为食少腹胀、食欲不振、肢体倦怠、乏力、时有腹泻、面色萎黄。这类朋友不妨适度喝些健脾和胃的汤，如山药汤、豇豆汤等，以促进脾胃功能的恢复。

老年人及儿童如何喝汤

由于消化能力较弱，胃中常有积滞宿食，表现为食欲不振或食后腹胀。因此，应注重消食和胃，不妨适量吃点儿山楂羹、白萝卜汤等消食、健脾、和胃的汤。

不同人群，喝汤各有讲究

◎平常生活中，人们煲汤可以根据自己的喜好进行不同的搭配，营养学家认为汤是最为滋补的养生餐品，但不同人应喝不同的汤。

儿童喝汤原料尽可能丰富

通常情况下，孩子应食用多种食物，避免挑食，以取得膳食平衡。

3~5岁的孩子正处于生长发育时期，此时给孩子吃一些粗粮类食物，有助于保护孩子肠胃。应鼓励儿童适当多吃蔬菜和水果。

鱼、肉、蛋类及动物肝脏等动物性食物是优质蛋白质、脂溶性维生素和矿物质的良好来源。

动物蛋白的氨基酸组成更适合人体需要，且赖氨酸含量较高，有利于补充植物蛋白中赖氨酸的不足。

肉类中的铁易于吸收，鱼类特别是海产鱼所含不饱和脂肪酸有利于儿童的神经系统发育。

谷类是我国膳食中主要的能量和蛋白质的来源，豆类、坚果都是营养丰富的食品，都适合用来煲汤给孩子食用。

总之，给儿童喝汤所选原料尽可能地丰富一些。

孕妇喝汤多放含钙、铁多的食材

女性怀孕早期一般妊娠反应严重，此时应选择容易消化且高营养的食物以减少呕吐，汤就是一种很好的选择。

孕中期，胎儿生长加快，需要补充能量，同时对铁的需要量增加。

而孕妈妈们在怀孕晚期则需要加强钙的补充。

所以，对准妈妈和新妈妈来说，以下含有较丰富的钙的食物可以多选择一些：猪骨、糙米、花生仁、大豆、黑豆、青豆、枣，特别是大豆和坚果中则含有较高的铁。

少年喝汤应补充能量和钙

12岁以后，随着青春期的到来，孩子出现第二个生长高峰，其对能量和营养素的需求都超过成年人。

烹饪青少年食用的汤时最好做到粗细搭配、荤素兼备，多用豆制品、鱼类和新鲜蔬菜。

每天必需的主食为300～500克（高中男生要保证每天有500克主食），肉、禽类100～200克，豆制品50～100克，蛋50～100克，蔬菜350～500克。

除此之外，少年们还应该多吃水果和坚果类食品，海带、紫菜等海产品，香菇、木耳等菌菇类食物每周也应选择食用。

另外，青少年需要的钙较多，应多吃些虾皮、排骨、鱼骨等制成的汤。

老年人应多喝豆汤和高营养食材汤

老年人应饮食多样化，多吃大豆制品及高纤维食品。用豆类来煮汤对老年人尤为适合。

大豆中丰富的生物活性物质——大豆异黄酮和大豆皂苷，可以抑制体内脂质过氧化，预防骨质疏松症。

老年人体内代谢以分解代谢为主，需用较多的蛋白质来补偿组织蛋白的消耗，如多吃些鸡肉、鱼肉、兔肉、羊肉、牛肉、瘦猪肉以及豆类制品制成的汤品，这些食品所含蛋白质均属优质蛋白，营养丰富，容易消化。

老年人还应该注意摄取营养密度高的食物，其中蔬菜占三成，水果占两成，所以蔬菜汤、水果汤也是老年人不错的选择。

中青年人喝汤多放些杂粮、坚果及大豆

中青年人由于工作量大、活动量大，对膳食能量要求很高。

这时，在汤中不妨多放些富含碳水化合物的米类食品，也可适当多放些栗子、花生、莲子等既富含淀粉又有一定保健作用的坚果。

而且，大豆异黄酮对中青年女性非常有好处，它本身是植物雌激素，它可以抑制体内雌激素的过多分泌，而体内雌激素的过多分泌可以导致乳腺癌。

所以中青年女性可适量多喝些含有大豆异黄酮的汤品。

第二章

清爽蔬菜汤

蔬菜主要是茎叶类、瓜果类、花菜类、块根类、菌菇类等能够食用的植物，味道鲜美，营养丰富，易吸收，易消化。很多蔬菜都含有丰富的维生素、蛋白质、矿物质以及脂肪和糖类。而蔬菜汤则是采用日常生活中常见的时令蔬菜，或单一煮制，或混合搭配而成的汤品，因为少油而非常受欢迎。因为蔬菜种类繁多，所以煮出的汤品营养不一且十分的开胃，能够帮助人体清理杂质，其中的各种营养素也最易被人体吸收，深受素食者和美容爱好者的欢迎。

菌菇菠菜汤

烹饪时间 / 19分钟　口味 / 清淡　功效 / 降压降糖　适合人群 / 糖尿病者

原料

鲜香菇45克，玉米棒180克，金针菇100克，菠菜120克，姜片少许

调料

盐3克，鸡粉2克，食用油适量

营养分析

菠菜含有一种类胰岛素物质，它能够帮助人体有效控制血糖。因此，糖尿病患者常吃些菠菜有利于保持血糖稳定。

相宜相克

✓ 菠菜+猪肝（防治贫血）
✓ 菠菜+花生（美白肌肤）
✓ 菠菜+羊肝（恢复活力）

✗ 菠菜+鳝鱼（易引起腹泻）
✗ 菠菜+黄瓜（破坏维生素）
✗ 菠菜+韭菜（易引起腹泻）

制作指导

菠菜易熟，入锅煮的时间不要过长，只要变色即可出锅。

做法:

①将洗好的香菇切去蒂，再切成小块。

②洗净的金针菇切去根部。

③洗好的玉米棒切成小块。

④把菠菜洗净，再切成长段。

⑤砂锅中注水烧开，放入玉米块、香菇、姜片。

⑥盖上锅盖，用大火烧开后转小火再煮15分钟至食材熟软。

⑦揭盖，淋入适量食用油。

⑧加入盐、鸡粉。

⑨放入金针菇，用锅勺搅拌均匀。

⑩煮沸后放入菠菜，拌匀。

⑪继续煮1分钟至菠菜熟软。

⑫把锅中汤料盛出，装入汤碗中即可。

山药薏米汤

烹饪时间 / 45分钟　口味 / 甜　功效 / 益气补血　适合人群 / 一般人群

原料

薏米30克，山药8克

调料

冰糖15克，水淀粉适量

·营养分析·

山药含有大量的黏液蛋白、维生素及微量元素，能有效阻止血脂在血管壁的沉淀，预防心血管疾病，有益志安神、延年益寿、益气补血的功效。

制作指导

处理山药时应该戴上一次性手套，以免手部接触山药导致发痒。

相宜相克

- ✓ 山药+芝麻（预防骨质疏松）
- ✓ 山药+扁豆（增强免疫力）
- ✗ 山药+菠菜（降低营养价值）
- ✗ 山药+海鲜（增加肠内毒素的吸收）

做法：

1. 把山药片切成块，装入碗中备用。
2. 锅中加入约800毫升清水，将切好的山药、泡发好的薏米倒入锅中。
3. 盖上锅盖，用大火将水烧开，然后转小火煮40分钟至锅中材料熟烂。
4. 揭盖，将冰糖倒入锅中，煮1分钟至冰糖完全溶化。
5. 往锅中淋入适量的水淀粉勾芡，再用锅勺搅拌一会儿，使米羹呈稠糊状。
6. 起锅，将煮好的山药薏米羹盛出即可。

蜂蜜红薯银耳汤

烹饪时间 / 22分钟　口味 / 甜　功效 / 开胃消食　适合人群 / 一般人群

原料

水发银耳100克，红薯80克

调料

蜂蜜30毫升

营养分析

红薯营养价值很高，含有丰富的膳食纤维、胡萝卜素、维生素A、B族维生素、维生素C、维生素E、果胶、钾、铁、铜、硒、钙等营养元素，能刺激消化液分泌及肠胃蠕动，促进消化。

制作指导

红薯缺少蛋白质，因此食用红薯时，最好搭配蔬菜、水果或蛋白质含量丰富的食物。

相宜相克

✓ 红薯+芹菜（降低血压）
✓ 红薯+糙米（减肥）
✗ 红薯+柿子（可能导致肠胃出血）
✗ 红薯+西红柿（ 易结石，易致腹泻）

做法：

1. 把洗净去皮的红薯切开，再切成小块。
2. 洗好的银耳切去根部，再切成小朵，将切好的食材分别浸在清水中，待用。
3. 锅中倒入800毫升清水烧热，倒入切好的银耳，再倒入红薯块。
4. 盖上锅盖，用大火煮沸，转小火煮约20分钟至材料熟透。
5. 取下盖子，淋入蜂蜜，拌匀使其溶入汤汁中。
6. 关火后盛出煮好的甜汤即可。

芥菜竹笋豆腐汤

烹饪时间 / 5分钟　口味 / 清淡　功效 / 开胃消食　适合人群 / 孕妇

原料

芥菜100克，竹笋80克，豆腐180克，姜末少许

调料

盐4克，鸡粉2克，料酒4毫升，芝麻油2毫升，水淀粉10毫升，食用油适量

营养分析

芥菜含有维生素A、B族维生素和维生素D等营养成分，有开胃消食的功效。芥菜还有缓解孕妇疲劳的作用。

姜

芥菜

豆腐

竹笋

相宜相克

✅竹笋+鲫鱼（辅助治疗小儿麻痹）
✅竹笋+猪腰（补肾利尿）
✅竹笋+猪肉（辅助治疗肥胖症）
✅竹笋+枸杞（辅助治疗咽喉疼痛）

❎竹笋+红糖（对身体不利）
❎竹笋+羊肉（易导致腹痛）
❎竹笋+羊肝（对身体不利）

制作指导

倒入的清水不宜过多，以免使汤羹的浓稠度不高，影响成品的美观。

做法:

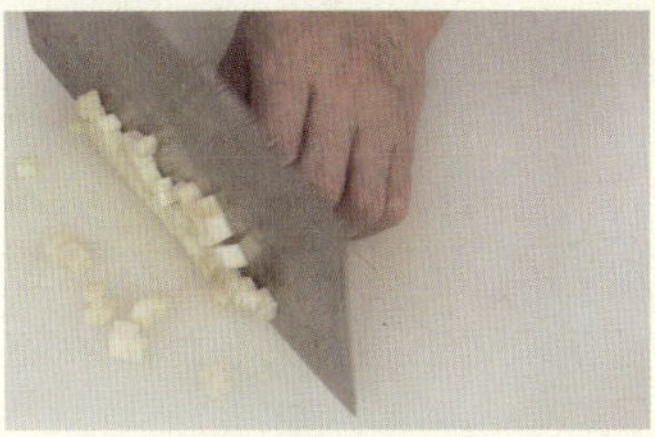
①将洗净的竹笋切片，再切条形，改切成粒。

②洗好的芥菜用刀划开，改切成粒。

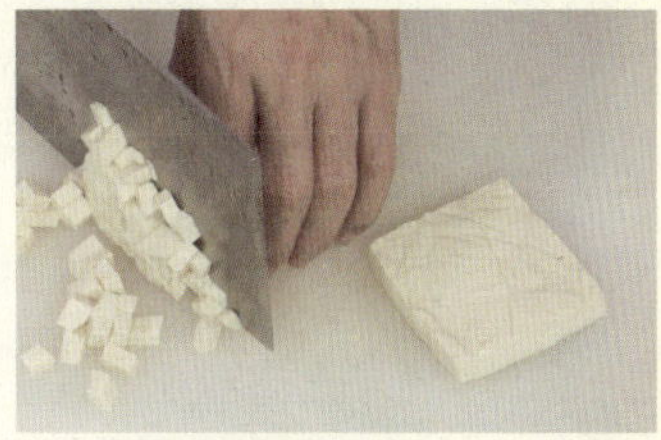
③洗净的豆腐切薄片，切成细条，再切成粒。

④锅中注水烧开，撒上盐,放入竹笋煮一会儿。

⑤再倒入切好的豆腐，大火煮约1分钟，捞出沥干水分，备用。

⑥用油起锅，倒入少许姜末，用大火爆香。

⑦倒入切好的芥菜，快速翻炒几下。

⑧淋入少许料酒炒匀，注入适量清水。

⑨盖上锅盖，用大火加热，煮至汤汁沸腾。

⑩揭开盖，放入适量盐、鸡粉搅匀。

⑪倒入竹笋和豆腐拌匀，大火煮沸。

⑫倒入水淀粉拌匀，淋入芝麻油拌匀即成。

芥菜魔芋汤

烹饪时间 / 4分钟　口味 / 淡　功效 / 降压降糖　适合人群 / 糖尿病者

原料

芥菜130克，魔芋180克，姜片少许

调料

盐2克，鸡粉2克，料酒、食用油各适量

·营养分析·

魔芋是高水分、高膳食纤维、低热量的食物，其所含的膳食纤维在进入胃部时可吸收糖类，直接进入小肠，抑制糖类的吸收，从而有效降低餐后血糖，非常适合糖尿病患者食用。

制作指导

芥菜有一定苦味，煮制时可以加入少许白糖。

相宜相克

- ✓ 魔芋+猪肉（补血益气）
- ✓ 魔芋+香菇（降血脂、降血压）
- ✗ 魔芋+蜂蜜（易导致腹泻）
- ✗ 魔芋+苋菜（易破坏营养素）

做法：

1. 将洗净的魔芋切成小块；洗好的芥菜切成小块。
2. 锅中注水烧开，放入少许盐，倒入魔芋搅匀，煮沸，把焯过水的魔芋捞出，装盘待用。
3. 用油起锅，放入姜片爆香，倒入芥菜炒匀，淋入料酒炒香。
4. 加适量清水，倒入魔芋搅拌匀，放入适量鸡粉、盐，炒匀调味。
5. 盖上盖，烧开后煮2分钟至熟。
6. 揭盖，把煮好的汤料盛出，装入碗中，即可。

双瓜汤

烹饪时间 / 8分钟　口味 / 清淡　功效 / 清热解毒　适合人群 / 一般人群

原料

冬瓜250克，黄瓜150克，姜片、葱花各少许

调料

盐、鸡粉各2克，料酒5毫升，芝麻油、胡椒粉、食用油各少许

营养分析

冬瓜含有蛋白质、维生素、钙、铁、镁、磷、钾等营养物质，具有润肺生津、化痰止咳、利尿消肿、清热祛暑的功效。

制作指导

冬瓜是一种比较理想的清热消暑食物，如果连皮一起煮汤，效果更明显。

相宜相克

- 冬瓜+芦笋（降低血脂）
- 冬瓜+口蘑（利小便，降血压）
- 冬瓜+鸡肉（清热利尿、消肿减脂）
- 冬瓜+马齿苋（清热利尿通淋）

做法：

1. 洗净的黄瓜，切成长条，去除瓜瓤，再切成小块；洗净的冬瓜去皮，改切成片。
2. 锅中倒入适量食用油烧热，放入姜片爆香，倒入切好的冬瓜、黄瓜翻炒香。
3. 淋入少许料酒，再注入约300毫升清水，加入鸡粉、盐，用大火煮沸。
4. 盖上盖，用小火续煮约5分钟至食材熟透。
5. 取下锅盖，撒上葱花，淋入少许芝麻油拌匀，撒上胡椒粉搅拌匀。
6. 将煮好的汤盛入汤碗中即成。

黄芪海带花菜汤

烹饪时间 / **37分钟**　口味 / **清淡**　功效 / **益气补血**　适合人群 / **女性**

原料

黄芪7克，水发海带200克，胡萝卜100克，花菜150克

调料

盐3克，鸡粉2克，胡椒粉、食用油各少许

·营养分析·

黄芪性微温，味甘，归肝、脾、肺、肾经。其富含蛋白质、锌、硒等营养元素，有补脾益气、保肝、降压、利水消肿之功效。黄芪作为补气佳品，尤其适宜在春季食用。

海带

花菜

黄芪

胡萝卜

相宜相克

✅花菜+辣椒（增强免疫）
✅花菜+香菇（降低血脂）
✅花菜+蜂蜜（止咳润肺）

❌花菜+牛奶（降低营养价值）

制作指导

花菜切好后放入碗中，加入适量温开水浸泡5分钟，可去除残留在其表面的杂质。

做法:

①将洗净的黄芪切成小块。

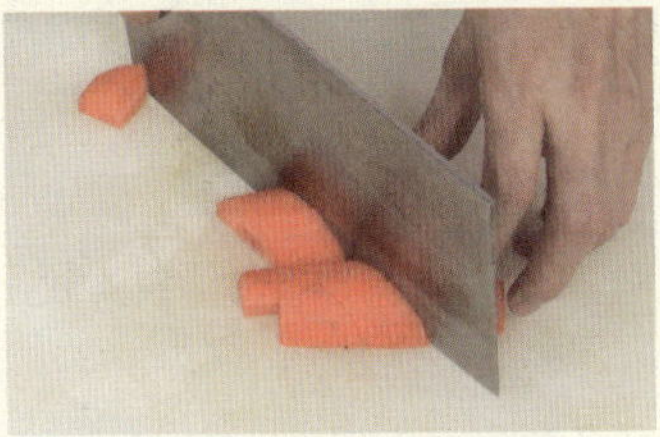
②洗好的胡萝卜对半切开，切成长条，改切成小块。

③洗净的海带切成长条，改切成小块。

④花菜冲洗干净，切成小块。

⑤砂锅中注水烧开，放入黄芪、胡萝卜煮沸。

⑥盖上锅盖，用小火煮20分钟至胡萝卜熟。

⑦揭开锅盖，倒入花菜、海带。

⑧盖上盖，用小火煮15分钟至熟软。

⑨揭盖，淋入适量食用油。

⑩加入盐、鸡粉。

⑪撒入少许胡椒粉，用锅勺搅拌匀调味。

⑫关火，把煮好的汤料盛出，装入汤碗中即可。

小白菜虾皮汤

烹饪时间 / 3.5分钟　口味 / 鲜　功效 / 开胃消食　适合人群 / 一般人群

原料

小白菜200克，虾皮35克，姜片少许

调料

盐3克，鸡粉2克，料酒、食用油各适量

·营养分析·

小白菜所含的矿物质能促进骨骼的发育，加速人体的新陈代谢，增强机体的造血功能。小白菜还含有胡萝卜素、烟酸等营养成分，能缓解精神紧张，有助于保持平静的心态。

制作指导

小白菜不可煮制过久，以免流失过多的营养成分。

相宜相克

✓ 小白菜+猪肉（增强体质）

✗ 小白菜+黄瓜（妨碍维生素C的吸收）

做法：

1. 洗净的小白菜切成段，装入盘中待用。
2. 用油起锅，放入姜片，爆香，下入洗好的虾皮，拌炒匀。
3. 淋入少许料酒，炒香，倒入适量清水。
4. 盖上盖，待水烧开后用中火煮约2分钟。
5. 揭盖，加入盐、鸡粉，倒入切好的小白菜，用锅勺拌匀煮至沸。
6. 把煮好的汤盛出，装入碗中即成。

芹菜鲜奶汤

烹饪时间 / 4分钟　口味 / 鲜　功效 / 增强免疫　适合人群 / 女性

原料

西芹150克，牛奶300毫升

调料

盐3克，鸡粉2克，食用油适量

·营养分析·

牛奶的营养价值很高，其中的矿物质种类非常丰富，除了我们熟知的钙以外，磷、铁、锌、铜、锰、钼的含量也很多。最难得的是，牛奶是人体钙的最佳来源，而且钙磷比例非常适当，这对钙的吸收非常有利。

制作指导

牛奶加热时不要煮沸，也不要久煮，否则会破坏其营养物质，影响人体吸收。科学的方法是用旺火煮奶，在牛奶将要沸时马上离火，然后再加热，如此反复3～4次，既能保持牛奶的养分，又能有效地杀死奶中的细菌。

相宜相克

✓ 牛奶+木瓜（美白护肤、通便）

✓ 牛奶+火龙果（解毒功效）

✗ 牛奶+菠萝（引起腹泻）

✗ 牛奶+醋　（不易被人体吸收）

做法：

1. 将洗净的西芹去掉叶子、老茎，然后切成末。
2. 取炒锅烧热，倒入少许食用油，再倒入切好的芹菜末，拌炒至香味散发。
3. 倒入约300毫升牛奶，加少许盐搅拌均匀。
4. 再放入适量清水，加入鸡粉。
5. 大火煮约4分钟，用勺子盛出。
6. 装入碗中即可。

三鲜豆腐汤

烹饪时间 / 4分钟　口味 / 鲜　功效 / 开胃消食　适合人群 / 孕妇

原料

豆腐200克，油菜100克，胡萝卜60克，香菇30克，水发虾米30克，葱花少许

调料

盐3克，鸡粉2克，胡椒粉、芝麻油、料酒、食用油各适量

营养分析

胡萝卜含有胡萝卜素、糖、钙等营养物质，还含有植物纤维，吸水性强，可加强肠道蠕动。孕妇食用胡萝卜有促进消化的作用。

油菜

豆腐

香菇

虾米

胡萝卜

相宜相克

✓ 胡萝卜+菠菜（预防中风）
✓ 胡萝卜+绿豆芽（排毒瘦身）
✓ 胡萝卜+香菜（开胃消食）

✗ 胡萝卜+桃子（降低营养价值）
✗ 胡萝卜+白萝卜（降低营养价值）
✗ 胡萝卜+酒（损害肝脏）

制作指导

虾米本身就含有较多盐分，所以煮制此汤时盐可以少放。

做法：

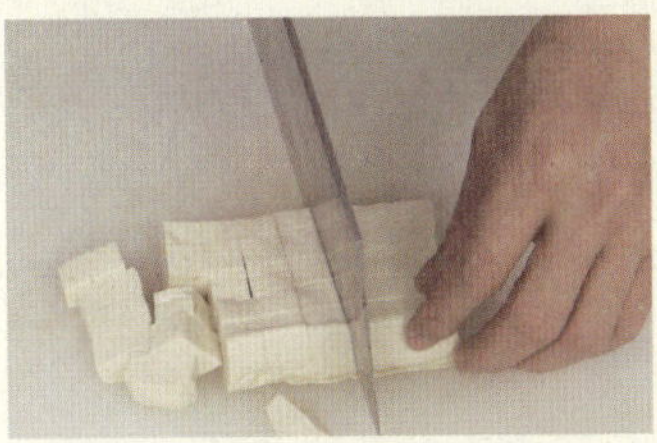

①把洗净的豆腐切条形，再切成小方块。

②洗好的香菇去蒂，再切成丝备用。

③去皮洗净的胡萝卜切段，再切成薄片。

④洗好的油菜对半切开。

⑤锅注水烧开，加盐，倒入豆腐块，煮约1分钟，捞出待用。

⑥锅中倒入适量食用油烧热，放入虾米、香菇，翻炒匀。

⑦淋入料酒，注入适量清水。

⑧放入胡萝卜片，倒入豆腐块。

⑨加入盐、鸡粉拌匀，盖盖，用大火煮约2分钟至沸。

⑩取下盖子，放入切好的油菜，拌匀。

⑪撒上胡椒粉，淋入芝麻油，拌匀，略煮片刻。

⑫盛出煮好的豆腐汤，撒上少许葱花即成。

香菇萝卜汤

烹饪时间 / 4分钟　口味 / 清淡　功效 / 开胃消食　适合人群 / 一般人群

原料

白萝卜300克，鲜香菇50克，葱花少许

调料

盐3克，鸡粉2克，胡椒粉适量

·营养分析·

白萝卜含有芥子油、淀粉酶和粗纤维等，具有促进消化、增进食欲、加快胃肠蠕动和止咳的作用。中医认为，白萝卜性凉，味辛、甘，可以辅助治疗多种疾病。

制作指导

煮制白萝卜时可加入少许醋调味，不仅可使汤的味道更鲜美，还有利于营养物质的吸收。

相宜相克

- ✓ 白萝卜+紫菜（缓解咳嗽）
- ✓ 白萝卜+豆腐（促进营养物质的吸收）
- ✗ 白萝卜+橘子（易诱发甲状腺肿大）
- ✗ 白萝卜+黄瓜（破坏维生素C）

做法：

1. 洗净的白萝卜去皮，用斜刀切段，改切成片；洗好的香菇切成片。
2. 锅中注入适量清水烧开，倒入切好的香菇、白萝卜。
3. 盖上盖，烧开后用小火煮3分钟，揭盖。
4. 加入适量盐、鸡粉、胡椒粉搅拌均匀。
5. 将煮好的汤盛出，装入碗中。
6. 再撒上少许葱花即成。

西红柿冬瓜汤

烹饪时间 / 5分钟　口味 / 清淡　功效 / 清热解毒　适合人群 / 一般人群

原料

冬瓜300克，西红柿200克，葱花少许

调料

盐2克，鸡粉2克，食用油适量

营养分析

冬瓜含有蛋白质、维生素、钙、铁、镁、磷、钾等营养物质，具有润肺生津、止渴、消肿、清热祛暑、解毒的功效。

制作指导

食材入锅后，不要煮制太久，以免食材过于熟烂，失去其本身的鲜味。

相宜相克

- 冬瓜+海带（降低血压）
- 冬瓜+芦笋（降低血脂）
- 冬瓜+甲鱼（润肤、明目）
- 冬瓜+口蘑（利小便、降血压）

做法：

1. 把洗净的西红柿切开，再切成小瓣。
2. 洗好的冬瓜去除表皮，改切成薄片。
3. 用油起锅，倒入切好的西红柿炒匀，注入适量清水，盖上盖，用大火煮沸。
4. 取下锅盖，倒入冬瓜拌匀。
5. 加入适量盐、鸡粉拌匀调味，续煮片刻至食材熟透。
6. 将煮好的汤盛入汤碗中，再撒上少许葱花即成。

苋菜豆腐汤

烹饪时间 / 5分钟　口味 / 鲜　功效 / 开胃消食　适合人群 / 老年人

原料

苋菜150克，嫩豆腐200克，姜片、葱花各少许

调料

盐3克，鸡粉2克，食用油适量

营养分析

苋菜含有丰富的铁、钙和维生素K，常食苋菜可以开胃消食、减肥轻身、促进排毒、预防便秘。

相宜相克

✅豆腐+鱼（补钙）

✅豆腐+姜（润肺止咳）

✅豆腐+西红柿（补脾健胃）

✅豆腐+金针菇（益智强体）

✅豆腐+蛤蜊（润肤、补血）

❎豆腐+蜂蜜（易导致腹泻）

❎豆腐+红糖（不利于人体吸收）

❎豆腐+空心菜（易破坏营养素）

制作指导

切豆腐前，将鲜豆腐放在盐水中泡半小时，这样切块时就不易破碎。

做法：

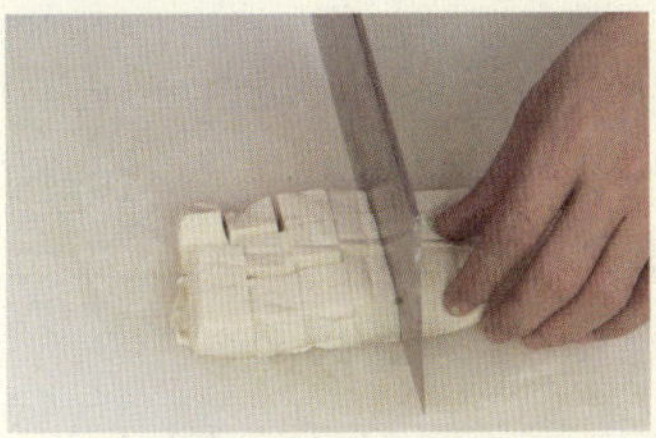

①把洗净的豆腐切成小方块。

②将豆腐块装入盘中备用。

③锅中注水烧开，加3克盐，放入切好的豆腐块，煮约半分钟。

④捞出焯好的豆腐。

⑤锅中倒入适量食用油烧热，放入少许姜片，爆香。

⑥放入洗好的苋菜，拌炒至熟软。

⑦倒入约500毫升清水。

⑧盖上盖，用大火烧热，煮沸。

⑨揭盖，放入焯好的豆腐。

⑩加入适量盐、鸡粉，拌匀，煮沸。

⑪撒上少许葱花，搅拌均匀。

⑫将汤盛出，装入碗中即可。

土豆西红柿汤

烹饪时间 / 3.5分钟　口味 / 清淡　功效 / 开胃消食　适合人群 / 一般人群

原料

土豆300克，西红柿100克，葱花少许

调料

盐3克，鸡粉2克，番茄汁、食用油各适量

·营养分析·

土豆含有维生素C、矿物质，具有和胃调中、益气健脾、强身益肾、消炎、活血消肿等功效，可辅助治疗消化不良、神疲乏力、慢性胃痛、关节疼痛、皮肤湿疹等症。

制作指导

土豆入锅后不宜煮太久，以免过于熟烂，影响成品外观和口感。

相宜相克

- ✓ 土豆+辣椒（健脾开胃）
- ✓ 土豆+豆角（调理肠胃、可预防肠胃炎）
- ✗ 土豆+柿子（易形成胃结石）
- ✗ 土豆+石榴（易引起身体不适）

做法：

1. 将洗净去皮的土豆切厚块，切段，再改切成片。
2. 洗好的西红柿切厚片，改切成丁。
3. 锅中注入适量清水烧开，放入土豆片。
4. 加入适量食用油、盐、鸡粉，再放入切好的西红柿。
5. 盖上盖，烧开后用中火煮2分钟。
6. 揭开盖，加入适量番茄汁，用锅勺搅拌均匀。
7. 将煮好的汤盛出，装入碗中，再撒上少许葱花即成。

香菇芥菜汤

烹饪时间 / 6分钟　口味 / 清淡　功效 / 降压降糖　适合人群 / 高血压病者

原料

鲜香菇65克，芥菜300克

调料

盐3克，鸡粉、芝麻油、食用油各适量

营养分析

香菇是一种高蛋白、低脂肪的健康食品，它富含多种氨基酸，活性高、易吸收。香菇还含有多种酶，有抑制血液中胆固醇升高和降低血压的作用。

制作指导

芥菜入锅煮制时，可先放入菜梗略煮片刻，然后再放入菜叶，这样菜叶才不至于煮老。

相宜相克

- 香菇+牛肉（补气养血）
- 香菇+木瓜（减脂降压）
- 香菇+豆腐（有助营养吸收）
- 香菇+莴笋（利尿通便）

做法：

1. 将洗净的芥菜切成段；将洗好的香菇切成小块。
2. 锅中加入少许食用油，烧热，倒入芥菜、香菇，翻炒匀。
3. 注入适量清水，盖上盖，用大火加热，煮至沸腾。
4. 揭盖，加入适量盐、鸡粉、芝麻油。
5. 用锅勺拌匀调味。
6. 将煮好的汤盛入碗中即成。

玉米胡萝卜汤

烹饪时间 / **22分钟**　口味 / **清淡**　功效 / **提神健脑**　适合人群 / **儿童**

原料

胡萝卜200克，玉米棒150克，油菜100克，姜片少许

调料

盐、鸡粉各3克，食用油少许

·营养分析·

玉米含有蛋白质、胡萝卜素、核黄素、维生素等营养物质。这些物质对预防心脏病、癌症等疾病有很大的益处。此外，玉米胚尖所含的营养物质还有增强人体新陈代谢、调节神经系统的功能。

油菜　胡萝卜　玉米棒　姜

相宜相克

✅玉米+花菜（健脾益胃、助消化）
✅玉米+松仁（益寿养颜、防癌抗癌）
✅玉米+大豆（营养更均衡）

❌玉米+田螺 （易引起中毒）

制作指导

玉米须的药用价值较高，清理时可将其保存，单独熬煮成汤汁饮用。

做法:

①把洗净的油菜切开，修整齐备用。

②洗净的玉米棒切去根部，改切成段。

③去皮洗净的胡萝卜切滚刀块备用。

④锅中注水烧开，加入食用油，倒入油菜拌匀。

⑤把油菜焯煮至熟捞出，沥干水分待用。

⑥另起锅，注入清水煮沸，倒入切好的玉米、胡萝卜略煮。

⑦撒上姜片，用大火煮沸。

⑧关火，将锅中的材料倒入砂煲中，并将砂煲放置于旺火上。

⑨盖上盖，煮沸后用中小火续煮约20分钟至食材熟透。

⑩揭盖，加入盐、鸡粉，用锅勺拌匀。

⑪将煮好的汤盛入汤碗中。

⑫用煮熟的油菜围边即可。

蘑菇竹笋汤

烹饪时间 / **3分钟**　口味 / **清淡**　功效 / **增强免疫**　适合人群 / **儿童**

原料

口蘑40克，竹笋150克，油菜100克，姜片少许

调料

盐3克，鸡粉、食用油各适量

营养分析　口蘑能防止过氧化物损害机体，降低因缺硒引起的血压升高和血黏度增加，调节甲状腺的工作，提高身体免疫力。

制作指导

制作此汤的原料都很鲜嫩，因此不宜煮制过久，以免影响成品口感。

相宜相克

- 口蘑+鸡肉（补中益气）
- 口蘑+鹌鹑蛋（防治肝炎）

做法：

1. 将洗净的油菜切去部分叶子。
2. 洗净的竹笋切成长段；洗净的口蘑切成小片。
3. 锅中注水烧开，加盐、食用油，倒入油菜、竹笋、口蘑，焯水后捞出。
4. 用油起锅，倒入姜片爆香，倒入适量清水煮沸，倒入竹笋和口蘑。
5. 加适量盐、鸡粉拌匀。
6. 将煮好的汤盛入碗中，放入焯煮好的油菜即可。

菌菇丝瓜汤

烹饪时间 / 3分钟　口味 / 清淡　功效 / 美容养颜　适合人群 / 女性

原料

金针菇150克，白玉菇60克，丝瓜180克，鲜香菇30克，胡萝卜60克

调料

盐3克，鸡粉3克，食用油适量

营养分析

丝瓜含有防止皮肤老化的维生素B_1、增白皮肤的维生素C等成分，能保护皮肤、减淡斑块，使皮肤洁白、细嫩，是不可多得的美容佳品。

制作指导

煮制丝瓜时加少许食醋，可以避免丝瓜变黑，汤品味道也更鲜美。

相宜相克

- ✓ 丝瓜+菊花（清热养颜、净肤除斑）
- ✓ 丝瓜+鸭肉（清热滋阴）
- ✗ 丝瓜+菠菜（易引起腹泻）
- ✗ 丝瓜+芦荟（易引起腹痛、腹泻）

做法:

1. 将洗净的白玉菇切成段；洗好的香菇切成小块；洗净的金针菇切去老茎。
2. 洗好的丝瓜去皮，切成片；洗净去皮的胡萝卜切成片。
3. 锅中注水烧开，淋入少许食用油，放入切好的胡萝卜、白玉菇、香菇。
4. 盖上盖，用大火煮沸后转中火煮2分钟至食材熟软。
5. 揭盖，倒入丝瓜、金针菇，拌匀，煮沸。
6. 再加入适量盐、鸡粉，用锅勺拌匀调味。
7. 将煮好的汤盛出，装入碗中即可。

木耳丝瓜汤

烹饪时间 / 3.5分钟　口味 / 鲜　功效 / 清热解毒　适合人群 / 儿童

原料

水发木耳40克，玉米笋65克，丝瓜150克，瘦肉200克，胡萝卜片、姜片、葱花各少许

调料

盐3克，鸡粉3克，水淀粉2克，食用油适量

·营养分析·

丝瓜含有皂苷类物质、丝瓜苦味质，有清暑凉血、解毒通便、通经络、行血脉等功效。黑木耳含有大量蛋白质、糖类、钙、铁、钾、钠、维生素、胡萝卜素等成分，这些都是宝宝生长发育所必需的，其具有清肠通便的功效。

相宜相克

✓ 丝瓜+菊花（清热养颜，净肤除斑）
✓ 丝瓜+鸭肉（清热滋阴）
✓ 丝瓜+鱼（增强免疫力）
✗ 丝瓜+菠菜（易引起腹泻）
✗ 丝瓜+芦荟（易引起腹痛、腹泻）

制作指导

煮制此汤时，可以加入少许芝麻油，成汤味道会更鲜美。

做法:

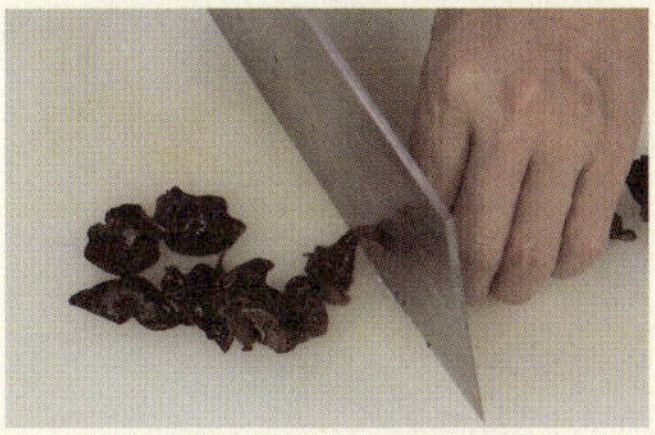
①将洗净的木耳切成小块。

②洗好的玉米笋先切成段，再切成小块。

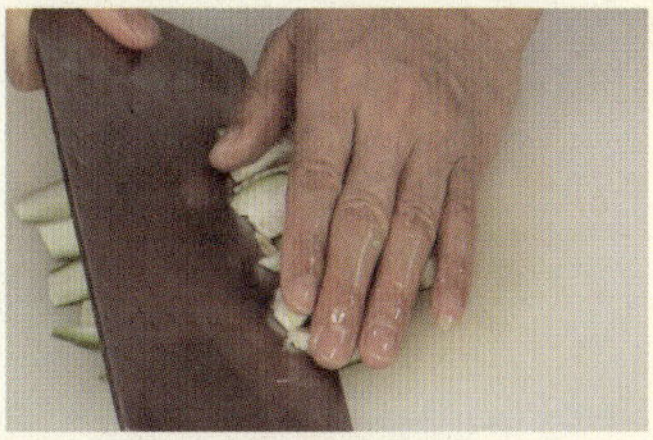
③去皮洗净的丝瓜对半切开，切条，改切成段。

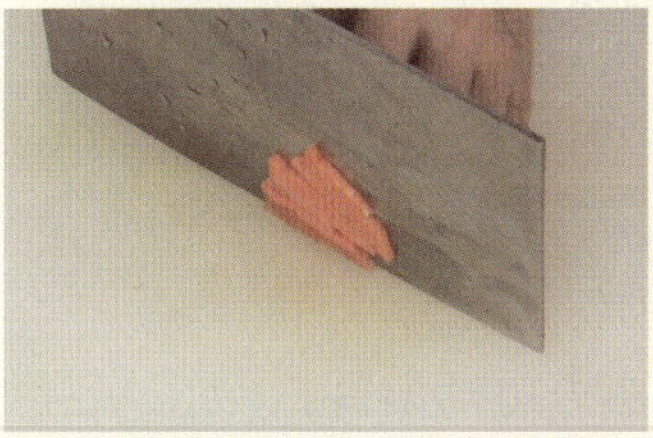
④将去皮洗好的胡萝卜打上花刀，切成片。

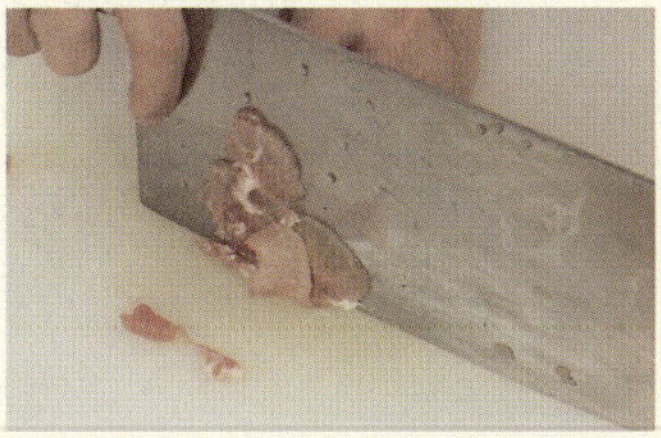
⑤将洗净的瘦肉切成片装碗，放入少许盐、鸡粉、水淀粉抓匀。

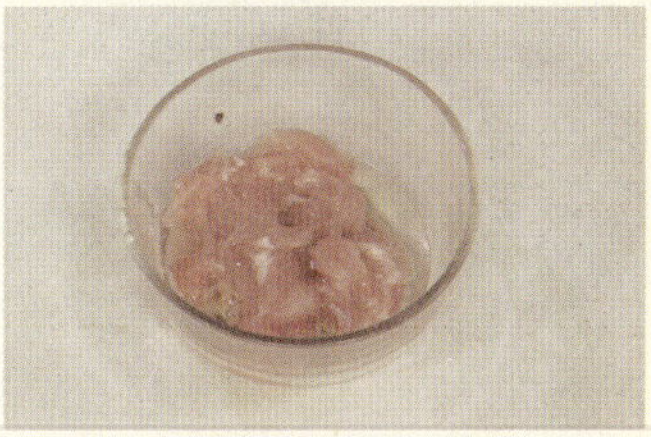
⑥注入适量食用油，腌渍10分钟至入味。

⑦锅中注水烧开，加入食用油，放入姜片。

⑧倒入木耳、丝瓜、胡萝卜、玉米笋搅拌匀。

⑨放入适量盐、鸡粉，拌匀调味。

⑩盖上锅盖，用中火煮2分钟至熟。

⑪揭盖，倒入腌渍好的肉片搅拌均匀，用大火煮沸。

⑫把汤料盛出，装入汤碗中，再放入葱花即可。

家常罗宋汤

烹饪时间 / 17分钟　口味 / 鲜　功效 / 开胃消食　适合人群 / 孕妇

原料

圆白菜150克，西红柿80克，洋葱30克，牛肉50克，胡萝卜、土豆各40克，姜片、蒜末、葱花各少许

调料

盐、胡椒粉各3克，鸡粉2克，番茄酱10克，芝麻油、食用油各适量

营养分析

西红柿含有苹果酸和柠檬酸等有机酸，既有保护所含的维生素C不被烹调所破坏的作用，还有增加胃液酸度、帮助消化、调整胃肠功能的作用。

制作指导

煮制此汤时，番茄酱不要放太多，以免掩盖食材本身的味道。

相宜相克

- ✓ 西红柿+山楂（降低血压）
- ✓ 西红柿+花菜（预防心血管疾病）
- ✗ 西红柿+南瓜（降低营养价值）
- ✗ 西红柿+猕猴桃（降低营养价值）

做法：

1. 洗净的西红柿去除表皮，切块；洗净去皮的土豆、胡萝卜切片。
2. 洗净的洋葱切块；洗好的圆白菜切片；洗净的牛肉剁成末。
3. 锅中倒入适量食用油烧热，放入姜片、蒜末爆香。
4. 放入胡萝卜片、圆白菜片、洋葱片、土豆片、西红柿炒匀。
5. 注入适量清水煮约15分钟，再放入牛肉末煮沸。
6. 加适量盐、鸡粉、番茄酱、胡椒粉调味，淋入芝麻油拌匀，撒上葱花即成。

冬瓜薏米车前汤

烹饪时间 / 37分钟　口味 / 淡　功效 / 清热解毒　适合人群 / 糖尿病患者

原料

冬瓜90克，水发薏米55克，车前草7克

调料

盐2克

营养分析

薏米含有蛋白质、钙、钾、铁、薏苡仁脂、维生素B_1、赖氨酸等，能强筋骨、健脾胃、消水肿、去风湿、清肺热等，糖尿病患者可经常食用。

制作指导

煮薏米时，可以加入少许食用油，能加速薏米熟烂，成汤也更鲜香。

相宜相克

- 薏米+大米（补脾除湿）
- 薏米+枇杷（清肺散热）
- 薏米+山楂（健美减肥）
- 薏米+香菇（防癌抗癌）

做法：

1. 将洗净的冬瓜切成小块，把切好的冬瓜装入盘中，待用。
2. 砂锅中注入适量清水，放入泡好的薏米，倒入洗好的车前草，搅匀。
3. 盖上盖，烧开后用小火煮20分钟，至薏米熟软。
4. 揭盖，放入切好的冬瓜。
5. 盖上盖，用小火煮15分钟，至全部食材熟透。
6. 揭盖，放入适量盐，用勺搅匀煮沸，把汤料盛出，装入碗中即可。

黄花菜健脑汤

烹饪时间 / 3分钟　口味 / 鲜　功效 / 提神健脑　适合人群 / 儿童

原料

水发黄花菜80克，鲜香菇40克，金针菇90克，瘦肉100克，葱花少许

调料

盐3克，鸡粉3克，水淀粉、食用油各适量

·营养分析·

黄花菜含有卵磷脂，能增强和改善儿童大脑功能，对注意力不集中、记忆减退等症状有一定食疗作用。黄花菜还含有膳食纤维，能促进儿童的消化和吸收。

瘦肉

鲜香菇

水发黄花菜

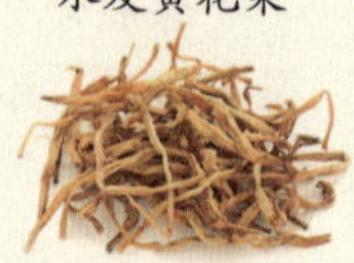

金针菇

葱

相宜相克

✅黄花菜+黄瓜（利湿消肿）
✅黄花菜+猪肉（增强体质）
✅黄花菜+马齿苋（清热祛毒）

❎黄花菜+鹌鹑（易引发痔疮）
❎黄花菜+驴肉（易引起中毒）

制作指导

香菇、金针菇入锅后，不宜煮制过久，以免影响成品鲜嫩的口感。

做法:

①将洗净的鲜香菇切成片。

②泡发好的黄花菜切去花蒂。

③洗好的金针菇切去老茎。

④洗净的瘦肉切成片。

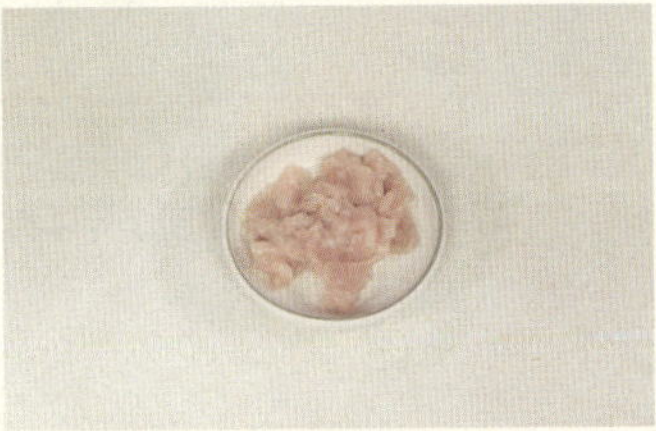
⑤把肉片装入碟中，加入少许盐、鸡粉、水淀粉，抓匀。

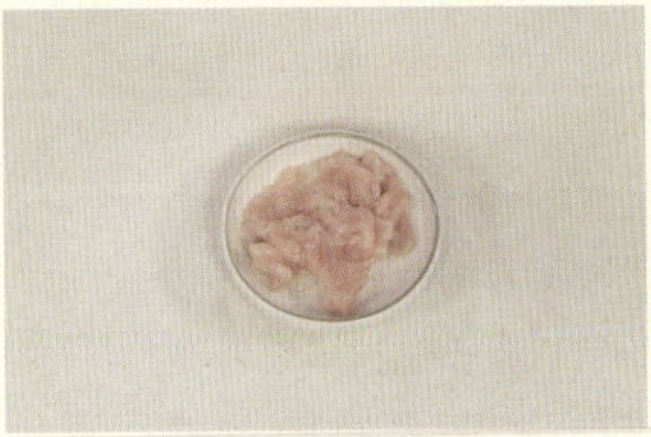
⑥注入适量食用油，腌渍10分钟至入味。

⑦锅中注入适量清水烧开，倒入少许食用油。

⑧放入香菇、黄花菜、金针菇。

⑨加入适量盐、鸡粉，拌匀，用大火加热，煮至沸。

⑩倒入腌渍好的瘦肉。

⑪拌匀，用大火煮约1分钟至熟。

⑫将煮好的汤料盛出，装入碗中，撒上葱花即成。

紫菜海带汤

烹饪时间 / 3分钟　口味 / 清淡　功效 / 防癌抗癌　适合人群 / 老年人

原料

水发海带150克，水发紫菜80克，葱花少许

调料

盐4克，鸡粉3克，胡椒粉少许

·营养分析·

紫菜富含胆碱和钙、铁等营养元素，能增强记忆，对预防妇女贫血和促进小儿骨骼、牙齿的生长和保健，都有很不错的效果。此外，紫菜还含有一定量的甘露醇，可作为治疗水肿的辅助食品。

制作指导

若紫菜在凉水浸泡后呈蓝紫色，说明已被有毒物质污染，不能食用。

相宜相克

- ✓ 海带+豆腐（补碘）
- ✓ 海带+排骨（防治皮肤瘙痒）
- ✗ 海带+咖啡（影响机体对铁的吸收）
- ✗ 海带+葡萄（减少钙的吸收）

做法：

1. 把洗净的海带切成长条形，再改切成细丝，盛放在盘中。
2. 锅中倒入适量清水，大火烧开，放入少许食用油，再调入盐、鸡粉。
3. 然后下入海带丝，拌匀，煮约30秒钟。
4. 倒入洗净的紫菜，拌煮至熟。
5. 撒上少许胡椒粉，拌匀入味，用锅勺掠去浮沫。
6. 撒入葱花，煮出香味，将烹煮好的汤品盛到汤碗中即成。

海带冬瓜汤

烹饪时间 / 3分钟　口味 / 清淡　功效 / 防癌抗癌　适合人群 / 女性

原料

冬瓜350克，海带150克，姜片、葱花各少许

调料

盐3克，鸡粉2克，胡椒粉、食用油各适量

营养分析

海带含有丰富的钙、镁、钾、磷、硫、铁、锌、硒、硫胺素、核黄素等人体不可缺少的营养成分。此外，海带还含有大量的碘，不仅可以改善内分泌失调，而且还能预防乳腺癌。

制作指导

冬瓜是一种清热的食物，如果连皮一起煮汤，效果更明显。

相宜相克

- ✓ 海带+猪肉（除湿）
- ✓ 海带+冬瓜（降血压、降血脂）
- ✗ 海带+猪血（易引起便秘）
- ✗ 海带+白酒（易导致消化不良）

做法：

1. 洗净的冬瓜去皮，切块，改切成片。
2. 将洗净的海带切长条，再改切成小块。
3. 锅中注入适量清水烧开，放入少许姜片，倒入冬瓜、海带，拌匀。
4. 再倒入适量食用油。
5. 盖上盖，用大火烧开后转中火煮2分钟至食材熟软，揭盖，加入适量盐、鸡粉、胡椒粉，拌匀调味。
6. 将煮好的汤盛入碗中，再撒上少许葱花即成。

平菇豆腐汤

烹饪时间 / 3分钟　口味 / 鲜　功效 / 降低血脂　适合人群 / 一般人群

原料

豆腐200克，平菇100克，姜片、葱花各少许

调料

盐3克，鸡粉2克，胡椒粉、料酒、食用油各适量

营养分析

豆腐是高蛋白、低脂肪的食物，具有降血压、降血脂、降胆固醇的功效，是生熟皆可、老幼皆宜、益寿延年的美食佳品。

葱

平菇

姜

豆腐

相宜相克

✓ 平菇+西蓝花（提高免疫力）

✓ 平菇+猪肉（提高滋补保健的功效）

✓ 平菇+鸡蛋（滋补强身）

✗ 平菇+驴肉（易引发心痛）

制作指导

豆腐可以先用沸水焯煮一下，在煮汤时豆腐会更容易入味。

做法:

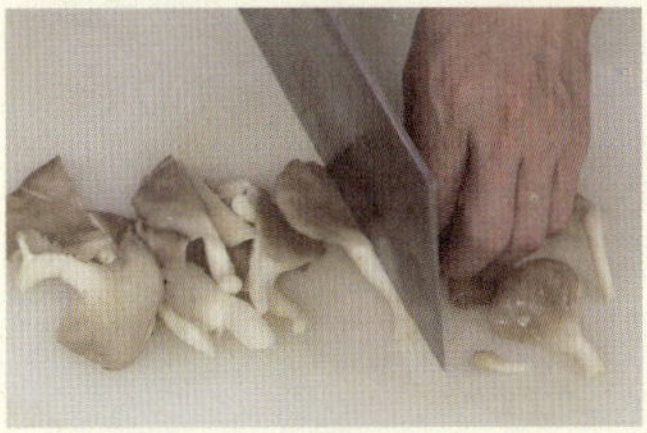

①把洗净的平菇切成若干片。

②洗净的豆腐切成条，再切成小方块。

③用油起锅，放入姜片、平菇，炒香。

④淋入少许料酒，翻炒均匀。

⑤注入适量清水。

⑥盖上盖，煮约1分钟。

⑦揭盖，加入盐、鸡粉，撒上少许胡椒粉。

⑧倒入豆腐块，拌匀。

⑨用锅勺掠去浮沫。

⑩撒上葱花。

⑪拌煮至断生。

⑫将煮好的汤盛入汤碗中即成。

土豆玉米汤

烹饪时间 / 16分钟　口味 / 清淡　功效 / 提神健脑　适合人群 / 儿童

原料

土豆200克，玉米棒230克，葱花少许

调料

盐3克，鸡粉2克，食用油适量

营养分析

玉米含有蛋白质、钙、磷、硒、镁、胡萝卜素、维生素E等，有开胃益智、宁心活血、调理中气等功效，还能降低血脂，对高血脂、动脉硬化、心脏病等患者有助益。

制作指导

玉米棒要切成大小一致的小块，不仅可缩短煮制的时间，而且口感也更均匀。

相宜相克

- ✓ 玉米+鸡蛋（预防胆固醇过高）
- ✓ 玉米+洋葱（生津止渴）
- ✗ 玉米+田螺　（易引起中毒）
- ✗ 玉米+红薯（易造成腹胀）

做法：

1. 将洗净去皮的土豆切厚块，再切成长条，改切成小块。
2. 洗好的玉米棒切成小块。
3. 砂锅中注入适量清水烧开，放入切好的土豆块、玉米块。
4. 盖上盖子，烧开后转成小火煮15分钟至食材熟透。
5. 揭盖，加入适量盐、鸡粉、食用油，用锅勺搅拌均匀。
6. 把煮好的汤盛出，装入碗中，再撒上少许葱花即可。

山药冬瓜汤

烹饪时间 / 16分钟　口味 / 清淡　功效 / 降压降糖　适合人群 / 糖尿病患者

原料

山药100克，冬瓜200克，姜片、葱段各少许

调料

盐2克，鸡粉2克，食用油适量

营养分析

冬瓜含有的丙醇二酸具有利尿去湿的功效，还能抑制淀粉、糖类转化为脂肪，防止体内脂肪的堆积，对预防血脂黏稠及由此导致的血压升高等疾病有利，很适合糖尿病患者食用。

制作指导

冬瓜宜切成薄片，这样汤汁会更易入味，口感也会更佳。

相宜相克

- ✓冬瓜+鸭肉（可预防贫血、促进食欲）
- ✓冬瓜+芦笋（降低血脂）
- ✓冬瓜+甲鱼（润肤、明目）
- ✓冬瓜+螃蟹（有减肥健美的功效）

做法：

1. 将洗净去皮的山药切厚块，改切成片；洗好去皮的冬瓜切成片。
2. 用油起锅，放入姜片，爆香。
3. 倒入切好的冬瓜拌炒匀，注入适量清水，放入山药。
4. 盖上盖，烧开后用小火煮15分钟至食材熟透。
5. 揭盖，放入适量盐、鸡粉，拌匀调味。
6. 将锅中汤料盛出，装入碗中，放入葱段即可。

素鸡蘑菇汤

烹饪时间 / 4分钟　口味 / 清淡　功效 / 增强免疫　适合人群 / 一般人群

原料

素鸡75克，胡萝卜80克，白玉菇70克，平菇60克，水发木耳50克

调料

盐3克，鸡粉3克，胡椒粉、食用油各适量

·营养分析·

平菇含有抗肿瘤细胞的多糖体，对肿瘤细胞有很强的抑制作用，还含有蘑菇核糖酸，能抑制病毒的合成和增殖。此外，平菇还含有菌糖、甘露醇糖、激素等，可以改善人体新陈代谢，增强体质。

制作指导

白玉菇、平菇口感鲜嫩，营养丰富，不宜煮制过久，以免营养成分流失。

相宜相克

- 平菇+韭黄（提高免疫力）
- 平菇+口蘑（防癌抗癌）
- 平菇+猪肉（提高滋补保健的功效）
- 平菇+西蓝花（提高免疫力）

做法：

1. 将洗净的白玉菇切去老茎，切成段；洗好去皮的胡萝卜切段，改切成片。
2. 把素鸡切成片；洗净的平菇切成小块；洗好的木耳切成小块。
3. 锅中注入适量清水烧开，加入适量食用油、盐、鸡粉，再倒入切好的食材，拌匀。
4. 盖上盖，烧开后用小火煮3分钟至食材熟软。
5. 揭盖，加入少许胡椒粉调味，用锅勺搅拌均匀。
6. 把煮好的汤盛出，装入碗中即成。

木耳菜蘑菇汤

烹饪时间 / 4分钟　口味 / 清淡　功效 / 瘦身排毒　适合人群 / 女性

原料

木耳菜150克，口蘑180克

木耳菜

口蘑

调料

盐2克，鸡粉2克，料酒、食用油各适量

营养分析

口蘑属于低热量食品，是一种很好的减肥美容食品。它所富含的植物纤维，具有加速肠道运动、促进排毒的作用，能降低人体内胆固醇的含量，还可预防糖尿病、大肠癌。

制作指导

袋装口蘑在入锅煮制前，要多漂洗几遍，以去掉残留在口蘑上的化学物质。

相宜相克

- 口蘑+鸡肉（补中益气）
- 口蘑+鹌鹑蛋（预防肝炎）
- 口蘑+猪肉（促进二者营养元素的吸收）
- 口蘑+青豆（清热解毒）

做法：

1. 将洗净的口蘑切成片，装入盘中，备用。
2. 用油起锅，倒入口蘑，翻炒片刻。
3. 淋入少许料酒炒香，倒入适量清水。
4. 盖上盖，烧开后用中火煮2分钟。
5. 揭盖，加入适量盐、鸡粉。
6. 放入洗净的木耳菜，用锅勺搅拌均匀，煮约1分钟，至木耳菜熟软。
7. 将煮好的汤盛出，装入碗中即可。

平菇山药汤

烹饪时间 / 6分钟　口味 / 清淡　功效 / 益气补血　适合人群 / 一般人群

原料

平菇60克，鲜香菇30克，山药200克，葱花少许

调料

盐3克，鸡粉2克，胡椒粉、芝麻油、食用油各适量

营养分析

山药含有淀粉酶，能分解蛋白质和糖，有减肥轻身的作用。山药还含有丰富的蛋白质、淀粉等营养成分，经常食用能提高免疫力，预防高血压，降低胆固醇，润滑关节。

制作指导

可将洗好的山药放入蒸锅中蒸片刻再切，不仅可以避免滑手，还能保证山药洁白的外观。

相宜相克

- ✓ 山药+红枣（补血养颜）
- ✓ 山药+玉米（增强免疫力）
- ✗ 山药+鲫鱼（不利于营养物质的吸收）
- ✗ 山药+菠菜（降低营养价值）

做法：

1. 将洗净的平菇切成小块；洗好的香菇切去老茎，切成小块。
2. 去皮洗净的山药切成斜片。
3. 锅中注水烧开，加入食用油、盐，倒入鸡粉、山药、平菇、香菇拌匀。
4. 盖上盖，用大火烧开后转中火煮5分钟至食材熟透。
5. 揭盖，放入少许胡椒粉、芝麻油搅拌匀。
6. 把煮好的汤盛出，装入碗中，再撒入少许葱花即成。

青豆草菇汤

烹饪时间 / 4分钟　口味 / 清淡　功效 / 降低血脂　适合人群 / 高血脂病患者

原料

青豆130克，草菇100克，葱花少许

调料

盐3克，鸡粉2克，料酒5毫升，食用油少许

营养分析

草菇营养价值较高，含有丰富的蛋白质、钙、钾、钠、维生素等营养成分，尤其以膳食纤维的含量较为丰富，有促进消化、提高机体的抗病能力的作用。

制作指导

草菇切开前最好用温水泡约5分钟，这样煮汤时，草菇的鲜味会更浓。

相宜相克

- ✓ 草菇+豆腐（降压降脂）
- ✓ 草菇+虾仁（补肾壮阳）
- ✗ 草菇+鹌鹑（易面生黑斑）

做法：

1. 将草菇洗净去根部，切片，浸水待用。
2. 锅中加适量清水，以大火烧开，再加少许盐。
3. 放入草菇煮约2分钟，捞出，沥干水分。
4. 用油起锅，入草菇翻炒，淋入料酒炒匀，再加适量清水。
5. 加盐、鸡粉，倒入洗净的青豆，煮沸后用中火煮至入味。
6. 将汤装碗，撒上葱花即成。

香菇豆腐汤

烹饪时间 / **7分钟**　口味 / **清淡**　功效 / **提神健脑**　适合人群 / **老年人**

原料

水发腐竹150克，豆腐170克，鲜香菇60克，葱花少许

调料

盐2克，鸡粉2克，料酒、胡椒粉、芝麻油、食用油各适量

·营养分析·

香菇是一种高蛋白、低脂肪的健康食品，有补肝肾、健脾胃、益智安神、美容养颜之功效。香菇富含的维生素D，能促进钙、磷的消化吸收，有助于骨骼和牙齿的发育。

水发腐竹

豆腐

葱

鲜香菇

相宜相克

✅香菇+猪肉（促进消化）

✅香菇+油菜（提高免疫力）

✅香菇+马蹄（清热解毒）

✅香菇+青豆（提高免疫力）

❌香菇+螃蟹（可能引起结石）

❌香菇+鹌鹑（易面生黑斑）

制作指导

豆腐切好后可以放入淡盐水中浸泡片刻，能去除酸味。

做法:

①洗净的香菇切片。

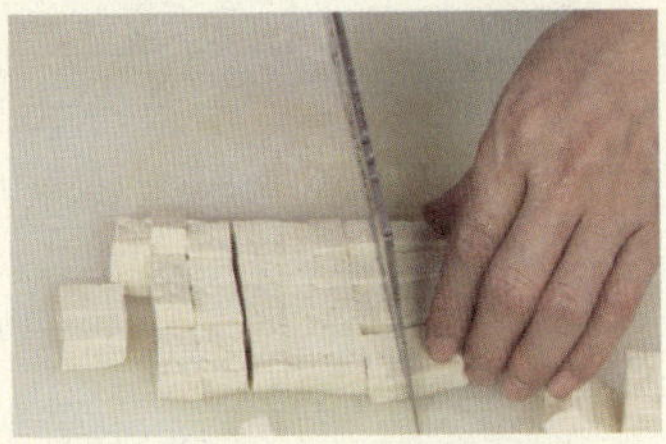

②洗好的豆腐切小块。

③用油起锅，倒入香菇，翻炒片刻。

④淋入少许料酒，拌炒匀。

⑤放入腐竹炒匀，倒入适量清水稍煮。

⑥盖上盖，煮沸后用小火煮约3分钟。

⑦揭盖，下入豆腐。

⑧盖上盖，再用小火煮2分钟至食材熟透。

⑨揭盖，加入适量盐、鸡粉、胡椒粉。

⑩再淋入少许芝麻油，用锅勺拌匀调味。

⑪将煮好的汤盛出，装入碗中。

⑫撒上葱花即成。

胡萝卜玉米牛蒡汤

烹饪时间 / 31分钟　口味 / 清淡　功效 / 降低血脂　适合人群 / 高血脂病患者

原料

胡萝卜90克，玉米棒150克，牛蒡140克

调料

盐、鸡粉各2克

营养分析

玉米含有蛋白质、维生素、微量元素、纤维素及多糖等。其维生素E的含量较高，可降低血液胆固醇浓度，并防止其沉积于血管壁，对高血脂有一定的食疗作用。

制作指导

一定要在砂锅中的水煮沸后，再放入牛蒡，这样牛蒡的药性才更易发挥出来。

相宜相克

- ✓ 玉米+花菜（健脾益胃、助消化）
- ✓ 玉米+大豆（营养更均衡）
- ✗ 玉米+田螺（易引起中毒）
- ✗ 玉米+红薯（易造成腹胀）

做法：

1. 将洗净去皮的胡萝卜切成小块；洗好的玉米棒切成小块；洗净去皮的牛蒡切滚刀块。
2. 砂锅中注入适量清水烧开，倒入切好的牛蒡、胡萝卜块、玉米棒。
3. 盖上盖，煮沸后用小火煮约30分钟，至食材熟透。
4. 取下盖子，加入盐、鸡粉。
5. 拌匀调味，续煮一会儿，至食材入味。
6. 关火后盛出煮好的牛蒡汤，装在碗中即成。

豆芽韭菜汤

烹饪时间 / 4分钟　口味 / 清淡　功效 / 美容养颜　适合人群 / 女性

原料

绿豆芽80克，韭菜100克

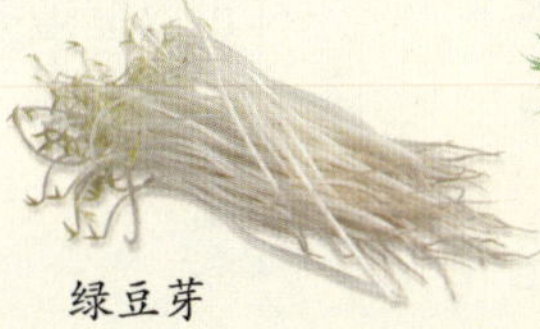

绿豆芽

韭菜

调料

盐3克，鸡粉2克，食用油适量

·营养分析·

韭菜含有的含硫化合物具有降血脂、扩张血脉的作用，还能使黑色素细胞内的酪氨酸系统功能增强，从而改变皮肤毛囊的黑色素，消除皮肤白斑，并使头发乌黑发亮。

制作指导

制作此汤的食材口感都很脆嫩，所以入锅煮制的时间不宜过长。

相宜相克

- ✓ 韭菜+黄豆芽（排毒瘦身）
- ✓ 韭菜+豆腐（防治便秘）
- ✗ 韭菜+蜂蜜（易引起腹泻）
- ✗ 韭菜+菠菜（易引起腹泻）

做法：

1. 将洗净的韭菜切成段，把切好的韭菜装入盘中，备用。
2. 用油起锅，倒入切好的韭菜，翻炒片刻。
3. 放入洗好的绿豆芽，翻炒匀。
4. 倒入约400毫升清水，用大火煮至沸腾。
5. 加入盐、鸡粉，用锅勺拌匀调味。
6. 把煮好的豆芽韭菜汤盛出，装入碗中即成。

豆芽海带汤

烹饪时间 / 4分钟　口味 / 清淡　功效 / 开胃消食　适合人群 / 一般人群

原料

黄豆芽80克，海带100克，姜片、葱花各少许

调料

盐2克，鸡粉3克，料酒、胡椒粉、食用油各适量

·营养分析·

海带含有丰富的钙、钠、镁、钾、磷、硫、铁、锌、硒、硫胺素、核黄素等人体不可缺少的营养成分，有开胃消食的功效，还可以纠正内分泌失调，消除乳腺增生的隐患。

制作指导

如果使用干海带，可将其放在蒸笼蒸半小时，再用清水浸泡，这样可以缩短煮制的时间。

相宜相克

- ✓ 海带+猪肉（除湿）
- ✓ 海带+冬瓜（降血压、降血脂）
- ✗ 海带+猪血（易引起便秘）
- ✗ 海带+柿子（降低营养）

做法：

1. 将洗净的海带切成丝，装入盘中，备用。
2. 用油起锅，放入姜片爆香，倒入洗净的黄豆芽，翻炒至豆芽熟软。
3. 淋入适量料酒，倒入适量清水，用大火煮沸。
4. 再放入切好的海带丝，拌匀煮沸。
5. 加入盐、鸡粉、胡椒粉，拌匀调味。
6. 把汤料盛出装入碗中，撒上葱花即成。

草菇丝瓜汤

烹饪时间 / 3分钟　口味 / 清淡　功效 / 美容养颜　适合人群 / 女性

原料

丝瓜200克，草菇100克，葱花少许

调料

盐、鸡粉各2克，芝麻油2毫升，料酒5毫升，食用油少许

营养分析

丝瓜是夏季解暑清热的常食蔬菜之一，含有充足的水分，对促进人体内水分的新陈代谢有很好的作用。此外，丝瓜中的维生素C的含量也很丰富，对保护皮肤、润泽肤色有很好的食疗作用，女性可以经常食用。

制作指导

丝瓜去皮后很容易氧化变黑，所以去皮后要浸于淡盐水中泡一下。这样可保持其清新洁白的外表。

相宜相克

- 丝瓜+虾（养心润肺）
- 丝瓜+鱼（增强免疫力）
- 丝瓜+青豆（防治口臭、便秘）
- 丝瓜+鸡蛋（润肺、补肾）

做法:

1. 将洗净的草菇切去根部，再切成小块；洗净去皮的丝瓜切成小块。
2. 锅中注入约600毫升清水烧开，放入草菇煮约1分钟，捞出，沥干水分，待用。
3. 用油起锅，放入焯煮好的草菇，再下入丝瓜，翻炒几下，淋入料酒，翻炒匀。
4. 倒入约600毫升清水，盖上锅盖，煮沸后用中火煮约1分钟至食材熟软。
5. 取下盖子，加入盐、鸡粉，淋入芝麻油，煮片刻至食材入味。
6. 关火后盛出煮好的汤，再撒上葱花即成。

金针白玉汤

烹饪时间 / **4分钟**　口味 / **清淡**　功效 / **开胃消食**　适合人群 / **儿童**

原料

豆腐150克，大白菜120克，水发黄花菜100克，金针菇80克，葱花少许

调料

盐3克，鸡粉少许，料酒3毫升，食用油适量

营养分析

黄花菜含有糖类、维生素C、钙、脂肪、胡萝卜素、氨基酸等，能改善人体新陈代谢，增强免疫力。儿童食用黄花菜，还有促进消化的作用。

黄花菜

豆腐

金针菇

大白菜

葱

相宜相克

✓黄花菜+黄瓜（利湿消肿）
✓黄花菜+猪肉（增强体质 ）
✓黄花菜+马齿苋（清热祛毒）
✗黄花菜+鹌鹑（易引发痔疮）
✗黄花菜+驴肉（易引起中毒）

制作指导

将白菜梗先倒入油锅翻炒一会儿，再放入白菜叶，这样可使菜肴的口感更好。

做法:

①将洗净的金针菇切去老根。

②洗好的大白菜切开，再切成细丝。

③洗净的豆腐切开，再切成小方块。

④洗好的黄花菜去除花蒂。

⑤锅中注水烧开加盐,放入豆腐块、黄花菜拌匀。

⑥把食材煮约1分钟捞出，沥干水分，待用。

⑦用油起锅，倒入白菜丝、金针菇，快速翻炒匀至其变软。

⑧淋入料酒，翻炒至白菜析出汁水，再注入适量清水。

⑨盖上锅盖，用大火煮片刻至汤汁沸腾。

⑩取下盖子，倒入焯煮过的食材，轻轻搅拌匀。

⑪加入盐、鸡粉拌匀，再煮一会儿至食材入味。

⑫关火后盛出煮好的汤料，撒上葱花即成。

冬瓜金针菇汤

烹饪时间 / 4分钟　口味 / 清淡　功效 / 降压降糖　适合人群 / 高血压病患者

原料

冬瓜400克，金针菇180克，姜片、葱花各少许

调料

盐3克，鸡粉2克，胡椒粉、食用油各适量

营养分析

金针菇具有高蛋白、低热量、低脂肪、含多种维生素等营养特点，对高血压患者、肥胖者和中老年人很有益处。

制作指导

金针菇鲜美嫩滑，易熟，因此入锅后不宜久煮，煮软即可。

相宜相克

- 冬瓜+螃蟹（有减肥健美的功效）
- 冬瓜+甲鱼（润肤、明目）
- 冬瓜+鸭肉（可预防贫血、促进食欲）

做法：

1. 把洗净去皮的冬瓜切成片。
2. 金针菇洗净去根部。
3. 锅中注水烧开，倒入适量食用油，放入姜片。
4. 加盐、鸡粉，放入冬瓜片搅匀，煮2分钟至七成熟。
5. 放入金针菇煮至熟软，撒入适量胡椒粉调味，放入葱花，拌匀。
6. 将锅中汤料盛出，装入汤碗中即可。

绿豆芽冬瓜汤

烹饪时间 / 4分钟　口味 / 清淡　功效 / 养心润肺　适合人群 / 一般人群

原料

绿豆芽100克，冬瓜350克，姜片、葱花各少许

调料

盐3克，鸡粉3克，芝麻油2毫升，食用油适量

营养分析

绿豆芽富含纤维素，能预防消化道癌症，还能清除血管壁中胆固醇和脂肪的堆积，防止心血管病变。中医认为，经常食用绿豆芽可清热解毒，利尿除湿，解酒毒和热毒。

制作指导

绿豆芽下锅后，可适当加些醋，以减少维生素C的流失。

相宜相克

- ✓ 绿豆+陈皮（排毒利尿）
- ✓ 绿豆+冬瓜皮（减肥塑身、利尿）
- ✗ 绿豆+猪肝（降低营养价值）

做法：

1. 洗净的冬瓜去籽，去皮，改切成片；洗净的绿豆芽去头、去尾。
2. 锅中倒入适量食用油，烧热，下入姜片，爆香。
3. 放入切好的冬瓜片，翻炒均匀，注入500毫升清水，放入鸡粉、盐。
4. 盖上盖，烧开后转小火煮约2分钟至冬瓜熟软。
5. 揭盖，放入绿豆芽，拌匀煮沸。
6. 撒入葱花，淋入适量芝麻油，搅拌匀。
7. 将锅中材料盛出，装入汤碗中即可。

腐竹黄瓜汤

烹饪时间 / **3分钟**　口味 / **清淡**　功效 / **提神健脑**　适合人群 / **儿童**

原料

水发腐竹200克，黄瓜220克，葱花少许

调料

盐3克，鸡粉2克，胡椒粉、食用油各适量

·营养分析·

腐竹含有丰富的蛋白质、膳食纤维、碳水化合物等营养物质，有良好的健脑作用，能预防阿尔茨海默症的发生。此外，常食腐竹还能降低血液中的胆固醇含量。

制作指导

泡发腐竹时，最好选用温水，而且入锅前要清洗干净。

相宜相克

✓ 腐竹+猪肝（促进人体对B族维生素的吸收）

⊗ 腐竹+蜂蜜（影响消化吸收）

⊗ 腐竹+橙子（影响消化吸收）

做法：

1. 洗净的黄瓜去皮切条，去籽，切成小块，备用。
2. 用油起锅，放入黄瓜，翻炒。
3. 倒入适量清水，用大火烧开，放入泡发好的腐竹。
4. 盖上盖，用小火煮至腐竹熟透。
5. 加入适量盐、鸡粉、胡椒粉拌匀。
6. 盛出装碗，撒上葱花即成。

油豆腐粉丝汤

烹饪时间 / 3分钟　口味 / 清淡　功效 / 提神健脑　适合人群 / 儿童

原料

油豆腐100克，小白菜150克，水发粉丝250克，葱花少许

调料

盐3克，鸡粉2克，食用油适量

·营养分析· 油豆腐富含蛋白质、糖类、铁、钙、磷、镁及膳食纤维等，有良好的健脑作用。此外，常食油豆腐还能降低血液中的胆固醇含量，从而有效地预防动脉硬化等症。

制作指导

水发好的粉丝煮制时间不宜过长，否则粉丝不够劲道。

相宜相克

- ✓ 油豆腐+蛤蜊（润肤、补血）
- ✓ 油豆腐+草菇（健脾补虚、增进食欲）
- ✗ 油豆腐+鸡蛋（影响蛋白质的吸收）
- ✗ 油豆腐+蜂蜜（易导致腹泻）

做法：

1. 将水发好的粉丝切成段。
2. 洗净的小白菜切成段。
3. 锅中注入清水烧开，倒入油豆腐、盐、鸡粉、食用油。
4. 盖上盖，用中火煮约2分钟揭盖。
5. 倒入粉丝、小白菜拌匀煮沸。
6. 盛出装入碗中，再撒上少许葱花即成。

韩式豆芽汤

烹饪时间 / 4分钟　口味 / 辣　功效 / 美容养颜　适合人群 / 女性

原料

黄豆芽300克，大葱150克，蒜泥少许，高汤400毫升

调料

盐2克，鸡粉2克，白糖、番茄汁、料酒、泰式甜辣酱、胡椒粉、食用油各适量

·营养分析·

黄豆芽营养丰富，是蛋白质和维生素的良好来源。其所含的维生素C能营养毛发，使头发保持乌黑光亮，对面部雀斑还有较好的淡化效果。此外，黄豆芽所含的维生素E能保护皮肤和毛细血管。

相宜相克

✓黄豆芽+黑木耳（营养更均衡）

✓黄豆芽+鲫鱼（通乳汁）

⊗黄豆芽+皮蛋（易引起腹泻）

制作指导

黄豆芽不宜煮制过久，要尽量保持其脆嫩爽口的特点。

做法:

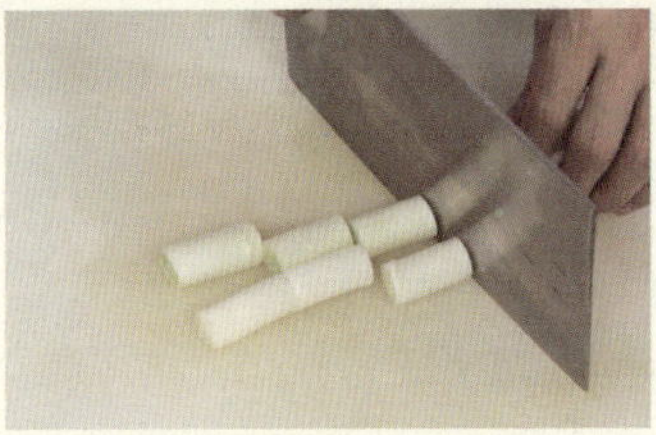

①洗净的大葱切成段。

②把切好的大葱装入盘中待用。

③用油起锅，倒入切好的大葱，炒匀。

④放入洗好的黄豆芽，翻炒至熟软。

⑤淋入少许料酒，炒匀，倒入高汤。

⑥放入少许蒜泥，搅拌均匀。

⑦盖上盖，煮沸后续煮约2分钟至食材熟透。

⑧揭盖，倒入适量泰式甜辣酱，拌匀。

⑨加入适量番茄汁、盐、鸡粉、白糖。

⑩撒入少许胡椒粉。

⑪用勺搅拌匀煮沸。

⑫将煮好的汤盛入碗中即成。

西红柿豆腐汤

烹饪时间 / 3.5分钟　口味 / 鲜　功效 / 开胃消食　适合人群 / 一般人群

原料

西红柿200克，豆腐150克，葱花少许

调料

盐4克，鸡粉2克，番茄酱10克，食用油适量

营养分析

西红柿含有丰富的钙、磷、铁、胡萝卜素、B族维生素和维生素C。西红柿含有的苹果酸和柠檬酸等有机酸，能增加胃液酸度，有帮助消化、调整胃肠功能的作用。

制作指导

西红柿长时间加热烹制后会失去原有的营养与味道，因此不宜长久加热。

相宜相克

- ✓ 豆腐+韭菜（防治便秘）
- ✓ 豆腐+姜（润肺止咳）
- ✗ 豆腐+蜂蜜（易导致腹泻）
- ✗ 豆腐+红糖（不利于人体吸收）

做法：

1. 洗净的西红柿切成小块；洗好的豆腐切成小方块。
2. 锅中加适量清水，大火烧开，入豆腐焯水后捞出。
3. 锅中加适量清水烧开，加盐、鸡粉、食用油。
4. 倒入西红柿煮沸，加入番茄酱，拌匀。
5. 加入豆腐，煮至熟透。
6. 盛出装入汤盆中，撒上葱花即成。

酸菜芋头汤

烹饪时间 / **4分钟**　口味 / **清淡**　功效 / **增强免疫**　适合人群 / **一般人群**

原料

香芋200克，酸菜180克，豆腐皮150克，高汤500毫升，葱花少许

调料

盐少许，鸡粉2克，食用油适量

营养分析

香芋的氟含量较高，具有洁齿防龋、保护牙齿的作用。香芋还有一种天然的多糖类高分子植物胶体，有很好的止泻作用，并能增强人体的免疫力。

制作指导

香芋入锅后一定要煮熟，否则其中的黏液会刺激咽喉。

相宜相克

- ✓ 芋头+红枣（补血养颜）
- ✓ 芋头+牛肉（改善食欲不振）
- ✗ 芋头+香蕉（易引起腹胀）

做法：

1. 洗净去皮的香芋切块，改切成片；把豆腐皮切成丝；洗好的酸菜切长条。
2. 锅中注入适量清水烧开，倒入高汤，盖上盖，用大火加热煮至沸腾。
3. 揭盖，放入酸菜、香芋、豆腐丝，搅拌匀。
4. 盖上盖，烧开后用中火煮3分钟至食材熟透。
5. 揭盖，加入适量食用油、盐、鸡粉用锅勺拌匀调味。
6. 将煮好的汤盛出，装入碗中，再撒上少许葱花即成。

雪菜豆腐汤

烹饪时间 / 7分钟　口味 / 清淡　功效 / 养心润肺　适合人群 / 一般人群

原料

豆腐200克，雪菜末100克，姜片、葱花各少许

调料

盐3克，鸡粉2克，芝麻油3毫升，食用油适量

营养分析

豆腐的蛋白质含量比大豆高，而且豆腐蛋白属完全蛋白，不仅含有人体必需的8种氨基酸，其比例也接近人体需要，营养效价较高。豆腐还含有脂肪、碳水化合物、维生素和矿物质等，有健脾利湿、清肺健肤、清热解毒的功效。

制作指导

烹饪前，把豆腐放在淡盐水中浸泡20~30分钟，就能防止豆腐在制作中碎掉。

相宜相克

- ✓ 豆腐+韭菜（防治便秘）
- ✓ 豆腐+姜（润肺止咳）
- ✗ 豆腐+空心菜（易破坏营养素）
- ✗ 豆腐+木耳菜（易破坏营养素）

做法：

1. 将豆腐切成长条，再把豆腐切成小方块，放入盘中备用。
2. 用油起锅，倒入姜片爆香，倒入雪菜末，翻炒香。
3. 加入适量的清水，再加入盐和鸡粉，盖上锅盖，用大火烧开。
4. 打开盖，放入豆腐拌匀，烧开锅后，再煮3分钟。
5. 淋入少许芝麻油，撒入葱花，拌匀，
6. 把做好的雪菜豆腐汤盛入汤碗中即可。

鸡汤煮干张丝

烹饪时间 / 3分钟　口味 / 鲜　功效 / 益气补血　适合人群 / 孕妇

原料

小白菜100克，豆腐皮300克，红椒20克，虾仁50克，鸡汤200毫升

调料

盐3克，鸡粉2克，味精1克，胡椒粉、水淀粉、食用油各适量

营养分析

豆腐皮营养丰富，含有蛋白质、氨基酸，以及铁、钙、钼等人体所必需的18种微量元素，具有清热润肺、止咳消痰、养胃、解毒、止汗等功效。

制作指导

锅中放入豆腐皮时撒入少许盐，能使豆腐皮的口感更柔滑，而且煮汤时也不易破碎。

相宜相克

- 豆腐皮+白菜（清肺热、止痰咳）
- 豆腐皮+生菜（滋阴补肾、减肥健美）

做法:

1. 洗净的小白菜切段；洗净的豆腐皮、红椒均切丝。
2. 洗净的虾仁加入盐、鸡粉、水淀粉拌匀，腌渍5分钟。
3. 锅中加水烧开，放入豆腐皮略煮捞出。
4. 另加水烧开，倒入鸡汤、食用油、盐、味精拌匀，放入豆腐皮，略煮片刻。
5. 再放入虾仁煮至颜色变红，倒入小白菜。
6. 撒入胡椒粉拌匀，放上红椒丝即成。

浓汤大豆皮

烹饪时间 / **4分钟**　口味 / **清淡**　功效 / **增强免疫力**　适合人群 / **儿童**

原料

大豆皮300克，大葱50克，干辣椒、姜片、葱白各少许

调料

盐3克，味精3克，鸡汁20克，三花植脂淡奶30毫升，料酒、食用油、芝麻油各适量

·营养分析·

大豆皮含丰富的蛋白质、氨基酸、维生素以及铁、钙、钼等人体所必需的营养元素，有清热润肺、止咳消痰、养胃、解毒、止汗等功效，还可以提高机体的免疫能力，促进身体和智力的发育。

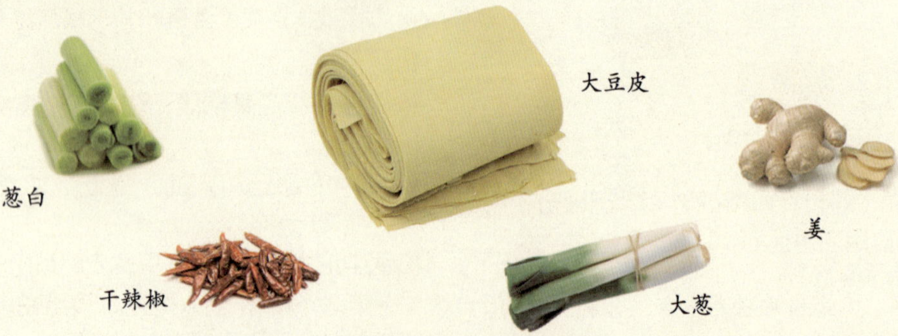

相宜相克

✓大豆皮+白菜（清肺热、止痰咳）
✓大豆皮+银耳（滋补气血）
✓大豆皮+生菜（滋阴补肾）

制作指导

大豆皮不宜煮太久，以免影响其柔韧口感。

做法：

①洗净的大葱切3厘米的长段。

②洗净的豆皮切丝。

③用油起锅，倒入姜片、干辣椒。

④加入切好的葱白，爆香。

⑤倒入切好的大葱、大豆皮炒匀。

⑥淋入少许料酒提鲜。

⑦锅中加500毫升左右清水。

⑧加盐、鸡汁、味精拌匀。

⑨小火煮约4分钟。

⑩加淡奶拌匀，煮沸。

⑪加少许芝麻油拌匀。

⑫盛入汤碗中即可。

黄芪红薯叶冬瓜汤

烹饪时间 / 22分钟　口味 / 清淡　功效 / 清热解毒　适合人群 / 糖尿病患者

原料

黄芪15克，冬瓜200克，红薯叶40克

调料

盐2克，鸡粉2克，食用油适量

·营养分析·

冬瓜含有蛋白质、维生素A、维生素B_1、维生素B_6、维生素C、钙、铁、镁、磷、钾等营养物质，具有润肺生津、化痰止渴、利尿消肿、清热祛暑、解毒的功效，很适合糖尿病患者食用。

制作指导

放入红薯叶后用大火煮一会儿，既可使汤汁入味，还能保有其口感。

相宜相克

- 冬瓜+海带（降低血压）
- 冬瓜+螃蟹（有减肥健美的功效）
- 冬瓜+甲鱼（润肤、明目）
- 冬瓜+口蘑（利小便、降血压）

做法：

1. 将洗净去皮的冬瓜切小块，装入盘中，待用。
2. 砂锅中注入适量清水，用大火烧开，放入黄芪、冬瓜，搅拌匀。
3. 盖上盖，煮沸后用小火煮约20分钟，至全部食材熟透。
4. 取下盖子，加入适量盐、鸡粉。
5. 倒入洗好的红薯叶，淋入少许食用油搅拌匀，再续煮片刻，至红薯叶断生。
6. 关火后盛出煮好的冬瓜汤，装入碗中即可。

玉米杂蔬汤

烹饪时间 / 4分钟　口味 / 清淡　功效 / 开胃消食　适合人群 / 一般人群

原料

玉米棒150克，西红柿90克，莴笋80克，胡萝卜80克，洋葱75克，芹菜50克

调料

盐3克，鸡粉2克，食用油适量

·营养分析·

玉米含有蛋白质、糖类、钙、磷、铁、硒、胡萝卜素、维生素E等成分，有开胃益智、宁心活血、调理中气、抗衰老等功效。此外，玉米还含有大量镁，可加强肠壁蠕动，促进机体废物的排泄。

制作指导

煮玉米时，可以适当地多煮一段时间，因为煮的时间越长，玉米的抗衰老的作用越显著。

相宜相克

- ✓ 玉米木瓜（预防冠心病和糖尿病）
- ✓ 玉米+山药（营养更均衡）
- ✗ 玉米+田螺（易引起中毒）
- ✗ 玉米+红薯（易造成腹胀）

做法：

1. 将洗净的芹菜切成粒；洗好去皮的洋葱、胡萝卜、莴笋切成粒。
2. 洗净的西红柿切成粒；洗好的玉米棒切成段。
3. 砂锅中注水烧开，放入切好的玉米、莴笋、胡萝卜、西红柿。
4. 盖上盖，用中火煮约2分钟至熟。
5. 揭盖，倒入芹菜、洋葱，拌匀煮沸。
6. 加入盐、鸡粉拌匀调味即成。

什锦蔬菜汤

烹饪时间 / **18分钟**　口味 / **清淡**　功效 / **增强免疫力**　适合人群 / **女性**

原料

白萝卜350克，西红柿60克，苦瓜40克，黄豆芽30克，葱10克

调料

盐3克，鸡粉2克，食用油少许

营养分析

白萝卜热量少，纤维素多，吃后易产生饱胀感，因而有助于减肥。白萝卜含有的维生素C是保持细胞间质的必需物质，起着抑制癌细胞生长的作用，具有防癌、抗癌的功能。

葱

西红柿

苦瓜

白萝卜

黄豆芽

相宜相克

✓ 白萝卜+金针菇（缓解消化不良）
✓ 白萝卜+牛肉（补五脏、益气血）
✓ 白萝卜+猪肉（消食、除胀、通便）
✗ 白萝卜+人参（降低营养价值）
✗ 白萝卜+黄瓜（破坏维生素C）
✗ 白萝卜+人参（功效相悖）

制作指导

烹饪此菜，应切记蔬菜入锅烹饪的时间不宜过长，煮熟即可，以减少蔬菜中的各类营养素的流失。

做法：

①将去皮洗净的白萝卜切成片备用。

②洗好的苦瓜切开，去除籽，改切成片。

③西红柿洗净，再切成片。

④洗好的黄豆芽切去根部。

⑤洗净的葱切成葱花。

⑥取炖盅，注入适量水，加盖烧开。

⑦揭盖，倒入苦瓜、白萝卜、黄豆芽、西红柿，再盖上盅盖。

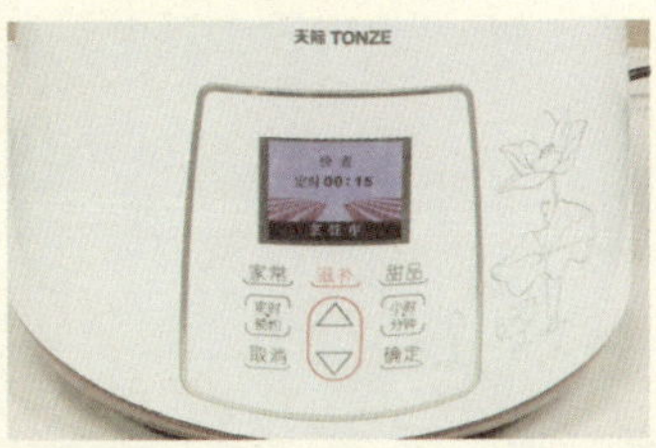

⑧选择“家常”功能中的“快煮”功能，煮15分钟至熟透。

⑨加入适量食用油。

⑩再加入鸡粉、盐，拌匀调味。

⑪加入葱花，拌匀。

⑫将煮好的蔬菜盛入碗中即成。

椰香酸辣汤

烹饪时间 / 3分钟　口味 / 辣　功效 / 增强免疫　适合人群 / 一般人群

原料

金针菇100克，西红柿90克，洋葱45克，柠檬30克，胡萝卜50克，口蘑60克

调料

盐3克，鸡粉2克，辣椒粉、椰奶、白醋、食用油各适量

营养分析

金针菇含锌量比较高，对儿童的身高和智力发育有良好的作用。

制作指导

椰奶不宜放太多，以免掩盖食材本身的味道。

相宜相克

✓ 金针菇+豆腐（降脂降压）

✓ 金针菇+豆芽（清热解毒）

✗ 金针菇+驴肉（易引起心痛）

做法：

1. 洗净的金针菇切去老茎；口蘑切片；西红柿切片；洗好去皮的洋葱切条。
2. 胡萝卜切片；柠檬切片，装入碟中，倒入少许白醋，用手抓出汁。
3. 用油起锅，加洋葱、金针菇、口蘑、胡萝卜、西红柿炒匀。
4. 注入适量清水，加盖，中火煮2分钟。
5. 揭盖，倒入柠檬汁、辣椒粉、盐、鸡粉。
6. 再倒入适量椰奶，搅拌均匀即成。

第三章

营养畜肉汤

畜肉食物是人们餐桌上最常见的也是最重要的动物性食品，因为肉类食物富含人体所需的脂肪、蛋白质和各种矿物质等，能为肌体提供优质的蛋白质和必需的脂肪酸。畜肉汤浓香四溢，营养丰富，一直都深受中外营养学家和养生达人的追捧。畜肉烹饪起来一般油分和杂质比较多，而煲汤则解决了这些问题，好的肉汤肉味浓厚却不油腻，看上去色泽怡人却因为制作中已经氽去了杂质而更加健康。

三鲜汤

烹饪时间 / **3分钟**　口味 / **鲜**　功效 / **降压降糖**　适合人群 / **一般人群**

原料

火腿肠1根，猪肉100克，香菇80克，姜丝10克，高汤500毫升，葱花少许

调料

盐3克，味精、胡椒粉、食用油各适量

营养分析

香菇是一种高蛋白、低脂肪的健康食品，它富含18种氨基酸，这些氨基酸活性高、易吸收。香菇中还含有30多种酶，有抑制血液中胆固醇升高和降低血压的作用。

相宜相克

相宜	相克
猪肉+红薯（降低胆固醇）	猪肉+田螺（容易伤肠胃）
猪肉+白萝卜（消食、除胀、通便）	猪肉+驴肉（易导致腹泻）
猪肉+白菜（开胃消食）	猪肉+菊花（易对身体不利）
猪肉+莴笋（补脾益气）	猪肉+鸽肉（易使人滞气）

制作指导

如果是用干香菇，要完全泡发开，而且泡发香菇的水不要丢弃，可用来做高汤。

做法:

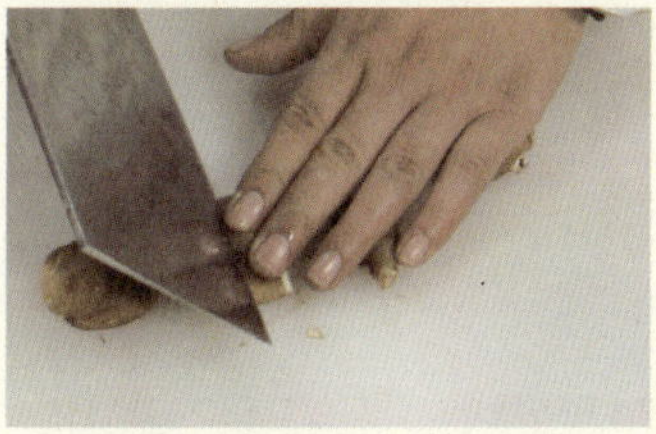

①洗净的香菇去蒂，再斜切成片备用。

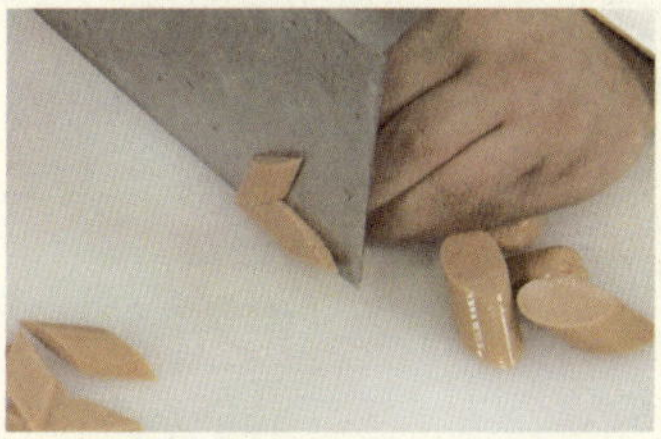

②火腿肠去掉外包装，切斜片。

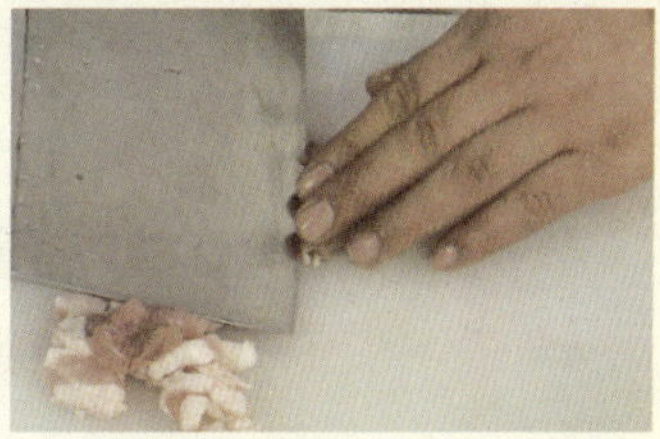

③洗净的猪肉切成片。

④将切好的食材都装在盘中待用。

⑤炒锅注油烧热，放入姜丝，煸炒出香味。

⑥倒入高汤。

⑦加入适量盐、味精调味。

⑧大火煮开。

⑨再倒入猪肉、香菇、火腿，煮约2分钟至材料熟透。

⑩撒入胡椒粉。

⑪拌匀入味。

⑫盛入盘中，撒上葱花即可。

清补凉煲瘦肉

烹饪时间 / 42分钟　口味 / 鲜　功效 / 益气补血　适合人群 / 女性

原料

猪瘦肉300克，淮山30克，水发薏米50克，蜜枣60克，姜片、枸杞各少许

调料

盐4克，鸡粉2克，胡椒粉适量

营养分析

薏米营养丰富，对于久病体虚、病后恢复期者、老人、产妇、儿童都是比较好的药用食物，可经常食用。

制作指导

瘦肉也可以待煲出药香味后再放入砂煲中煮熟，可以保持其鲜嫩口感。

相宜相克

- ✓ 猪肉+芋头（滋阴润燥、养胃益气）
- ✓ 猪肉+红薯（降低胆固醇）
- ✗ 猪肉+田螺（容易伤肠胃）
- ✗ 猪肉+鲫鱼（会降低鲫鱼的利湿功效）

做法：

1. 把洗净的瘦肉切成大块，盛在盘中待用。
2. 砂煲中倒入清水烧开，加入瘦肉、淮山、蜜枣、薏米、枸杞、姜片拌匀，煮一小会儿。
3. 盖上盖子煮沸，转小火续煮约40分钟至食材熟软。
4. 揭开盖，转中火，加入盐、鸡粉、胡椒粉拌匀调味。
5. 把煲煮好的瘦肉汤盛入碗中即可。

参杞香菇瘦肉汤

烹饪时间 / 42分钟　口味 / 清淡　功效 / 保肝护肾　适合人群 / 男性

原料

瘦肉200克，水发香菇100克，党参20克，枸杞、姜片各少许

调料

盐3克，鸡粉2克，胡椒粉少许，料酒4毫升

营养分析

香菇是高蛋白、低脂肪、多糖、多种氨基酸和多种维生素的菌类食物，含有胆碱、氧化酶以及一些核酸物质，既能起到降血压、降胆固醇、降血脂的作用，又可预防动脉硬化、肝硬化等疾病。

制作指导

泡发香菇时，不可用开水浸泡或是加糖，因为这样会使香菇的水溶性成分丢失，进而降低其营养价值。

相宜相克

- ✓ 猪肉+芦笋（有利于维生素B_{12}的吸收）
- ✓ 猪肉+香菇（保持营养均衡）
- ✗ 猪肉+驴肉（易导致腹泻）
- ✗ 猪肉+菊花（易对身体不利）

做法：

1. 党参洗净后切成长约2厘米的段；香菇洗净切小块；瘦肉洗净切粗条，改切成块，分别入盘待用。
2. 砂煲置火上，倒入适量清水烧开，放入党参、枸杞、香菇。
3. 再加入瘦肉块、姜片，淋入料酒。
4. 盖上盖，煮沸后用小火煮40分钟至食材熟透。
5. 揭盖，加盐、鸡粉调味，撒上少许胡椒粉。
6. 用锅勺拌匀调味，盛出装碗即成。

生地党参瘦肉汤

烹饪时间 / 42分钟　口味 / 鲜　功效 / 降压降糖　适合人群 / 高血压病者

原料

生地10克，党参12克，猪瘦肉120克，姜片少许

调料

盐、鸡粉各2克

营养分析

党参含有多糖、挥发油、维生素B_1、维生素B_2及多种氨基酸、微量生物碱、微量元素等，有补中益气、强壮身体的功效。此外，党参还含有降低血压的物质，可预防高血压。

制作指导

生地味道微苦，烹饪前可以先用清水浸泡一会儿，以去除苦味。

相宜相克

- 党参+鳙鱼（健脾养胃、补中益气）
- 党参+椰子（补气益血）

做法：

1. 将洗净的猪瘦肉切成条，再切成丁，放在小碟子中，待用。
2. 砂锅中注入适量清水烧开，倒入瘦肉丁、生地、党参，撒上姜片。
3. 盖上盖，用大火烧开，再转小火炖煮约40分钟，至食材熟透。
4. 取下盖子，加入盐、鸡粉。
5. 搅匀调味，续煮片刻至入味。
6. 关火后盛出煮好的瘦肉汤，放在汤碗中即成。

莲子芡实瘦肉汤

烹饪时间 / **63分钟**　口味 / **鲜**　功效 / **益气补血**　适合人群 / **女性**

原料

瘦肉250克，芡实10克，莲子15克，姜片少许

调料

盐3克，料酒10毫升，鸡粉适量

·营养分析·

猪肉含有蛋白质、脂肪、碳水化合物、磷、钙、铁等多种营养物质，有滋养脏腑、滑润肌肤、滋阴养胃等功效，对热病伤津、燥咳消渴等有食疗作用。

制作指导

炖制此汤时，中途可揭盖将浮沫捞出，这样炖出的汤口感更香醇。

相宜相克

- ✓ 猪肉+芋头（可滋阴润燥、养胃益气）
- ✓ 猪肉+红薯（降低胆固醇）
- ✗ 猪肉+螺（容易伤肠胃）
- ✗ 猪肉+田、鲫鱼（降低鲫鱼的利湿功效）

做法：

1. 将泡发好的莲子去除莲子心；洗净的瘦肉切成块。
2. 锅中注水烧开，倒入瘦肉，加少许料酒，汆煮约2分钟，去除血水，捞出备用。
3. 取干净砂锅，放入莲子、芡实、姜片、瘦肉。
4. 另起锅，倒入适量清水烧开，将烧好的热水倒入砂锅中。
5. 将砂锅置于火上，淋入少许料酒，盖上盖，大火煮1分钟至沸腾。
6. 改小火，再炖1小时，揭盖，加入盐、鸡粉，用锅勺拌匀。
7. 将做好的莲子芡实瘦肉汤盛入碗中即成。

肉丝豆腐汤

烹饪时间 / 13分钟　口味 / 鲜　功效 / 降压降糖　适合人群 / 糖尿病患者

原料

猪肉150克，豆腐100克，油菜30克

调料

盐3克，鸡粉4克，水淀粉、食用油各少许

营养分析

猪肉含有丰富的蛋白质、脂肪、钙、磷、铁等成分，具有补虚强身、滋阴润燥、丰肌泽肤的作用，与豆腐和油菜一起食用，还可预防高血压。

豆腐

油菜

猪肉

相宜相克

- ✓猪肉+海带（止痒）
- ✓猪肉+竹笋（清热化痰、解渴益气）
- ✓猪肉+豆苗（利尿、消肿、止痛 ）
- ✓猪肉+南瓜（降低血压 ）
- ✗猪肉+鲫鱼（会降低鲫鱼的利湿功效）
- ✗猪肉+驴肉（易导致腹泻）

制作指导

豆腐肉质鲜嫩，切丝前可先放入沸水锅中焯煮一会儿，切丝时就不容易碎了。

做法:

①洗净的油菜叶子切成细丝。

②把洗净的豆腐切成薄片，再切成丝。

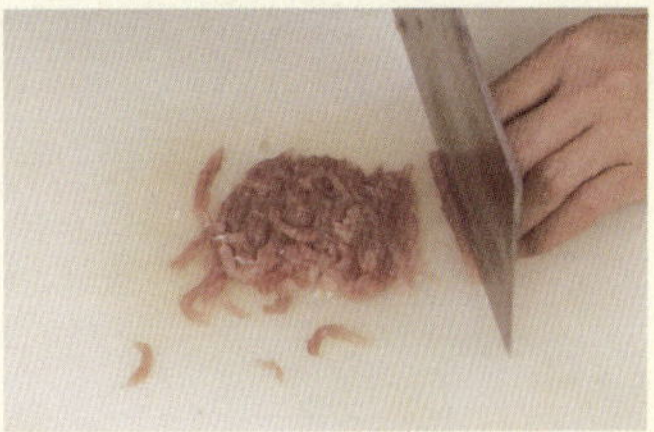

③洗净的猪肉切成薄片，再切成肉丝。

④把肉丝放入碗中。

⑤加入盐、鸡粉、水淀粉，拌匀至入味。

⑥倒入食用油，腌渍10分钟。

⑦锅中倒入适量清水烧开，加入盐、鸡粉，淋入少许食用油。

⑧倒入豆腐丝，拌匀，煮沸。

⑨放入腌好的肉丝。

⑩煮沸后倒入切好的油菜。

⑪用锅勺拌匀，续煮至食材熟软。

⑫将煮好的汤盛入汤碗中即成。

海底椰红枣瘦肉汤

烹饪时间 / 32分钟　口味 / 鲜　功效 / 益气补血　适合人群 / 女性

原料

猪瘦肉150克，红枣30克，海底椰15克，姜片少许

调料

盐3克，鸡粉2克

营养分析

猪瘦肉含有丰富的铁、磷、钾、钠，也是维生素B_1、维生素B_2、维生素B_{12}的良好来源。

制作指导

熬煮瘦肉汤时，可以不放或少放提鲜味的调味料，这样才不会破坏瘦肉的鲜味。

相宜相克

- ✓ 猪肉+红薯（降低胆固醇）
- ✓ 猪肉+白萝卜（消食、除胀、通便）
- ✗ 猪肉+田螺（容易伤肠胃）

做法：

1. 把洗净的猪瘦肉切成小块，装碟待用。
2. 砂煲中倒入适量清水，烧开，放入洗净的海底椰、红枣。
3. 再倒入瘦肉块，撒入姜片，拌匀煮沸。
4. 转用小火续煮约30分钟至熟软。
5. 加盐、鸡粉拌匀，调味。
6. 盛出装碗即成。

冬瓜薏米瘦肉汤

烹饪时间 / 42分钟　口味 / 清淡　功效 / 瘦身排毒　适合人群 / 女性

原料

冬瓜300克，猪瘦肉200克，水发薏米50克，姜片少许

调料

盐3克，鸡粉2克，胡椒粉少许

·营养分析·

冬瓜中所含的丙醇二酸，能有效地抑制糖类转化为脂肪，再加上冬瓜本身不含脂肪，热量不高，对于防止人体发胖具有重要意义，还可以帮助健美体形。

制作指导

冬瓜不可过早地放入锅中煲煮，以免煮得过于熟软，缺少脆嫩的口感。

相宜相克

- 冬瓜+海带（降低血压）
- 冬瓜+芦笋（降低血脂）
- 冬瓜+甲鱼（润肤、明目）
- 冬瓜+口蘑（利小便、降血压）

做法：

1. 把洗净的瘦肉切成小肉块；把洗净去皮的冬瓜切开，去除瓜瓤，切成大块。
2. 砂煲中倒入适量清水，烧开，下入洗净的薏米，撒上姜片，再倒入瘦肉块。
3. 盖上盖子，用中小火煮约20分钟至薏米破裂开。
4. 取下盖子，倒入冬瓜块再盖上盖子，用中火续煮约20分钟至全部食材熟软。
5. 揭开盖，转小火，调入盐、鸡粉、胡椒粉调味。
6. 将煲煮好的汤料盛在汤碗中即成。

冬瓜陈皮海带汤

烹饪时间 / 37分钟　口味 / 鲜　功效 / 增强免疫力　适合人群 / 糖尿病患者

原料

冬瓜100克，海带50克，猪瘦肉100克，陈皮5克，姜片少许

调料

盐2克，鸡粉2克，料酒3毫升

·营养分析·

海带含有钙、钠、镁、钾、硒及硫胺素、核黄素等人体不可缺少的营养成分。常用海带煮汤食用，对高血压、高血糖、高血脂等患者有增强免疫力的作用。

冬瓜

猪瘦肉

陈皮

姜

海带

相宜相克

✓ 海带+猪肉（除湿）
✓ 海带+冬瓜（降血压、降血脂）
✓ 海带+虾（补钙、防癌）
✓ 海带+豆腐（补碘）

✗ 海带+猪血（易引起便秘）
✗ 海带+白酒（易导致消化不良）
✗ 海带+葡萄（减少钙的吸收）
✗ 海带+柿子（降低营养）

制作指导

海带烹饪前，应用清水浸泡一会儿，再清洗干净，以去除杂质。

做法:

①将洗净的冬瓜切厚片，改切成小块。

②洗好的海带切成条。

③再切成小块。

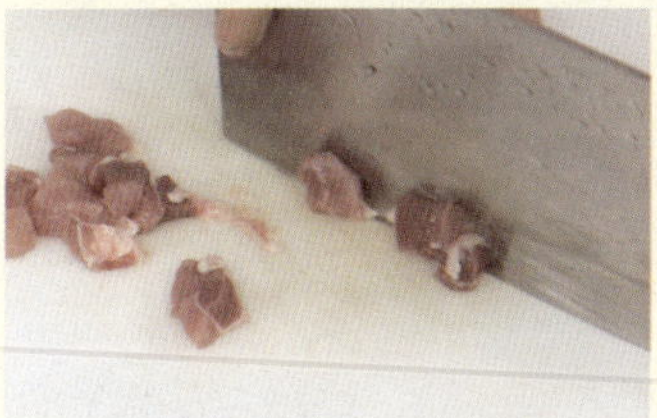
④洗净的瘦肉切成条，再改切成丁。

⑤砂锅中注入适量清水烧开，放入陈皮、姜片。

⑥放入瘦肉，倒入海带，搅匀。

⑦加适量料酒搅匀。

⑧盖上盖，烧开后用小火炖20分钟，至食材熟软。

⑨揭盖，倒入冬瓜，搅匀。

⑩盖上盖，用小火炖15分钟，至全部食材熟透。

⑪揭盖，放入适量盐、鸡粉，搅匀调味。

⑫将煮好的汤料盛出，装入碗中即可。

萝卜排骨汤

烹饪时间 / 47分钟　口味 / 清淡　功效 / 降糖调脂　适合人群 / 糖尿病患者

原料

排骨段400克，白萝卜300克，红枣35克，姜片少许

调料

盐、鸡粉各2克，料酒7毫升，胡椒粉少许

·营养分析·

白萝卜含蛋白质、钾、B族维生素、维生素C、铁、钙、磷、芥子油、淀粉酶等营养素，有化痰清热、促进新陈代谢的作用。同时，白萝卜还含较多的香豆酸等活性成分，有降低血糖的作用。

制作指导

红枣切开后再放入砂锅中炖煮，这样会更容易析出营养物质。

相宜相克

- ✓ 白萝卜+豆腐（促进营养物质的吸收）
- ✓ 白萝卜+牛肉 （补五脏、益气血）
- ✗ 白萝卜+黄瓜（破坏维生素C）
- ✗ 白萝卜+人参（功效相悖）

做法：

1. 将洗净去皮的白萝卜切成小段。
2. 锅中注入适量清水烧开，倒入洗净的排骨段，淋入少许料酒拌匀，煮约半分钟捞出。
3. 砂锅中注入适量清水烧开，倒入排骨，撒上姜片，放入洗净的红枣，淋上少许料酒，盖上盖，煮沸后转小火炖煮约30分钟，揭盖，倒入白萝卜，用小火续煮约15分钟至熟透。
4. 取下盖子，加入少许盐、鸡粉、胡椒粉拌匀调味，再煮一小会儿，至汤汁入味即成。

胡萝卜玉米排骨汤

烹饪时间 / **95分钟**　口味 / **清淡**　功效 / **开胃消食**　适合人群 / **一般人群**

原料

鲜玉米80克，排骨150克，胡萝卜100克，姜片少许

调料

盐3克，鸡粉1克

·营养分析·

玉米含有多种人体必需的氨基酸和矿物质等营养元素，此外，玉米还含有较多的纤维素，能促进胃肠蠕动，缩短食物残渣在肠内的停留时间，并可把有害物质排出体外，从而对防治直肠癌有重要作用。

制作指导

炖排骨时放少许醋，可以使其更易熟，还可使排骨中的钙、磷、铁等矿物质溶解出来，利于吸收，营养价值更高。

相宜相克

- ✓ 玉米+鸽肉（预防神经衰弱）
- ✓ 玉米+梨（健胃消食、清暑热）
- ✗ 玉米+田螺（易引起中毒）
- ✗ 玉米+红薯（易造成腹胀）

做法：

1. 洗好的玉米切成2厘米长的段；去皮洗好的胡萝卜切成小块；洗净的排骨斩成块备用。
2. 锅中加入约800毫升清水，放入排骨，大火煮沸，汆去血水后捞出排骨，洗去油沫。
3. 取一个内锅，放入姜片、胡萝卜、玉米和排骨，加入清水，盖上陶瓷盖。
4. 将内锅放入已加入约800毫升清水的隔水炖盅中，盖上锅盖，通电，选择炖盅“滋补”功能中的“骨类”模式，炖1.5小时至排骨酥软。
5. 揭盖，取出炖好的玉米排骨汤，加入适量盐、鸡粉，拌匀调味即可食用。

青豆排骨汤

烹饪时间 / 62分钟　口味 / 鲜　功效 / 补钙　适合人群 / 儿童

原料

青豆120克，玉米棒200克，排骨350克，姜片少许

调料

盐2克，鸡粉2克，料酒6毫升，胡椒粉少许

营养分析

排骨含有蛋白质、脂肪、维生素、磷酸钙、骨胶原、骨黏蛋白等，尤其适合给儿童补充钙质。青豆含有不饱和脂肪酸和大豆磷脂，儿童常食有健脑的作用。

姜

青豆

玉米棒

排骨

相宜相克

✅排骨+白菜（清热除烦、通利胃肠）

✅排骨+黄豆芽（解毒、利尿）

✅排骨+山楂（利于消化吸收）

✅排骨+醋（提高营养价值）

制作指导

炖制排骨时，可加入少许白醋，不仅能缩短炖煮的时间，而且利于营养吸收。

做法：

①将洗净的玉米棒切成块。

②锅中注入适量清水烧开，倒入洗好的排骨。

③放入料酒，大火烧开，汆煮1分钟，去除血水。

④把汆过水的排骨捞出，备用。

⑤砂锅中注入适量清水，用大火烧开。

⑥倒入汆过水的排骨，放入玉米。

⑦倒入洗净的青豆，撒入少许姜片。

⑧再加入适量料酒。

⑨盖上盖，烧开后用小火炖1小时至熟。

⑩揭盖，放入适量盐、鸡粉、胡椒粉。

⑪用锅拌匀调味。

⑫把汤料盛出，装入碗中即可。

木瓜花生排骨煲

烹饪时间 / 32分钟　口味 / 鲜　功效 / 降压降糖　适合人群 / 糖尿病患者

原料

木瓜100克，排骨170克，水发花生米60克，姜片、蒜末、葱段各少许

调料

盐2克，鸡粉2克，生抽3毫升，蚝油5毫升，食用油适量

·营养分析·

木瓜含有蛋白质分解酶，有助于分解蛋白质和淀粉，降低血糖。此外，木瓜还含有独特的番木瓜碱，有助于糖尿病患者增强体质，糖尿病患者可以常吃。

制作指导

炖煮排骨时，可以加入少许白醋，可使排骨加速熟烂。

相宜相克

- ✓ 木瓜+莲子（促进新陈代谢）
- ✓ 木瓜+椰子（能有效缓解疲劳）
- ✗ 木瓜+南瓜（降低营养价值）
- ✗ 木瓜+胡萝卜（破坏木瓜中的维生素C）

做法：

1. 将洗净的木瓜去皮去籽，切成小块。
2. 锅中注水烧开，倒入洗净的排骨拌匀，汆去血水捞出，装盘待用。
3. 用油起锅，放入姜片、蒜末、葱段，爆香，倒入汆煮好的排骨，炒匀。
4. 放入适量生抽、蚝油，拌炒匀，加适量清水，放入花生米。
5. 盖上盖，烧开后用小火焖15分钟。
6. 揭盖，倒入切好的木瓜，加入适量盐、鸡粉，搅匀。
7. 将锅中材料转到砂锅中，置于旺火上，用小火炖15分钟即可。

玉竹板栗煲排骨

烹饪时间 / 62分钟　口味 / 鲜　功效 / 降压降糖　适合人群 / 高血压病患者

原料

排骨450克，板栗200克，玉竹30克

调料

盐3克，鸡粉2克，料酒少许

·营养分析·

板栗含有丰富的糖、脂肪、蛋白质、维生素C、维生素B_1、维生素B_2，还含有钙、磷、铁、钾等矿物质，具有强身健体的作用。此外，板栗还含有丰富的不饱和脂肪酸，能降低高血压、冠心病和动脉硬化等疾病的发生概率。

制作指导

鲜板栗去皮后颜色很容易发黑，所以要在使用时去皮，可以使汤品更美观。

相宜相克

- ✓ 板栗+鸡肉（补肾虚、益脾胃）
- ✓ 板栗+白菜（健脑益肾）
- ✗ 板栗+杏仁（易引起胃痛）

做法：

1. 把洗净的板栗剥开，再对半切开；洗净的排骨斩成小段。
2. 锅中倒入适量清水，放排骨段煮沸，汆去血渍，掠去浮沫，捞出沥干水分。
3. 砂煲中注入适量清水，用火煮沸，倒入汆好的排骨段、板栗、玉竹，拌匀。
4. 淋入少许料酒，盖上盖，煮沸后用小火炖煮约60分钟至食材熟透。
5. 揭盖，加入盐、鸡粉拌匀。
6. 将煮好的排骨汤盛入汤碗中即成。

木瓜排骨汤

烹饪时间 / 60分钟　口味 / 鲜　功效 / 美容养颜　适合人群 / 女性

原料

木瓜200克，排骨500克，姜片15克，蜜枣30克

调料

盐3克，鸡粉3克，料酒4毫升，胡椒粉少许

·营养分析·

木瓜含有番木瓜碱、木瓜蛋白酶、胡萝卜素，并富含多种氨基酸，具有护肝降酶、抗炎抑菌、降低血脂的作用。此外，常食木瓜还能美容、护肤、乌发、丰胸、减肥。

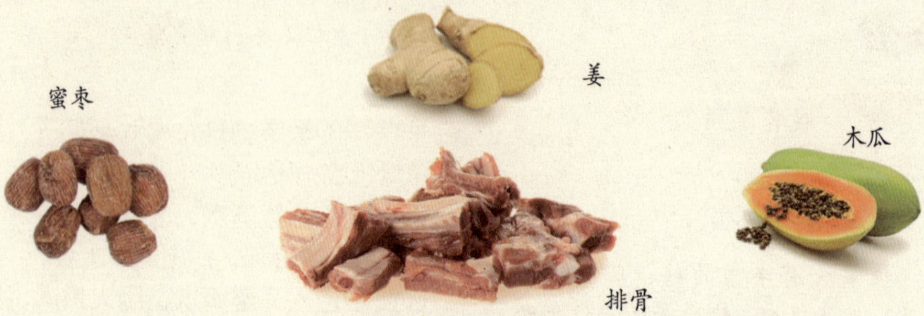

相宜相克

✅木瓜+莲子（促进新陈代谢）

✅木瓜+椰子（能有效消除疲劳）

✅木瓜+鱼（养阴、补虚、通乳）

✅木瓜+牛奶（明目清热、通便）

❌木瓜+南瓜（降低营养价值）

❌木瓜+胡萝卜（破坏木瓜中的维生素C）

制作指导

木瓜丁不要切得太小，以免炖煮后过于熟烂，影响汤品外观和口感。

做法:

①洗净的木瓜去皮，去籽，把果肉切长条，改切成丁。

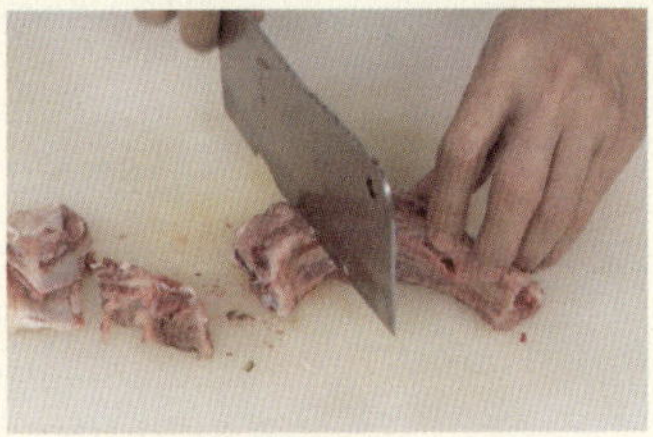

②洗净的排骨斩成块。

③砂锅中倒入600毫升清水，放入排骨。

④盖盖，大火烧开。

⑤揭盖，捞去浮沫。

⑥放入准备好的蜜枣、姜片。

⑦加入适量料酒。

⑧再放入切好的木瓜。

⑨盖上盖，烧开后用小火炖1小时至散发香味。

⑩揭盖，加入适量鸡粉、盐、胡椒粉。

⑪用锅勺拌匀调味。

⑫关火，取下砂锅，即成。

莲藕排骨汤

烹饪时间 / **75分钟**　口味 / **清淡**　功效 / **养心润肺**　适合人群 / **一般人群**

原料

莲藕450克，排骨200克，生姜1块，葱1根，花生少许

排骨

莲藕

葱

姜

调料

盐、料酒、鸡汁各适量

·营养分析·

在根茎类食物中，莲藕含铁量较高，故对缺铁性贫血的病人颇为适宜。莲藕的含糖量不算很高，又含有大量的维生素C和食物纤维，对于肝病、便秘、糖尿病等有虚弱之症的人都十分有益。藕中还含有丰富的丹宁酸，具有收缩血管和止血的作用。

制作指导

在炖煮骨类食材时，最好在煲汤时加点儿醋，可以有利于营养素分解在汤中。

相宜相克

- ✓ 莲藕+猪肉（滋阴血、健脾胃）
- ✓ 莲藕+生姜（止呕）
- ⊗ 莲藕+菊花（易导致腹泻）
- ⊗ 莲藕+人参（属性相反，不能起到补益的作用）

做法：

1. 生姜洗净切丝；葱洗净，切葱花；莲藕去皮切小块；排骨斩切小块。
2. 锅中倒入适量清水，放入排骨，焯熟后捞出沥水，备用。
3. 热锅倒入适量清水，放入姜丝、花生、排骨拌匀，盖上锅盖焖煮5分钟。
4. 揭开锅盖，将热汤倒入砂煲中，开小火炖煮1小时。
5. 排骨炖煮熟烂时，放入莲藕，加适量盐、料酒、鸡汁拌匀，炖煮10分钟即可关火。汤中撒入少许葱花即成。

冬瓜排骨汤

烹饪时间 / 65分钟　口味 / 清淡　功效 / 清热解毒　适合人群 / 一般人群

原料

冬瓜500克，排骨300克，姜片、葱段各少许

调料

盐4克，鸡粉2克，胡椒粉、料酒各适量

·营养分析·

冬瓜含有蛋白质、碳水化合物、维生素A、维生素C、维生素B1、维生素B6、钙、铁、镁、磷、钾等营养物质，具有润肺生津、化痰止渴、利尿消肿、清热祛暑、解毒的功效。冬瓜中的膳食纤维含量也很高，能刺激肠道蠕动，加速排出肠道里积存的致癌物质。

制作指导

加入少许芝麻油，汤汁味道会更加鲜美。

相宜相克

- 冬瓜+海带（降低血压）
- 冬瓜+芦笋（降低血脂）
- 冬瓜+甲鱼（润肤、明目）
- 冬瓜+口蘑（利小便、降血压）

做法：

1. 将去皮洗净的冬瓜切长方块；洗净的排骨斩成段，装入盘中。
2. 锅中加适量清水，倒入排骨，大火加热煮沸，汆去血水，捞出装盘备用。
3. 锅中另加适量清水烧开，倒入排骨，放入姜片，再倒入冬瓜。
4. 淋入少许料酒，煮约2分钟，将材料和汤汁一起转到砂锅。
5. 置于旺火上，加热烧开后小火炖1小时，加入适量盐、鸡粉、胡椒粉拌匀。
6. 煮片至入味，撒入少许葱段即成。

排骨海带汤

烹饪时间 / **60分钟**　口味 / **清淡**　功效 / **益气补血**　适合人群 / **女性**

原料

排骨段450克，泡发海带片250克，姜片25克

调料

盐3克，料酒、味精、胡椒粉、鸡粉各少许

·营养分析·

海带含有丰富钙、钠、镁、钾、磷、硫、铁、锌等营养成分。此外，海带还含有大量的碘，不仅可以改善内分泌失调，而且还能消除乳腺增生的隐患。

姜

排骨

海带

相宜相克

✅海带+冬瓜（降血压、降血脂）
✅海带+虾（补钙、防癌）
✅海带+排骨（防治皮肤瘙痒）
✅海带+豆腐（补碘）

❌海带+猪血（易引起便秘）
❌海带+白酒（易导致消化不良）
❌海带+葡萄（减少钙的吸收）
❌海带+柿子（降低营养）

制作指导

海带含有褐藻胶物质，不易煮软。因此，可先将海带放在蒸笼蒸半小时，再用清水浸泡一夜，再煮就会变得脆嫩软烂。

做法:

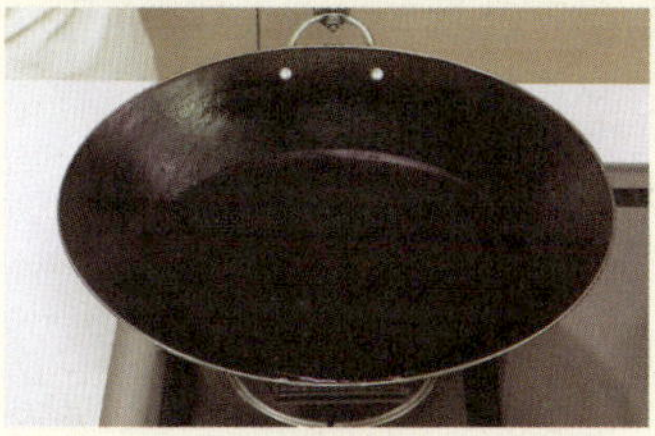

①锅中注入适量清水，大火煮沸。

②倒入排骨段。

③盖上盖，中火煮5分钟至沸。

④揭盖，捞去浮沫，放入姜片。

⑤淋入少许料酒提鲜。

⑥再放入海带，拌匀。

⑦盖上盖，大火煮沸。

⑧关火，将锅中材料移至砂煲内备用。

⑨砂煲置于火上，盖上盖，用中小火炖煮约40分钟。

⑩揭盖，加盐、味精、鸡粉、胡椒粉调味。

⑪拌匀入味。

⑫关火取下砂煲即成。

海带眉豆猪骨汤

烹饪时间 / 52分钟　口味 / 鲜　功效 / 降压降糖　适合人群 / 糖尿病患者

原料

水发海带250克，猪骨400克，水发眉豆150克，姜片少许

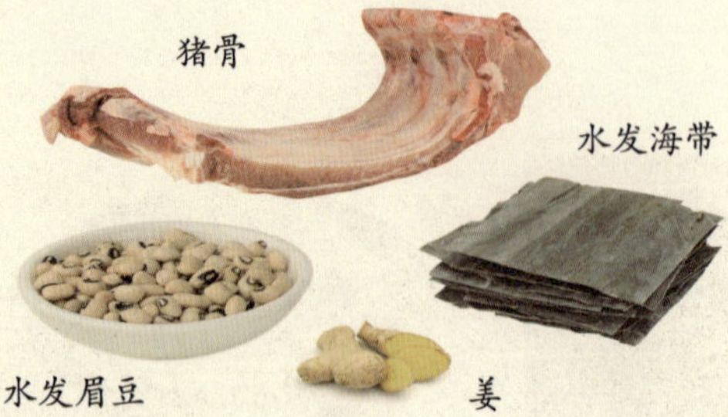

调料

盐3克，鸡粉2克，胡椒粉1克，料酒5毫升

·营养分析·

眉豆富含易于消化吸收的优质蛋白蛋及多种维生素、微量元素等，常食能提高身体的免疫力。眉豆还含有磷脂成分，具有促进胰岛素分泌、参加糖代谢的作用，是糖尿病人的理想食品。

制作指导

将猪骨放入冷水锅中，加少许料酒，煮沸后捞出浮沫，用清水冲洗干净后再煮汤，口感会更佳。

相宜相克

- 眉豆+鸡爪（益气健脾）
- 眉豆+薏米（清热解毒）
- 眉豆+木瓜（补肾健胃、降血压）

做法：

1. 把洗净的海带切成小块，装入盘中，备用。
2. 砂锅中注入适量清水烧开，放入姜片、眉豆、猪骨段，淋入料酒，搅匀。
3. 用大火烧开后转小火煮30分钟至眉豆熟软。
4. 倒入海带，小火煮20分钟至海带软烂。
5. 揭盖，搅拌几下，调入盐、鸡粉。
6. 撒入少许胡椒粉，拌匀入味即成。

菠萝苦瓜排骨汤

烹饪时间 / 75分钟　口味 / 鲜　功效 / 开胃消食　适合人群 / 一般人群

原料

菠萝肉150克，苦瓜200克，排骨600克，姜片10克

调料

盐3克，料酒3毫升，鸡粉3克，胡椒粉适量

·营养分析·

苦瓜含丰富的蛋白质、脂肪、粗纤维、维生素及矿物质，具有清热祛暑、明目解毒、降压降糖、利尿凉血、解劳清心、益气壮阳之功效。此外，苦瓜还有助于加速伤口愈合，多食有助于皮肤细嫩柔滑。

制作指导

鲜菠萝先用盐水泡上一段时间再烹饪，不仅可以减少菠萝蛋白酶对我们口腔黏膜和嘴唇的刺激，还能使菠萝更加香甜。

相宜相克

- ✓ 菠萝+茅根（辅助治疗肾炎）
- ✓ 菠萝+鸡肉（补虚填精、温中益气）
- ✗ 菠萝+牛奶（影响消化吸收）
- ✗ 菠萝+鸡蛋（影响消化吸收）

做法：

1. 将洗净的苦瓜去掉籽，切条，改切长段；菠萝肉切块；排骨洗净斩段。
2. 锅中加1000毫升清水，入排骨，烧开，加少许料酒拌匀。
3. 大火煮约10分钟，去浮沫，捞出排骨。
4. 锅中另加清水烧开，入排骨、苦瓜、姜片，加料酒。
5. 加入菠萝煮沸；将菠萝、苦瓜、排骨捞出。
6. 将食材转到砂煲，改小火炖1小时。
7. 加盐、鸡粉、胡椒粉，拌匀入味即可。

西洋参排骨滋补汤

烹饪时间 / 63分钟　口味 / 鲜　功效 / 增强免疫　适合人群 / 一般人群

原料

排骨400克，油菜100克，西洋参15克，姜片少许

调料

盐3克，鸡粉2克，料酒适量

营养分析

油菜含有人体所需的矿物质、维生素等成分，可以保持血管弹性，还有抑制溃疡的作用。

油菜

排骨

姜

西洋参

相宜相克

✅猪排骨+西洋参（滋养生津）

✅猪排骨+洋葱（抗衰老）

❌猪排骨+甘草（易对身体不利）

制作指导

排骨斩成小块后，可以用刀背拍打骨头使其破裂，这样熬煮出来的汤汁的味道更佳，也更有营养。

做法：

①把洗净的排骨斩成小件。

②洗好的油菜修整齐，对半切开。

③西洋参洗净，切成段状。

④锅中注入适量清水煮沸，倒入排骨段拌匀，煮约2分钟。

⑤掠去锅中浮沫，捞出煮好的排骨段，沥干水分待用。

⑥砂煲中倒水煮沸，放入西洋参、排骨段、姜片。

⑦淋入少许料酒拌匀。

⑧盖上盖，煮沸后再用小火煮约60分钟至食材熟透。

⑨揭盖，加入适量盐、鸡粉。

⑩放入油菜，拌煮至熟，捞出待用。

⑪将砂煲中的剩余食材盛入汤碗中，再倒入砂煲中的汤汁。

⑫把煮熟的油菜摆放在汤碗中即成。

玉米淮山猪骨汤

烹饪时间 / 62分钟　口味 / 鲜　功效 / 保肝护肾　适合人群 / 男性

原料

猪骨300克，玉米棒120克，淮山片20克，姜片少许

调料

盐3克，鸡粉2克，胡椒粉1克，料酒适量

营养分析

玉米含有蛋白质、糖类、钙、磷、铁、硒、胡萝卜素、维生素E等，有开胃益智、宁心活血、保肝护肾等功效。

制作指导

煮制此汤时，放入少许甘草，不仅可以使汤品清甜芳香，而且营养更丰富。

相宜相克

- ✓ 玉米+花菜（健脾益胃、助消化）
- ✓ 玉米+大豆（营养更均衡）
- ✗ 玉米+田螺（易引起中毒）
- ✗ 玉米+红薯（易造成腹胀）

做法：

1. 把洗净的玉米棒切成块待用。
2. 锅中注水烧开，倒入猪骨煮2分钟汆去血水，捞出备用。
3. 砂锅注水烧开，下入淮山、玉米、姜片、猪骨、料酒拌匀。
4. 盖上盖，烧开后用小火煮1小时至食材熟透。
5. 再加入盐、鸡粉、胡椒粉拌匀调味。
6. 将汤料盛出，装入汤碗中即可。

党参蜜枣猪骨汤

烹饪时间 / 62分钟　口味 / 鲜　功效 / 益气补血　适合人群 / 女性

原料

猪骨300克，蜜枣60克，党参30克，姜片少许

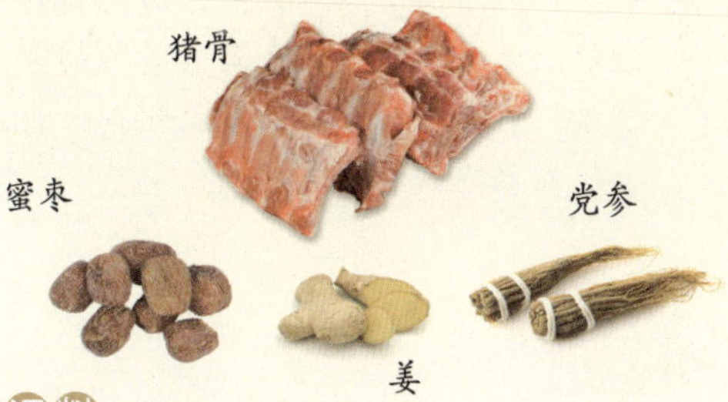

调料

盐3克，鸡粉2克，料酒10毫升，胡椒粉少许

·营养分析·

猪骨除含蛋白质、脂肪、维生素外，还含有大量磷酸钙、骨胶原、骨黏蛋白等，有补脾气、润肠胃、生津液、丰机体、泽皮肤、补中益气、养血健骨的功效。儿童经常喝骨头汤，能增强骨髓造血功能，有助于骨骼的生长发育，成人喝则可延缓衰老。

制作指导

猪骨汆水后再煲煮成汤汁，可以使汤汁的成色更好看，味道也更鲜美。

相宜相克

- ✓ 猪骨+西洋参（滋养生津）
- ✓ 猪骨+洋葱（抗衰老）
- ✗ 猪骨+甘草（易对身体不利）

做法：

1. 将洗净的党参切成长约3厘米的段；把洗净的猪骨斩成小件。
2. 砂煲放置在火上，注入半锅清水烧开。
3. 倒入切好的猪骨，再下入党参、姜片、蜜枣，拌匀，淋入料酒。
4. 盖上盖子，煮沸后转小火，煲煮约60分钟至食材熟透。
5. 揭开盖，调入盐、鸡粉，拌匀调味。
6. 再撒上少许胡椒粉，搅拌均匀。
7. 盛出煲煮好的汤料即可。

木瓜通草龙骨汤

烹饪时间 / 52分钟　口味 / 鲜　功效 / 美容养颜　适合人群 / 女性

原料

木瓜250克，龙骨段500克，姜片20克，通草5克

调料

盐2克，米酒5毫升，鸡粉少许

·营养分析·

木瓜味道香甜多汁，而且含有多种营养素，包括维生素C及蛋白质、铁、钙、木瓜酵素等，有预防感冒的功能。此外，木瓜还含有大量的胡萝卜素，它是一种天然的抗氧化剂，对女性保养皮肤非常有帮助。

通草

姜

龙骨段

木瓜

相宜相克

✅木瓜+莲子（促进新陈代谢）

✅木瓜+椰子（能有效消除疲劳）

✅木瓜+鱼（养阴、补虚、通乳）

❎木瓜+南瓜（降低营养价值）

❎木瓜+胡萝卜（破坏木瓜中的维生素C）

制作指导

调味时要用大火，这样可以加速溶化调味料，让汤的味道更好。

做法：

①把去皮洗净的木瓜切大块，再切成丁。

②锅中注水烧开，倒入洗净的龙骨段搅拌匀。

③汆煮约1分钟，掠去浮沫。

④捞出沥干水分，盛放在盘中，待用。

⑤砂锅中注入约1000毫升清水烧开。

⑥放入汆过水的龙骨段，下入洗净的通草。

⑦搅拌几下，再淋入少许米酒。

⑧盖上盖子，煮沸后用小火煮约30分钟至散发出清香味。

⑨揭开盖，倒入木瓜丁、姜片，轻轻搅拌均匀。

⑩盖好盖子，用小火续煮约20分钟至全部食材熟透。

⑪取下盖子，加入盐、鸡粉，拌匀，再煮片刻至入味。

⑫关火后盛出煮好的汤料，放在汤碗中即成。

胡萝卜马蹄猪骨汤

烹饪时间 / 62分钟　口味 / 鲜　功效 / 防癌抗癌　适合人群 / 一般人群

原料

猪骨350克，胡萝卜80克，马蹄肉120克，姜片15克

调料

盐3克，鸡粉2克，胡椒粉1克，料酒10毫升

·营养分析·

胡萝卜富含胡萝卜素、维生素及钙、铁等成分。其所含的维生素B_2和叶酸有抗癌的作用，经常食用可以增强人体的抗癌能力。

制作指导

炖制此汤时，宜选用表皮颜色偏红、捏上去硬一点儿的马蹄，若削开的马蹄肉是黄的，表明其已不新鲜，不宜食用。

相宜相克

- ✓ 胡萝卜+哈密瓜（生津止渴、美容养颜）
- ✓ 胡萝卜+猪肝（补血、养肝）
- ✗ 胡萝卜+白萝卜（降低营养价值）

做法：

1. 将洗净去皮的胡萝卜切滚刀块；洗好的马蹄肉切成小块。
2. 锅中注水烧开，倒入猪骨、少许料酒。
3. 汆煮约1分钟，捞出浮沫，继续煮半分钟，捞出沥干水分。
4. 锅中注水烧开，下入姜片、猪骨、马蹄、胡萝卜、料酒。
5. 盖上锅盖，用大火烧开后改小火炖1小时至猪骨熟烂。
6. 揭开锅盖，调入盐、鸡粉搅拌均匀，加入胡椒粉，
7. 关火后端下砂煲即可。

芥菜咸骨煲

烹饪时间 / 60分钟　口味 / 咸　功效 / 增强免疫　适合人群 / 一般人群

原料

排骨550克，芥菜200克，红椒片35克，姜片少许

调料

盐、鸡粉、食用油各适量

·营养分析·

排骨具有很高的营养价值，有滋阴壮阳、益精补血、强壮体格的作用。排骨除含蛋白质、脂肪、维生素外，还含有大量磷酸钙、骨胶原、骨黏蛋白等，尤其适宜给幼儿和老人补充钙质。

制作指导

芥菜滑油时的油温不宜太高，四成热最佳，以免影响芥菜的鲜嫩口感。

相宜相克

- ✓ 排骨+西洋参（滋养生津）
- ✓ 排骨+洋葱（抗衰老）
- ✗ 排骨+甘草（易对身体不利）

做法:

1. 排骨洗净斩成若干小段；芥菜洗净切成小块。
2. 斩段的排骨加盐拌匀，腌渍至入味。
3. 炒锅注油烧热，放入芥菜滑油片刻捞起，沥干备用。
4. 锅中注水烧热，入排骨，烧开，去浮沫，放入姜片拌匀，再放入芥菜烧开。
5. 加鸡粉、盐调味，搅匀，将锅中材料移至砂煲内，放入红椒片。
6. 将砂锅置于火上，用小火煲至熟透即可。

冬瓜薏米猪骨汤

烹饪时间 / 58分钟　口味 / 鲜　功效 / 增强免疫　适合人群 / 肠胃病患者

原料

水发薏米75克，冬瓜220克，猪骨230克，姜片少许

调料

盐3克，鸡粉3克，料酒5毫升，胡椒粉少许

营养分析

薏米含有多种维生素和矿物质，有促进新陈代谢和减少胃肠负担的作用，可作为病中或病后体弱患者的补益食品。

制作指导

薏米用温水浸泡2～3小时，让它充分吸收水分后再煮，可缩短煮制的时间。

相宜相克

- ✓ 薏米+香菇（为抗癌佳品）
- ✓ 薏米+绿豆（可改善肌肤）
- ✗ 薏米+海带（妨碍薏米中维生素E的吸收）

做法：

1. 把把洗净去皮的冬瓜切成小块。
2. 砂锅中注水烧开，放入薏米、姜片、洗净的猪骨，加料酒拌匀。
3. 烧开后转小火煮40分钟至猪骨熟。
4. 倒入冬瓜，大火烧开转小火煮15分钟至熟软。
5. 搅拌一会儿，放入盐、鸡粉。
6. 撒入胡椒粉，搅匀调味即可。

农家排骨汤

烹饪时间 / 77分钟　口味 / 鲜　功效 / 增强免疫　适合人群 / 一般人群

原料

排骨350克，玉米粒120克，莴笋100克，姜片少许

调料

盐、鸡粉各少许

·营养分析·

莴笋的碳水化合物含量较低，而矿物质、维生素的含量较丰富，尤其是含有较多的烟酸。烟酸是胰岛素的激活剂，糖尿病患者常食莴笋，可改善糖的代谢功能。莴笋还含有一定量的微量元素锌、铁，其所含的铁元素很容易被人体吸收，可以防治缺铁性贫血。

制作指导

熬煮此汤时，可以放入少许陈皮，不仅能提味，还可使排骨中的营养物质更容易析释出来。

相宜相克

✓ 排骨+西洋参（滋养生津）
✓ 排骨+洋葱（抗衰老）
✗ 排骨+甘草（易对身体不利）

做法：

1. 把去皮洗净的莴笋切滚刀块；洗净的排骨斩成小件。
2. 锅中倒入适量清水烧开，放入排骨段，汆去血沫，捞出汆好的排骨，沥干待用。
3. 砂煲放置火上，注入适量清水煮沸，倒入排骨、洗净的玉米粒。
4. 煮沸后用小火续煮约60分钟。
5. 撒入姜片、莴笋块，煮沸后再煮约15分至莴笋熟透。
6. 加入盐、鸡粉，拌匀调味即成。

冬笋猪蹄汤

烹饪时间 / 62分钟　口味 / 鲜　功效 / 美容养颜　适合人群 / 女性

原料

猪蹄300克，冬笋150克，水发香菇10克，姜片少许

调料

盐3克，鸡粉2克，胡椒粉4克，白醋10毫升，料酒适量

·营养分析·

猪蹄含有丰富的蛋白质、脂肪，并含有钙、磷、镁、铁以及维生素A、维生素D、维生素E等成分，其营养物质的吸收利用率高。此外，猪蹄还含有丰富的胶原蛋白，能预防皮肤干瘪起皱，增强皮肤的弹性和韧性，延缓衰老，促进儿童生长发育。

水发香菇

冬笋

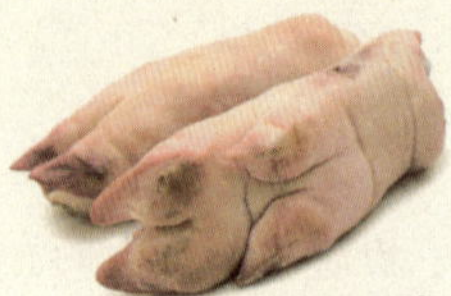

猪蹄

姜

相宜相克

✅冬笋+鸡腿菇（促进消化）
✅冬笋+香菇（生津止渴、清热利尿）
✅冬笋+枸杞（辅助治疗咽喉疼痛）
❌冬笋+红糖（对身体不利）

制作指导

香菇也可以在出锅前15分钟放入，这样能增强汤汁的香味和鲜味。

做法：

①把去皮洗净的冬笋切开，改切成小块。

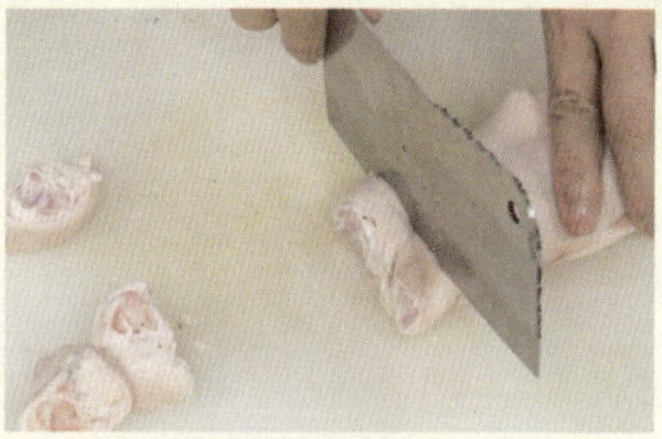

②洗净的猪蹄斩件。

③锅中注水烧开，倒入冬笋块拌匀，煮约1分钟，捞出待用。

④再把猪蹄放入锅中，倒入白醋拌匀，煮约2分钟，捞出。

⑤砂煲中倒入半锅水烧开，放入姜片、洗好的香菇。

⑥倒入煮好的猪蹄、冬笋。

⑦淋入少许料酒。

⑧盖上盖，煮沸后用小火续煮约60分钟至食材熟软。

⑨取下盖，捞去浮沫。

⑩加入盐、鸡粉、胡椒粉。

⑪用锅勺拌匀。

⑫将煮好的汤盛入汤碗中即成。

花生猪蹄汤

烹饪时间 / 70分钟　口味 / 清淡　功效 / 美容养颜　适合人群 / 女性

原料

猪蹄500克，莲藕块200克，水泡发花生160克，葱15克，姜片10克

调料

盐、鸡粉、味精、胡椒粉、料酒、白醋、食用油各少许

·营养分析·

猪蹄含有丰富的胶原蛋白，脂肪含量也比肥肉低，是众所周知的“美容食品”。它能防治皮肤干瘪起皱，增强皮肤弹性和韧性，对延缓衰老和促进儿童生长发育都具有特殊意义。花生含有丰富的不饱和脂肪酸、维生素等营养元素，有增强记忆力、抗老化、通乳、预防心脑血管疾病、减少肠癌发生等作用。

制作指导

猪蹄用开水煮至表皮发胀，再用指钳将毛拔除，省力又省时。

相宜相克

- ✓ 猪蹄+木瓜（可丰胸养颜）
- ✓ 猪蹄+花生（养血生精）
- ✗ 猪蹄+鸽肉（易引起滞气）

做法：

1. 锅中倒入清水，放入猪蹄，加少许白醋。
2. 加盖焖煮至熟，将猪蹄捞出，冲洗干净备用。
3. 用油起锅，倒入姜片、葱煸香，倒入猪蹄、料酒翻炒匀。
4. 倒入足量清水，夹出葱条。
5. 倒入花生、莲藕块拌匀，加盖焖煮5分钟。
6. 锅中材料转到砂煲，用小火煲1小时至猪蹄软烂。
7. 加盐、鸡粉、味精、胡椒粉调味，搅拌均匀即成。

芸豆猪蹄汤

烹饪时间 / 92分钟　口味 / 清淡　功效 / 益气补血　适合人群 / 女性

原料

猪蹄200克，水发芸豆80克，高汤适量，姜丝、胡萝卜片、葱段各少许

调料

盐、白糖、鸡粉、料酒、胡椒粉、食用油各适量

·营养分析·

猪蹄含有丰富的胶原蛋白，脂肪含量比肥肉低，是众所周知的“美容食品”。猪蹄除了可以美容之外，与豆类食品同食，还有益气补血的功效。

制作指导

芸豆用温水泡发洗净后，再撒上少许盐、鸡粉拌匀，煮熟后的味道会更好。

相宜相克

✓ 猪蹄+木瓜（可丰胸养颜）

✓ 猪蹄+花生（养血生精）

✗ 猪蹄+鸽肉（易引起滞气）

做法：

1. 锅中注入适量清水烧热，倒入洗净的猪蹄，汆至断生，捞出沥干水分。
2. 另起一锅，倒入高汤，放入猪蹄、芸豆、姜丝。
3. 盖上锅盖，用小火煮约1.5小时。
4. 揭开锅盖，用汤勺捞去浮沫。
5. 加入盐、白糖、鸡粉，淋入少许料酒调味。
6. 再撒上胡椒粉，放入葱段、胡萝卜片，拌匀煮至熟，盛入碗中即成。

清补节瓜煲猪蹄

烹饪时间 / 62分钟　口味 / 鲜　功效 / 美容养颜　适合人群 / 女性

原料

节瓜400克，猪蹄300克，水发莲子80克，水发芡实60克，姜片少许

调料

盐、鸡粉各2克，胡椒粉3克，料酒适量

营养分析

节瓜的钠含量和脂肪含量都较低，常吃可以起到减肥的作用。它还具有清热、消暑、解毒、利尿、消肿等功效，是炎热夏季的理想蔬菜。

猪蹄

节瓜

水发莲子

水发芡实

姜

相宜相克

✅猪蹄+黑木耳（补血养颜）

✅猪蹄+花生（养血生精）

❌猪蹄+鸽肉（易引起滞气）

制作指导

用节瓜煲汤时，一定要选用表面有毛刺的鲜品，这样煲出的汤营养功效更高。

做法:

①将洗净的节瓜去除表皮，去掉头尾，切成大块。

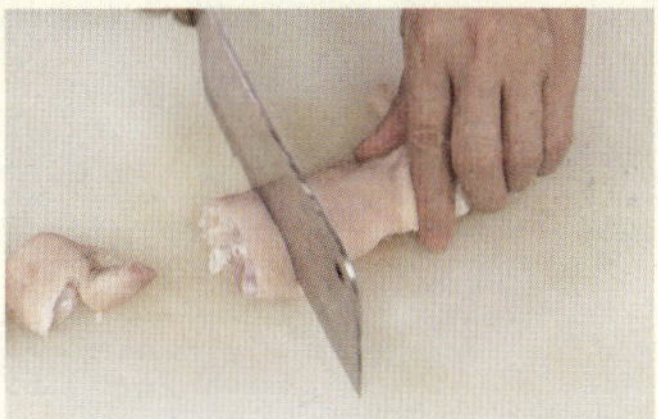

②洗净的猪蹄斩件。

③锅中注水，放入猪蹄煮沸，掠去浮沫。

④捞出汆好的猪蹄，沥干水分待用。

⑤砂煲中注入适量清水，用大火烧开。

⑥放入姜片、莲子、芡实。

⑦倒入汆好的猪蹄，再放入节瓜块。

⑧淋入少许料酒。

⑨盖上盖，煮沸后用小火煮约60分钟至食材熟软。

⑩揭盖，加入盐、鸡粉、胡椒粉调味。

⑪拌匀锅中食材。

⑫盛出煮好的猪蹄汤即成。

海带黄豆猪蹄汤

烹饪时间 / 62分钟　口味 / 鲜　功效 / 降压降糖　适合人群 / 糖尿病患者

原料

猪蹄500克，水发黄豆100克，海带80克，姜片40克

调料

盐、鸡粉各2克，胡椒粉少许，料酒6毫升，白醋15毫升

·营养分析·

黄豆含有人体必需的多种氨基酸，尤以赖氨酸含量最高。此外，黄豆还含有不饱和脂肪酸，有降低胆固醇的作用。黄豆的膳食纤维含量也较多，对糖尿病患者而言，食用黄豆有减少糖类物质吸收的作用。

制作指导

黄豆的泡发时间要在6小时以上，这样煲煮好的汤味道会更鲜美。

相宜相克

- ✓ 海带+山楂（清脂、减肥）
- ✓ 海带+辣椒（开胃消食）
- ✗ 海带+猪血（易引起便秘）
- ✗ 海带+柿子（降低营养）

做法：

1. 将洗净的猪蹄斩成小块；洗好的海带切开，再切成小块。
2. 锅中注入适量清水烧热，放入猪蹄，淋上白醋煮一会儿，捞出沥干水分。
3. 再放入切好的海带搅匀，煮约半分钟，捞出沥干水分，待用。
4. 砂锅中注水烧开，放入姜片、黄豆、猪蹄、海带搅匀，淋入料酒。
5. 盖上盖，煮沸用小火煲煮约1小时，至全部食材熟透。
6. 揭开盖，加入鸡粉、盐搅拌片刻，撒胡椒粉搅匀，再煮片刻至汤汁入味即可。

西洋参红枣猪尾汤

烹饪时间 / 62分钟　口味 / 鲜　功效 / 美容养颜　适合人群 / 一般人群

原料

猪尾250克，姜片10克，西洋参7克，红枣30克

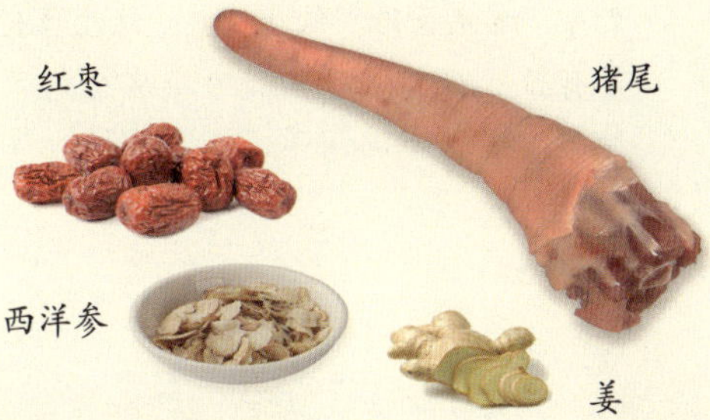

调料

盐3克，鸡粉2克，料酒5毫升

·营养分析·

猪尾含有较多的胶原蛋白，是皮肤组织不可或缺的营养成分，可以改善痘疮所遗留下的疤痕。猪尾还有补腰力、益骨髓的功效。青少年常食猪尾，可促进骨骼发育，中老年人常食猪尾，则可延缓骨质老化、早衰。

制作指导

红枣皮含有丰富的营养素，炖汤时应连皮一起炖。

相宜相克

- 西洋参+排骨（益气补血）
- 西洋参+燕窝（养阴润燥、清火益气）
- 西洋参+甲鱼（补气养阴、清火去热）
- 乌鸡（健脾益肺、养血养肝）

做法：

1. 将洗净的猪尾斩成块。
2. 锅中倒入清水烧开，倒入猪尾。
3. 稍煮后捞出浮沫，再捞出猪尾，沥干备用。
4. 砂锅中注入约800毫升清水，用大火烧开，倒入猪尾、西洋参、红枣、姜片。
5. 淋入料酒，盖上锅盖，转小火煮1小时至猪尾熟软。
6. 揭盖，加入适量盐、鸡粉，拌匀调味，再煮片刻至入味。
7. 把煮好的汤盛出，装入汤碗中即可。

红枣桂圆猪肘汤

烹饪时间 / **45分钟**　口味 / **鲜**　功效 / **增强免疫力**　适合人群 / **一般人群**

原料

猪肘300克，红枣40克，桂圆20克，枸杞5克，姜片少许

调料

盐、鸡粉、味精、胡椒粉、料酒各适量

·营养分析·

猪肘营养丰富，尤其富含胶原蛋白，还含有较多的脂肪和碳水化合物，并含有钙、磷、镁、铁以及维生素A、维生素D、维生素E、维生素K等有益成分。常吃猪肘可延缓皮肤衰老，使皮肤丰满润泽，富有弹性。

相宜相克

✅猪肘+木瓜（丰胸养颜）

✅猪肘+花生（养血生精）

✅猪肘+黑木耳（滋补阴液）

✅猪肘+章鱼（补肾）

制作指导

可提前将新鲜猪肘放入用八角、桂皮、丁香、草果、姜、葱条制成的卤水中，小火慢卤40分钟至入味，取出放凉，拆去骨头再烹制。

做法:

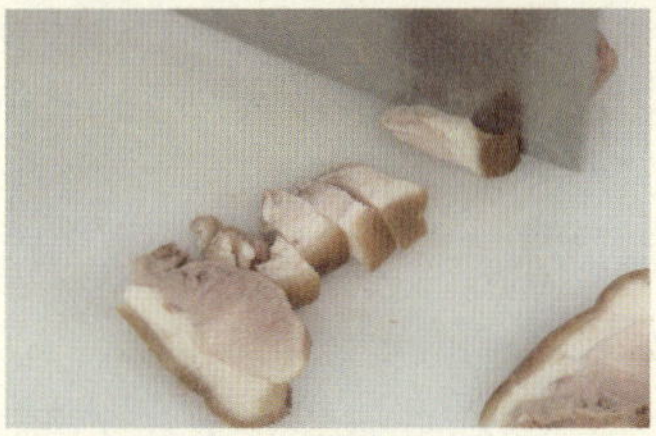
①将提前卤好的猪肘切块。

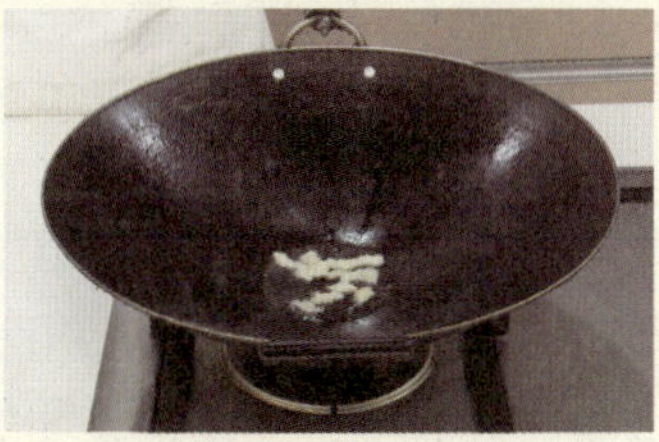
②起油锅，倒入姜片。

③加入猪肘块。

④淋入料酒翻炒匀，加入适量清水。

⑤加盖，用大火煮沸。

⑥揭盖，捞去浮沫。

⑦加入洗净的红枣、枸杞、桂圆大火烧开。

⑧将煮好的材料倒入砂锅中，置于火上。

⑨加盖，用慢火煲40分钟至猪肘熟烂。

⑩揭盖，捞去浮沫。

⑪再加入盐、鸡粉、味精、胡椒粉。

⑫关火，端出即成。

白萝卜猪肺汤

烹饪时间 / 50分钟　口味 / 清淡　功效 / 防癌抗癌　适合人群 / 老年人

原料

猪肺300克，白萝卜500克，姜片20克

调料

盐4克，味精、鸡粉、料酒各适量

·营养分析·

白萝卜热量少，纤维素多，吃后易产生饱胀感，因而有助于减肥。白萝卜还具有防癌、抗癌的功能，因为白萝卜含有大量的维生素A和维生素C，它是保持细胞间质的必需物质，起着抑制癌细胞生长的作用。

制作指导

烹饪此菜时，猪肺不宜切太小块，因为焯水后它的体积会缩小。切好后的猪肺比白萝卜稍大点儿最为适宜。

相宜相克

- ✓ 白萝卜+牛肉（补五脏、益气血）
- ✓ 白萝卜+金针菇（可治消化不良）
- ✗ 白萝卜+猪肝（降低营养价值）
- ✗ 白萝卜+黑木耳（易引发皮炎）

做法：

1. 将已洗净去皮的白萝卜切块；把洗好的猪肺切成块。
2. 锅中注入适量清水，倒入猪肺煮沸，捞去浮沫，再捞出猪肺。
3. 锅中注油烧热，倒入姜片爆香，倒入猪肺炒匀。
4. 加入料酒炒匀，倒入足量清水，加盖大火煮沸。
5. 揭盖，倒入白萝卜，继续用大火煮沸。
6. 将猪肺、白萝卜及汤汁倒入砂煲中，加盖大火烧开，转小火继续炖40分钟。
7. 捞去浮沫，加入盐、味精、鸡粉调味即可。

猪肺菜干汤

烹饪时间 / 65分钟　口味 / 鲜　功效 / 养心润肺　适合人群 / 老年人

原料

猪肺300克，菜干100克，姜片、罗汉果各少许

调料

盐、味精、鸡粉、料酒各适量

营养分析

猪肺含蛋白质、脂肪、钙、磷、铁、维生素等营养成分，有补虚、止咳、止血之功效，尤其适合肺虚久咳者、肺结核患者食用。而菜干富含膳食纤维和矿物质，食用后能消除内火、清热益肠，还能防治皮肤病。

制作指导

清洗猪肺时，放适量面粉和水，用手反复揉搓，可彻底去除猪肺的附着物。

相宜相克

- ✓ 猪肺+白萝卜（煮粥食用可改善咳嗽）
- ✓ 猪肺+白及（改善咯血症状）
- ✗ 猪肺+花菜（易引发滞气）

做法:

1. 将将洗好的菜干切段；再将猪肺洗净切块。
2. 锅中加适量清水烧开，倒入菜干煮沸，捞出。
3. 倒入猪肺，加盖煮3分钟至熟透，捞出猪肺洗净。
4. 锅置旺火，注油烧热，倒入姜片爆香，倒入猪肺，加料酒炒匀。
5. 加适量清水，加盖煮沸，倒入菜干、罗汉果煮沸。
6. 将食材倒入砂煲，加盖，大火烧开改小火炖1小时。
7. 揭盖，加盐、味精、鸡粉调味，端出砂煲即成。

滋补明目汤

烹饪时间 / 4分钟　口味 / 鲜　功效 / 增强免疫　适合人群 / 儿童

原料

猪肝120克，苦瓜200克，姜片、葱花各少许

调料

盐4克，鸡粉3克，料酒、食用油各适量

·营养分析·

猪肝的铁含量较高，有补血健脾、养肝明目的效果。它还含有维生素C和硒，可增强儿童的免疫力。苦瓜含有蛋白质、碳水化合物和维生素C等，儿童常食，可聪耳明目、增强免疫力。

相宜相克

✓ 苦瓜+辣椒（排毒瘦身）
✓ 苦瓜+茄子（延缓衰老）
✓ 苦瓜+洋葱（增强免疫力）
✓ 苦瓜+玉米（清热解毒）

✗ 苦瓜+豆腐（易形成结石）
✗ 苦瓜+黄瓜（降低营养价值）
✗ 苦瓜+胡萝卜（降低营养价值）
✗ 苦瓜+南瓜（破坏维生素C）

制作指导

苦瓜口感爽脆，入锅后不宜煮制过久，以免过于熟烂，营养价值也会降低。

做法:

①洗净的苦瓜对半切开，去籽，切成片。

②将苦瓜片装入碗中，加2克盐，倒入适量清水，抓匀。

③将苦瓜洗净，装入盘中待用。

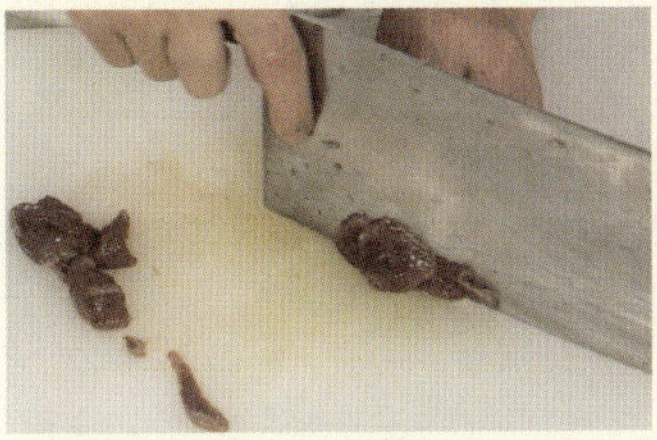

④洗好的猪肝切成片。

⑤将猪肝装入碗中，加少许盐、鸡粉、料酒。

⑥抓匀，腌渍10分钟至入味。

⑦锅中注入适量清水烧开，放入姜片、苦瓜。

⑧加入适量食用油。

⑨盖上盖，用中火煮至熟。

⑩揭开盖，放入适量盐、鸡粉，拌匀调味。

⑪倒入猪肝，拌匀，用大火约1分钟至熟。

⑫将锅中汤料盛入碗中，撒上葱花即成。

菠菜猪肝汤

烹饪时间 / 5分钟　口味 / 鲜　功效 / 降低血压　适合人群 / 老年人

原料

菠菜100克，猪肝70克，高汤适量，姜丝、胡萝卜片各少许

调料

盐、鸡粉、白糖、料酒、葱油、味精、水淀粉、胡椒粉各适量

营养分析

菠菜含有丰富的维生素C、胡萝卜素、蛋白质，以及铁、钙、磷等矿物质。

制作指导

烹饪菠菜前，将菠菜放入热水焯煮片刻可减少草酸含量。

相宜相克

- ✓ 菠菜+猪肝（防治贫血）
- ✓ 菠菜+鸡血（保肝护肾）
- ✗ 菠菜+大豆（损害牙齿）
- ✗ 菠菜+鳝鱼（引起腹泻）

做法：

1. 把猪肝洗净切片；菠菜洗净，切段。
2. 猪肝片加少许料酒、盐、味精、水淀粉拌匀腌渍片刻。
3. 锅中倒入高汤，放入姜丝。
4. 加适量盐，再放鸡粉、白糖、料酒烧开。
5. 放入猪肝，拌匀煮沸。
6. 下入菠菜、胡萝卜片拌匀，煮至熟透。
7. 淋入些葱油，撒上胡椒粉搅匀，盛出即可。

锁阳淮山猪腰汤

烹饪时间 / 43分钟　口味 / 鲜　功效 / 保肝护肾　适合人群 / 男性

原料

猪腰200克，锁阳6克，淮山片100克，姜片3克

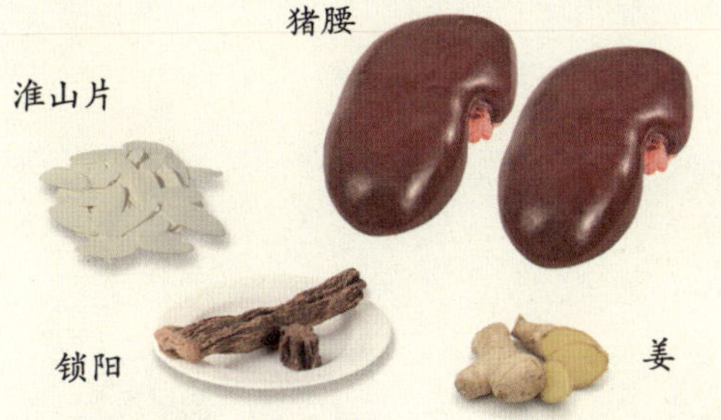

调料

料酒、盐、味精、鸡粉、白醋各适量

·营养分析·

猪腰含有蛋白质、脂肪、碳水化合物、钙、磷、铁和维生素等，有健肾补腰、和肾理气之功效。猪腰性平、味咸，归肾经，具有补肾益精、利水的功效。

制作指导

猪腰切片后，为去臊味，可用葱姜汁泡约2小时，换两次清水，泡至腰片发白膨胀即成。

相宜相克

- ✓ 猪腰+豆芽（滋肾润燥）
- ✓ 猪腰+竹笋（补肾利尿）
- ✗ 猪腰+茶树菇（影响营养吸收）

做法：

1. 将洗净的猪腰切去筋膜，切成片。
2. 锅中加清水，倒入淮山片、白醋焯煮片刻捞出。
3. 再倒入猪腰汆煮约2分钟，捞出。
4. 起油锅，倒入姜片爆香，加清水、淮山片、锁阳、猪腰。
5. 再加入料酒、盐、味精、鸡粉煮沸。
6. 将锅中的所有的材料盛入汤盅，加盖。
7. 把汤盅放入蒸锅，加盖，小火蒸40分钟至熟透即可。

虫草山药猪腰汤

烹饪时间 / 32分钟　口味 / 鲜　功效 / 保肝护肾　适合人群 / 男性

原料

水发虫草花50克，猪腰180克，山药200克，姜片少许

调料

盐3克，鸡粉2克，胡椒粉1克，白醋5毫升，料酒5毫升

营养分析

猪腰对肾虚腰痛、遗精盗汗、产后虚羸、身面浮肿等症具有食疗作用。

姜

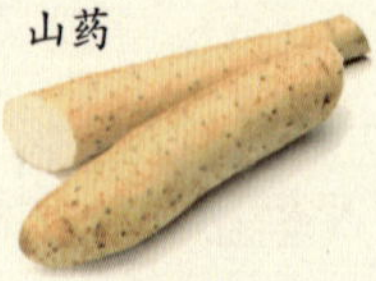

山药

水发虫草花

猪腰

相宜相克

✅猪腰+豆芽（滋肾润燥）

✅猪腰+竹笋（补肾利尿）

❎猪腰+茶树菇（影响营养吸收）

制作指导

由于猪腰腥味较重，因此其入锅煮制时可以放入少许甘草或陈皮去腥。

做法:

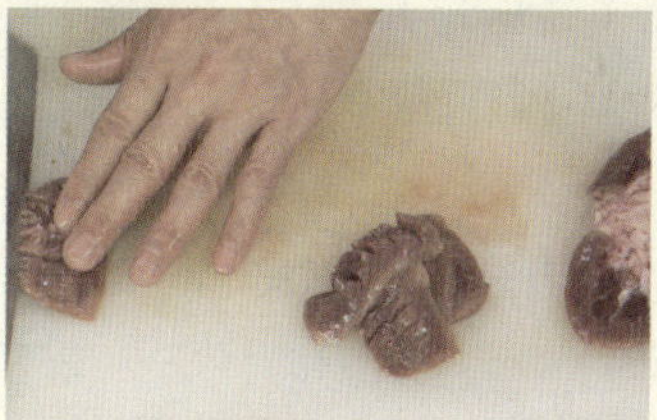

①猪腰切去筋膜，在内侧切上一字花刀，改切成片。

②去皮洗净的山药对半切开，切厚块，改切成丁。

③锅中注入700毫升清水烧开，倒入白醋，放入山药，煮1分钟。

④把焯过水的山药捞出，备用。

⑤将猪腰放入沸水锅中，煮1分钟，汆去血水。

⑥把汆过水的猪腰捞出，备用。

⑦砂锅中注入700毫升清水烧开，放入虫草花、姜片。

⑧下入猪腰、山药，加入少许料酒。

⑨盖上盖，用大火烧开后，转小火炖30分钟食材熟透。

⑩揭盖，放入盐、鸡粉、胡椒粉调味。

⑪用锅勺拌匀调味。

⑫把汤料盛出，装入汤碗中即可。

豆芽腰片汤

烹饪时间 / 5分钟　口味 / 鲜　功效 / 保肝护肾　适合人群 / 男性

原料

猪腰150克，黄豆芽100克，葱花、姜片各少许

调料

盐4克，鸡粉5克，胡椒粉3克，料酒、水淀粉、食用油各适量

营养分析

黄豆芽含有维生素A、钙、磷等营养成分，有清除血管壁中胆固醇、防止心血管病变的作用；它还富含膳食纤维，是便秘患者的食疗佳蔬，有预防消化道癌症的功效；黄豆芽的热量很低，而水分和纤维素含量很高，常吃黄豆芽，可以达到减肥的目的。

制作指导

炒豆芽时，加入少许白醋，可以使豆芽的水分不向外流失，口感更脆嫩。

相宜相克

- ✓ 黄豆芽+黑木耳（营养更均衡）
- ✓ 黄豆芽+鲫鱼（通乳汁）
- ✗ 黄豆芽+皮蛋（易引起腹泻）

做法：

1. 把洗净的猪腰切开，去除筋膜，切成片，放入碗中。
2. 加盐、鸡粉、料酒，倒入少许水淀粉，拌匀上浆，腌渍10分钟。
3. 用油起锅，放入姜片爆香，倒入洗净的黄豆芽，炒匀。
4. 淋入少许料酒，注入适量清水煮沸。
5. 倒入猪腰片，拌煮至断生，调入盐、鸡粉、胡椒粉拌匀。
6. 煮约半分钟，撒上葱花，拌煮至熟即成。

猪腰枸杞汤

烹饪时间 / 17分钟　口味 / 鲜　功效 / 保肝护肾　适合人群 / 男性

原料

猪腰300克，党参、枸杞、姜片各少许

调料

盐4克，鸡粉2克，料酒10毫升，胡椒粉少许

营养分析

猪腰含有蛋白质、脂肪、钙、磷、铁、维生素等成分。中医认为，猪腰性平，味咸，归肾经，具有补肾益精、理气、利水的功效。

制作指导

猪腰的白色纤维膜内有一个浅褐色腺体，那就是肾上腺。它富含皮质激素和髓质激素，烹饪前必须清除。

相宜相克

- ✓ 枸杞+葡萄（补血良品）
- ✓ 枸杞+莲子（健美抗衰、乌发明目）
- ✗ 枸杞+绿茶（生成人体难以吸收的物质）

做法：

1. 把洗净的党参切成段；处理干净的猪腰切开，去除筋膜，用斜刀切成薄片。
2. 将猪腰片放入碗中，加入盐、料酒，拌匀，腌渍10分钟。
3. 砂煲中注入适量清水烧开，倒入党参、枸杞。
4. 盖上盖，用大火煮沸后转小火煮约15分钟。
5. 揭开盖，下入姜片、猪腰片、盐、鸡粉、胡椒粉拌匀。
6. 煮片刻至猪腰片熟透，掠去浮沫即成。

莲藕猪心莲子汤

烹饪时间 / 32分钟　口味 / 鲜　功效 / 提神健脑　适合人群 / 老年人

原料

莲藕300克，猪心200克，水发莲子、香菇各40克，姜片少许

调料

盐、鸡粉各2克，胡椒粉3克，料酒8毫升

·营养分析·

莲藕含有淀粉、蛋白质、糖分、天门冬素、维生素C以及氧化酶等成分，可健脾开胃，止泻固精。老年人常吃莲藕，可以调中开胃，益血补髓，安神健脑，具有延年益寿之功效。

猪心

莲藕

香菇

水发莲子

姜

相宜相克

✅莲藕+猪肉（滋阴血、健脾胃）

✅莲藕+生姜（止呕）

❌莲藕+菊花（易导致腹泻）

❌莲藕+人参（属性相反、补益的作用不佳）

制作指导

莲藕做汤的时候，切的块要大一些，这样熬煮出来的成品味道清香而粉腻，口感较佳。

做法:

①把去皮洗净的莲藕切滚刀块。

②洗好的香菇切片。

③洗净的莲子去除莲子心。

④处理干净的猪心切成薄片。

⑤砂煲中倒入适量清水烧开，倒入准备好的香菇、莲子、莲藕。

⑥放入切好的猪心，再淋入少许料酒。

⑦拌匀，放入姜片。

⑧盖上盖，用大火煮沸后转小火煲煮约30分钟至食材熟透。

⑨揭开盖，煮约1分30秒，掠去浮沫。

⑩再加入盐、鸡粉、胡椒粉。

⑪拌煮均匀至入味。

⑫将煮好的猪心汤盛入汤碗中即成。

黄芪桂圆猪心汤

烹饪时间 / 32分钟　口味 / 鲜　功效 / 养心润肺　适合人群 / 男性

原料

猪心300克，姜片少许，桂圆肉、红枣各35克，黄芪15克

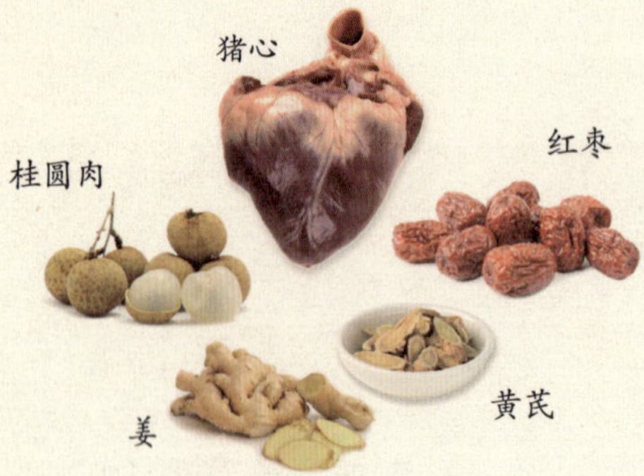

调料

盐3克，鸡粉2克，胡椒粉少许，料酒7毫升

营养分析

常食猪心，可加强心肌营养，增强心肌收缩力，还有利于功能性或神经性心脏疾病的痊愈。

制作指导

猪心通常有股异味，如果处理不好，菜肴的味道就会变差。可在买回猪心后，用少许生粉拌匀腌渍一下，再放置1小时左右，然后再洗净，这样烹煮出来的猪心味美纯正。

相宜相克

- ✓ 猪心+胡萝卜（缓解神经衰弱）
- ✓ 猪心+苹果（消除疲劳、补充体力）
- ✗ 猪心+茶叶（易引起便秘）

做法：

1. 将处理干净的猪心切片，装盘待用。
2. 砂煲中注入适量清水烧开，放入洗净的红枣、黄芪、桂圆肉。
3. 下入姜片，倒入切好的猪心，拌匀。
4. 淋入少许料酒，用大火煮沸。
5. 掠去浮沫，转小火煲煮约30分钟至熟。
6. 加盐、鸡粉、胡椒粉，拌匀调味。盛出即可。

莲子枸杞猪肚汤

烹饪时间 / 42分钟　口味 / 鲜　功效 / 开胃消食　适合人群 / 老年人

原料

猪肚300克，水发莲子80克，枸杞、姜片各少许

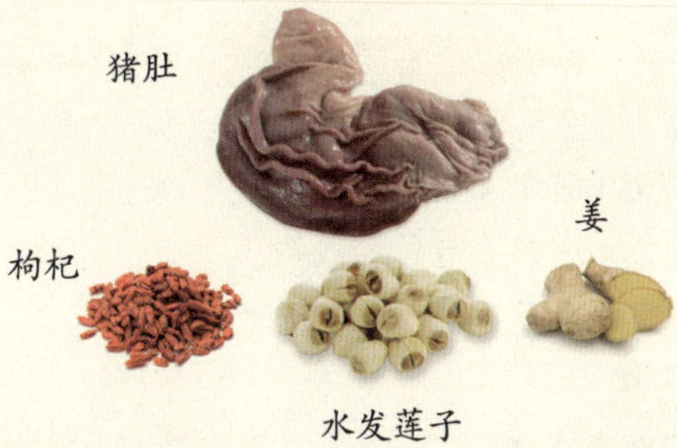

调料

盐、鸡粉各2克，胡椒粉3克，料酒适量

营养分析

猪肚含有大量的钙、钾、钠、镁、铁、维生素A、维生素E、蛋白质、脂肪等成分，有暖肠胃、除胃积、消食、温中散寒，醒脾开胃的功效。

制作指导

猪肚表皮的黏液较多，切时很容易滑刀，可以用少许白醋清洗猪肚，切的时候就不易滑刀了。

相宜相克

- ✓ 猪肚+黄豆芽（增强免疫力）
- ✓ 猪肚+莲子（补脾健胃）
- ✗ 猪肚+樱桃（易引起消化不良）

做法：

1. 把洗净的莲子去除莲子心；处理干净的猪肚切成小块。
2. 锅中注水，用大火煮沸，倒入猪肚煮约1分钟，捞出汆好的猪肚，沥干待用。
3. 砂煲中注水烧开，放入猪肚，撒上洗净的枸杞。
4. 放入莲子、姜片，淋入少许料酒。
5. 煮沸后用小火再煮约40分钟至熟软。
6. 加盐、鸡粉，撒上胡椒粉，即成。

淮山芡实猪肚汤

烹饪时间 / 42分钟　口味 / 鲜　功效 / 开胃消食　适合人群 / 肠胃病患者

原料

猪肚200克，姜片少许，薏米、淮山片各30克，莲子25克，芡实20克

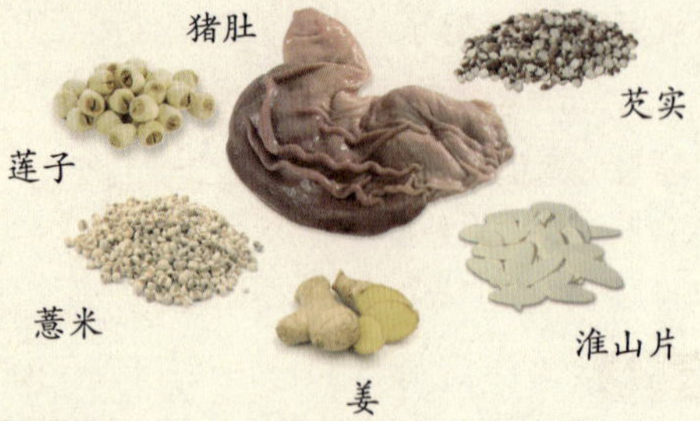

调料

料酒6毫升，盐4克，鸡粉2克，胡椒粉少许

·营养分析·

薏米的营养价值很高，消化吸收率高，煮粥、做汤均可。它富含薏仁醇，不仅具有滋补作用，而且还是一种抗癌剂，特别是对胃癌有很强的预防作用。对于久病体虚者、病后恢复期患者、老人、产妇、儿童都是比较好的食物，可经常服用。

制作指导

汆煮猪肚时，放入少许料酒，不仅可以去除异味，而且还能增加猪肚的鲜味。

相宜相克

- ✓ 猪肚+金针菇（开胃消食）
- ✓ 猪肚+糯米（益气补中）
- ✗ 猪肚+芦荟（易引起腹泻）
- ✗ 猪肚+豆腐（不利于营养物质的吸收）

做法：

1. 把洗净的莲子去除莲子心；洗净的猪肚切成小块。
2. 锅中注水，用大火煮沸，倒入猪肚，拌匀，捞出汆好的猪肚，沥干装盘待用。
3. 砂煲中注入适量清水煮沸，倒入猪肚。
4. 放入洗净的芡实、淮山片、薏米、莲子、姜片。
5. 淋入少许料酒，煮沸后转小火煲煮约40分钟至熟软。
6. 加盐、鸡粉、胡椒粉，调味即成。

胡椒猪肚芸豆汤

烹饪时间 / 62分钟　口味 / 鲜　功效 / 益气补血　适合人群 / 糖尿病患者

原料

猪肚200克，水发芸豆100克，黑胡椒粒15克，姜片、葱花各少许

调料

盐3克，鸡粉2克，料酒8毫升，生粉、白醋、水淀粉、食用油各适量

营养分析

猪肚含有蛋白质、维生素A、维生素E、钙、钾、钠、镁、铁等营养成分，有益气补虚、健脾胃、增强免疫力的功效。糖尿病患者适量食用猪肚，可滋补身体，增强身体的抗病能力。

制作指导

黑胡椒粒不要放太多，以免成汤口感过麻，掩盖猪肚本身的鲜味。

相宜相克

- ✓ 猪肚+黄豆芽（增强免疫力）
- ✓ 猪肚+莲子（补脾健胃）
- ✗ 猪肚+芦荟（易引起腹泻）
- ✗ 猪肚+白糖（易引起代谢紊乱）

做法：

1. 将处理好的猪肚装入碗中，放入适量白醋、盐、生粉，抓匀。
2. 把猪肚洗净，改切成块。
3. 锅中注水烧开，倒入切好的猪肚，放料酒搅拌匀，煮1分钟捞出，待用。
4. 汤锅中注入适量清水烧开，放入汆煮好的猪肚。
5. 加入姜片，放入泡好的芸豆，撒入黑胡椒粒，倒入适量料酒。
6. 盖上盖，用大火烧开，转小火炖1小时，至猪肚熟透。
7. 揭盖，加入盐、鸡粉，搅匀调味，把煮好的汤料盛碗中，撒上葱花即可。

无花果猪肚汤

烹饪时间 / 62分钟　口味 / 清淡　功效 / 开胃消食　适合人群 / 肠胃病患者

原料

猪肚300克，无花果60克，蜜枣30克，姜片少许

调料

盐4克，鸡粉2克，胡椒粉、料酒各少许

·营养分析·

猪肚中含有大量的钙、钾、钠、镁、铁等元素，还含有维生素A、维生素E、蛋白质、脂肪等成分。有健脾胃、补虚损、通血脉、利水等功效，对胃寒、心腹冷痛、因受寒而消化不良、虚寒性胃痛有食疗作用。

无花果

蜜枣

姜

猪肚

相宜相克

✅猪肚+金针菇（开胃消食）

✅猪肚+生姜（阻碍胆固醇的吸收）

✅猪肚+糯米（益气补中）

❎猪肚+芦荟（易引起腹泻）

❎猪肚+豆腐（不利于营养物质吸收）

制作指导

猪肚先用适量的白醋洗去黏液，再撒上适量的生粉搓洗几次，可以有效地去除其异味。

做法：

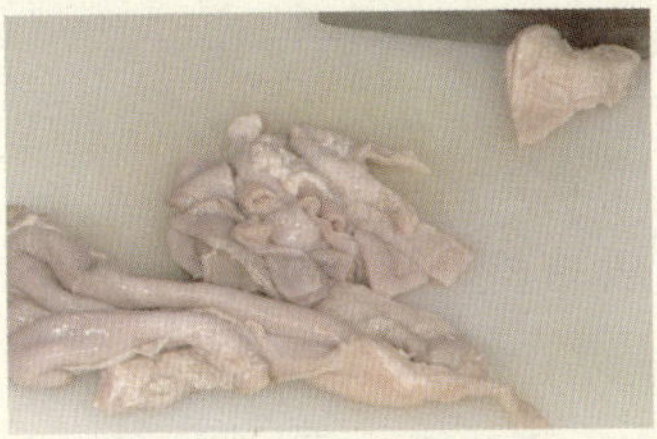

①把洗净的猪肚切开，再切成大块。

②锅中倒入适量清水，大火烧开，淋入少许料酒。

③放入切好的猪肚，拌匀，煮约30秒钟，汆去异味。

④捞出煮好的猪肚，沥干水分。

⑤砂煲中倒入适量清水煮沸。

⑥下入洗净的无花果、蜜枣、姜片，倒入猪肚。

⑦淋上少许料酒。

⑧盖上盖子，煮沸后转小火，煲煮约60分钟至猪肚熟透。

⑨取下盖子，加入盐、鸡粉。

⑩淋入胡椒粉。

⑪用锅勺拌匀调味。

⑫盛出煲煮好的汤料即成。

党参淮山猪肚汤

烹饪时间 / 62分钟　口味 / 清淡　功效 / 增强免疫　适合人群 / 一般人群

原料

猪肚300克，党参、淮山、黄芪、枸杞、姜片各少许

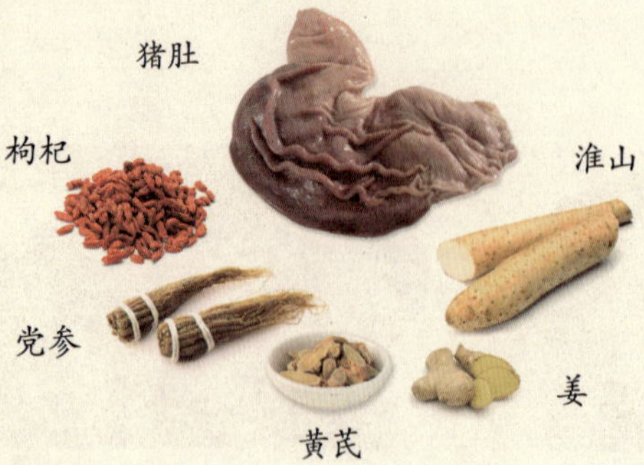

调料

盐3克，鸡粉2克，胡椒粉少许

营养分析

猪肚含有蛋白质、碳水化合物、脂肪、钙、磷、铁、维生素B_2、烟酸等营养成分，具有补虚损、健脾胃的功效。

制作指导

放入砂煲前，要事先将淮山用少许清水泡一下，其药用价值才会发挥得更充分。

相宜相克

- ✓ 猪肚+黄豆芽（增强免疫力）
- ✓ 猪肚+莲子（补脾健胃）
- ✗ 猪肚+樱桃（易引起消化不良）
- ✗ 猪肚+白糖（易引起心肌细胞氧化）

做法：

1. 把洗净的党参、淮山切成段；猪肚洗净切开，改切小片。
2. 锅中注水烧开，倒入猪肚，拌匀，煮约30秒，捞出沥干，装盘待用。
3. 砂煲倒入适量清水，置于旺火上烧开，倒入党参、淮山、黄芪、枸杞。
4. 下猪肚、姜片，煮沸后转小火煮1小时。
5. 加盐、鸡粉、胡椒粉调味即成。

白果咸菜猪肚汤

烹饪时间 / 33分钟　口味 / 鲜　功效 / 增强免疫　适合人群 / 一般人群

原料

白果15克，咸菜100克，猪肚200克，姜片10克

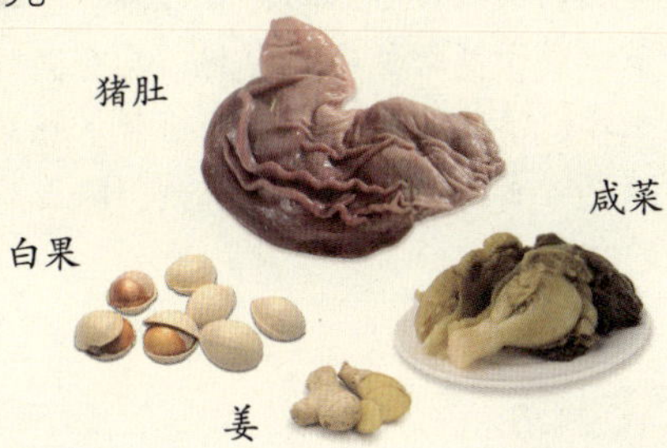

调料

盐2克，鸡粉2克，料酒10毫升，胡椒粉少许

营养分析

猪肚富含蛋白质、脂肪、维生素A、维生素E及钙、钾、镁、铁等元素，不仅可供食用，而且有很好的药用价值，有补虚损、健脾胃的功效，多用于辅助治疗脾虚腹泻、虚劳瘦弱、消渴、小儿疳积等。

制作指导

咸菜比较咸，在调味时一定要注意盐的用量，另外，也可加入少许白糖来中和咸菜的咸味。

相宜相克

⊗ 白果+鳗鱼（易引起身体不适）

⊗ 白果+草鱼（易引起身体不适）

做法：

1. 把洗净的咸菜切成条；处理干净的猪肚切成片。
2. 锅中注水烧开，加入料酒、猪肚煮半分钟捞出沥干，备用。
3. 砂锅注水烧开，放入姜片、白果、猪肚、咸菜、料酒。
4. 烧开后，转小火煮30分钟至食材熟透。
5. 转大火放入鸡粉、盐、胡椒粉，转小火拌匀调味即可。

苍术冬瓜猪胰汤

烹饪时间 / 36分钟　口味 / 鲜　功效 / 清热解毒　适合人群 / 糖尿病患者

原料

冬瓜150克，猪胰80克，苍术、姜片各少许

调料

盐2克，鸡粉2克，料酒3毫升

·营养分析·

冬瓜含有丙醇二酸，能抑制糖类转化为脂肪，可预防脂肪堆积，具有降脂的功效。冬瓜的膳食纤维含量较多，属于高钾低钠的食物，具有润肺生津、清热祛暑、解毒的功效。糖尿病患者食用冬瓜，有降血糖、降血压的作用。

猪胰

冬瓜

姜

苍术

相宜相克

✅冬瓜+海带（降低血压）

✅冬瓜+芦笋（降低血脂）

✅冬瓜+甲鱼（润肤、明目）

✅冬瓜+鲢鱼（可治疗产后气血亏虚）

✅冬瓜+口蘑（利小便、降血压）

制作指导

汆煮猪胰时，可以把血水和浮沫捞去，这样可使汤汁的口感更佳。

做法:

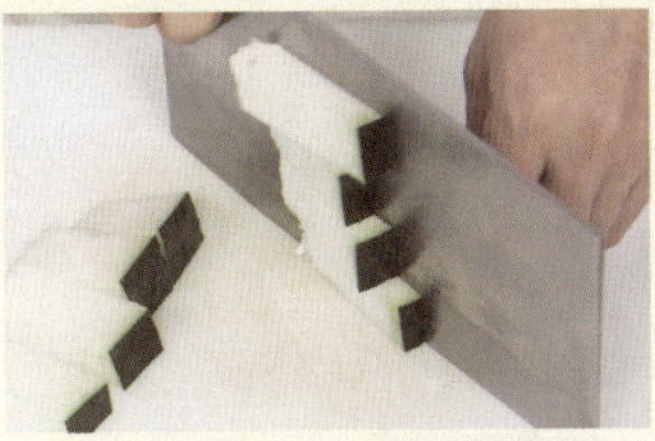

①将洗净的冬瓜切成小块。

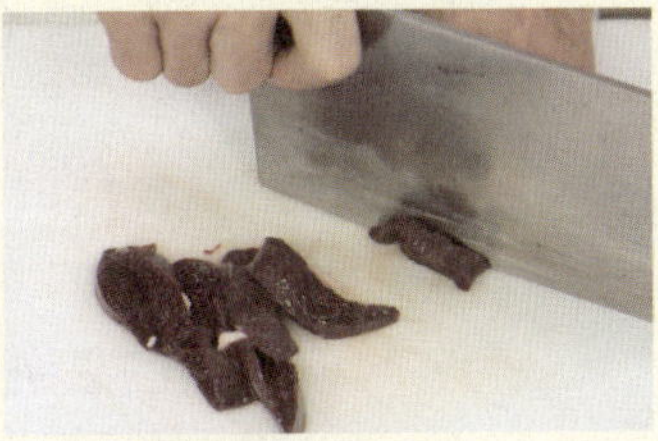

②洗好的猪胰切块。

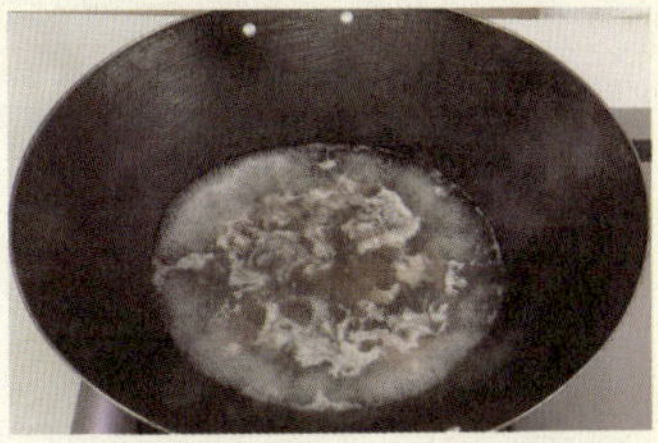

③锅中注水烧开，倒入猪胰，加料酒，搅匀，汆去血水。

④把汆好的猪胰捞出，待用。

⑤砂锅中注入适量清水，放入姜片、苍术。

⑥倒入汆过水的猪胰，搅匀。

⑦盖上盖，烧开后用小火炖20分钟，至猪胰熟软。

⑧揭盖，倒入冬瓜，搅匀。

⑨盖上盖，用小火炖15分钟，至全部食材熟透。

⑩揭盖，放入适量鸡粉、盐。

⑪用勺搅匀调味。

⑫将煮好的汤料盛出，装入碗中即可。

豆腐猪血白菜汤

烹饪时间 / 3分钟　口味 / 鲜　功效 / 益气补血　适合人群 / 女性

原料

豆腐180克，猪血220克，大白菜200克，姜片、葱花各少许

调料

盐、鸡粉各2克，胡椒粉、芝麻油、食用油各适量

营养分析

猪血富含维生素B_2、蛋白质、铁、钙等营养成分，具有补血的功效。

制作指导

猪血极易破碎，切的时候力度要轻一些，可以选用小刀将其划开。

相宜相克

- ✓ 猪血+菠菜（润肠通便）
- ✓ 猪血+葱（生血、止血）
- ✗ 猪血+黄豆（易引起消化不良）
- ✗ 猪血+海带（易导致便秘）

做法：

1. 大白菜洗净切小块；豆腐洗净切小方块；猪血洗净切小块。
2. 锅中加适量清水，大火烧开，加少许油，撒上姜片。
3. 放入豆腐块、大白菜，搅匀。
4. 加盐、鸡粉，下猪血，搅拌几下，烧开后用中火煮至熟透。
5. 撒胡椒粉，淋芝麻油，撒上葱花即可。

竹笋猪血汤

烹饪时间 / 5分钟　口味 / 鲜　功效 / 开胃消食　适合人群 / 一般人群

原料

竹笋100克，猪血150克，姜片、葱花各少许

调料

盐4克，鸡粉6克，胡椒粉、食用油、芝麻油各适量

·营养分析·

竹笋含有丰富的蛋白质、氨基酸、脂肪、钙、磷、胡萝卜素及多种维生素。竹笋还具有低脂肪、低糖、多纤维的特点，多食用竹笋不仅能促进肠道蠕动，帮助消化，去积食，防便秘，还有预防大肠癌的功效，是优良的保健蔬菜，也是肥胖者减肥的佳品。

制作指导

煮竹笋的时间不可太长，否则会影响其脆嫩口感，熄火后让其自然冷却，再用水冲洗，可去除涩味。

相宜相克

- ✓ 竹笋+莴笋（治疗肺热痰火）
- ✓ 竹笋+猪腰（补肾利尿）
- ✗ 竹笋+红糖（对身体不利）
- ✗ 竹笋+羊肉（导致腹痛）

做法：

1. 将洗净的竹笋切成丝；洗净的猪血切成小方块。
2. 锅中加水烧开，倒入竹笋，加盐、鸡粉拌匀，煮约1分钟，捞出。
3. 锅中另加适量清水烧开，加少许油、鸡粉、盐。
4. 再加入姜片、竹笋，略煮，倒入猪血，拌匀，煮约2分钟。
5. 撒适量胡椒粉，拌匀。
6. 将做好的汤盛入碗中，撒上葱花，淋入少许芝麻油即可。

冬瓜粉丝丸子汤

烹饪时间 / 3分钟　口味 / 鲜　功效 / 清热解毒　适合人群 / 一般人群

原料

冬瓜280克，猪肉丸子80克，水发粉丝180克，姜片、葱花各少许

调料

盐3克，鸡粉2克，胡椒粉1克，食用油、芝麻油各少许量

·营养分析·

冬瓜的营养成分相当丰富，其富含蛋白质、多种维生素及钙、铁等营养物质，具有润肺生津、止渴、消肿、清热解毒的功效。冬瓜的钠含量较低，是肾脏病、水肿病患者理想的蔬菜。

相宜相克

- 冬瓜+海带（降低血压）
- 冬瓜+鸡肉（排毒养颜）
- 冬瓜+芦笋（降低血脂）
- 冬瓜+口蘑（利小便）
- 冬瓜+甲鱼（润肤、明目）

制作指导

水发粉丝入锅后，煮制的时间不宜太长，以免煮太烂，影响口感。

做法:

①把去皮洗净的冬瓜切成片，改切成丝。

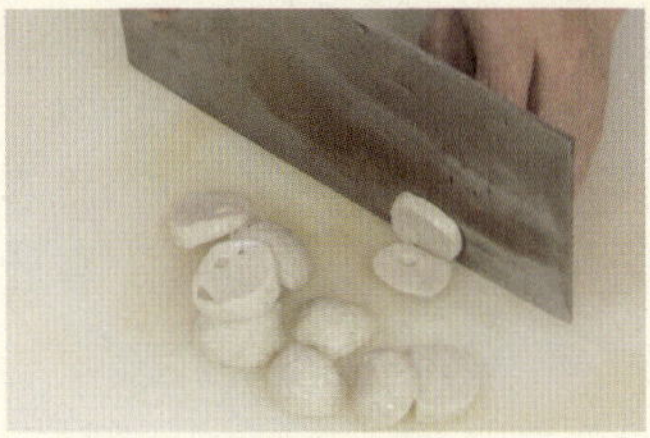

②猪肉丸子切成片。

③水发粉丝切成段。

④锅中注入适量清水烧开，倒入食用油。

⑤放入姜片、冬瓜、肉丸。

⑥盖上锅盖，用大火烧开后转小火再煮2分钟至食材熟透。

⑦揭开盖，加入盐、鸡粉搅匀。

⑧撒入少许胡椒粉，搅匀调味。

⑨放入粉丝，搅拌均匀，用大火煮沸。

⑩放入葱花，拌匀略煮片刻。

⑪淋入少许芝麻油，搅拌均匀匀。

⑫关火，把煮好的汤料盛出，装入汤碗中即可。

番茄丸子豆腐汤

烹饪时间 / 5分钟　口味 / 鲜　功效 / 开胃消食　适合人群 / 一般人群

原料

番茄80克，豆腐85克，肉丸60克，葱花、姜片各少许

调料

盐、鸡粉、胡椒粉、大豆油各适量

·营养分析·

番茄富含糖、B族维生素、维生素C及胡萝卜素等营养成分，有生津止渴、健胃消食、清热解毒的功效。夏季多食用，对热性病口渴、过食油腻厚味所致的消化不良、中暑、胃热口苦等病症有较好的治疗效果。

制作指导

豆腐易被煮烂，在烹制之前可先用盐水浸泡片刻。其次，煮的时候尽量少用锅铲翻动,而是稍稍晃动锅子，出锅时再用锅铲翻动一下即成。

相宜相克

- ✓ 番茄+柚子（补充维生素C）
- ✓ 番茄+大枣（补虚健胃、益肝养血）
- ✗ 番茄+猪肝（失去原有的营养价值）

做法：

1. 将豆腐洗净，切成小方块；番茄洗净，切成块。
2. 用大豆油起锅，加入适量清水烧开，倒入准备好的肉丸。
3. 再加入切好的豆腐，加入少许盐、鸡粉、胡椒粉、姜片。
4. 煮约3分钟后，倒入切好的番茄。
5. 中火再煮1分钟至熟透。
6. 盛出，撒入葱花即成。

海带丸子汤

烹饪时间 / 3.5分钟　口味 / 鲜　功效 / 降压降糖　适合人群 / 高血压病患者

原料

海带结200克，肉丸150克，姜丝、葱花各适量

调料

盐3克，白糖2克，鸡粉、料酒、高汤、胡椒粉、食用油各适量

·营养分析·

海带富含蛋白质、维生素A、藻多糖、碘、钾、钙、钠、硒等多种营养元素，能化痰、软坚、清热、降血压、防治夜盲症、维持甲状腺正常功能，还有抑制癌症的作用，特别是能抑制乳腺癌的发生。此外，海带不含热量，对于预防肥胖症有很好的效果。

制作指导

清洗海带结时，可用手搓洗海带，以去除杂质和多余的盐分。

相宜相克

- ✓ 海带+冬瓜（清热利尿、降脂降压）
- ✓ 海带+排骨（有润泽肌肤的功效）
- ✗ 海带+洋葱（易引起便秘）
- ✗ 海带+猪血（影响人体对营养素的消化吸收）

做法：

1. 将热锅注油，倒入姜丝爆香，再倒入适量高汤。
2. 放入洗好的海带结和肉丸。
3. 加入适量盐、鸡粉、白糖、料酒拌匀，加盖，大火烧开。
4. 揭盖，捞去浮沫，煮至肉丸熟透。
5. 撒上少许葱花，加少许胡椒粉，用锅勺拌匀。
6. 盛出装入碗中即可。

黄豆牛肉汤

烹饪时间 / 63分钟　口味 / 鲜　功效 / 增强免疫　适合人群 / 一般人群

原料

牛肉200克，水发黄豆300克，油菜40克，姜片少许

调料

盐3克，鸡粉2克，料酒6毫升

营养分析

牛肉含有丰富的维生素B_6，食之可增强免疫力，促进蛋白质的代谢和合成，从而有助于紧张训练后身体的恢复。

油菜

牛肉

姜

水发黄豆

相宜相克

✓牛肉+芋头（改善食欲不振）
✓牛肉+白萝卜（补五脏、益气血）
✓牛肉+芹菜（降低血压）
✗牛肉+橄榄（易引起身体不适）
✗牛肉+田螺（易引起消化不良）

制作指导

煮牛肉时，浮在水面的泡沫应捞去，以免影响口感。

做法：

①把洗净的油菜修整齐备用。

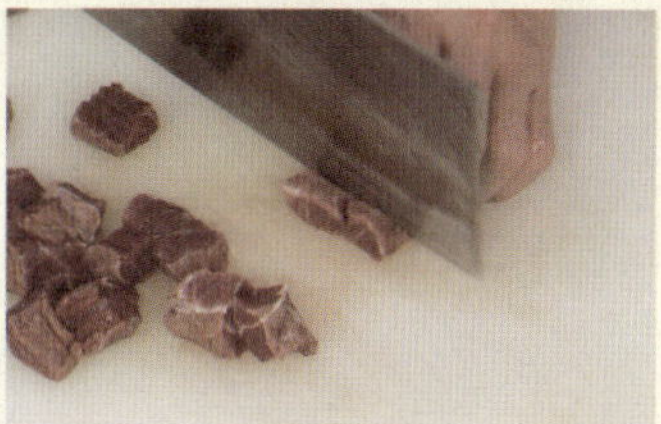
②洗好的牛肉切成条形，再改切成肉丁。

③砂煲中倒上适量清水烧开。

④放入牛肉丁，倒入洗净的黄豆，撒入姜片。

⑤再淋入少许料酒，拌匀。

⑥盖上盖子，煮沸后用慢火炖煮约60分钟至食材熟软。

⑦揭开盖，加入盐、鸡粉。

⑧再放入修剪好的油菜。

⑨用锅勺拌煮一小会儿至断生。

⑩关火后拣出煮熟的油菜，待用。

⑪将砂煲中的食材连汤汁一起盛入到汤碗中。

⑫摆放好油菜即成。

山药枸杞牛肉汤

烹饪时间 / 63分钟　口味 / 鲜　功效 / 益气补血　适合人群 / 男性

原料

山药400克，牛肉300克，姜片10克，枸杞3克

调料

盐、鸡粉、胡椒粉、料酒各适量

营养分析

牛肉具有高蛋白、低脂肪的特点，具有补中益气、滋养脾胃、强健筋骨、止渴止涎的功效，适宜中气下陷、气短体虚、筋骨酸软、贫血久病之人食用。

制作指导

煮制牛肉时，加入少许橘皮，可以去腥，还有利于加快牛肉熟烂。

相宜相克

- ✓ 牛肉+土豆（保护胃黏膜）
- ✓ 牛肉+洋葱（补脾健胃）
- ✗ 牛肉+白酒（易导致上火）
- ✗ 牛肉+鲇鱼（易引起中毒）

做法：

1. 将去皮洗净的山药切块；洗净的牛肉切块。
2. 把牛肉倒入沸水锅中，汆去血水，捞出。
3. 锅中另加适量清水，倒入牛肉、山药，放入姜片、枸杞。
4. 大火煮沸，淋入料酒拌匀。
5. 将牛肉和山药转至砂煲中，将砂煲置于旺火上，加盖，慢火炖1小时。
6. 揭盖，捞去浮沫，再炖煮片刻。
7. 加入盐、鸡粉、胡椒粉，煮片刻盛入碗中即成。

无花果牛肉汤

烹饪时间 / 42分钟　口味 / 鲜　功效 / 降压降糖　适合人群 / 糖尿病患者

原料

无花果20克，牛肉100克，姜片、枸杞、葱花各少许

调料

盐2克，鸡粉2克

·营养分析·

牛肉含有蛋白质、氨基酸以及锌、硒等微量元素，有补中益气、滋养脾胃、强健筋骨、化痰息风、止渴止涎之功效，可预防高血压和冠心病。牛肉的脂肪和胆固醇含量较少，适合糖尿病患者食用。

制作指导

煮牛肉时可以加入少许陈皮，不仅能加速牛肉熟烂，口感也更好。

相宜相克

- ✓ 牛肉+土豆（保护胃黏膜）
- ✓ 牛肉+洋葱（补脾健胃）
- ✗ 牛肉+白酒（易导致上火）
- ✗ 牛肉+红糖（易引起腹胀）

做法：

1. 将洗净的牛肉切条，改切成丁，装入碟中，待用。
2. 汤锅中注入适量清水，用大火烧开，倒入牛肉，搅匀，煮沸。
3. 用勺捞去锅中的浮沫，放入洗好的无花果，放入姜片，拌匀。
4. 盖上盖，用小火煮40分钟，至食材熟透。
5. 揭盖，放入适量盐、鸡粉用勺搅匀调味。
6. 把煮好的汤料盛出，装入碗中，撒上葱花即可。

家常牛肉汤

烹饪时间 / 47分钟　口味 / 鲜　功效 / 保肝护肾　适合人群 / 男性

原料

牛肉200克，土豆150克，西红柿100克，姜片、枸杞、葱花各少许

调料

盐、鸡粉各2克，胡椒粉、料酒各适量

·营养分析·

土豆含有大量的淀粉，可提供丰富的营养能源。土豆还富含B族维生素、优质纤维素、微量元素、氨基酸、蛋白质、脂肪等营养元素，具有降糖降脂、减肥、美容、抗衰老、活血消肿、益气强身等功效。

西红柿

枸杞

土豆

牛肉

葱

姜

相宜相克

✅西红柿+芹菜（降血压、健胃消食）
✅西红柿+蜂蜜（补血养颜）
✅西红柿+山楂（降低血压）

❎西红柿+猕猴桃（降低营养价值）
❎西红柿+虾（对身体不利）

制作指导

西红柿的皮可以去掉，这样熬出来的汤汁色泽更佳，食用时也更方便。

做法:

①把洗净的牛肉切成牛肉丁。

②去皮洗净的土豆切开，切成大块。

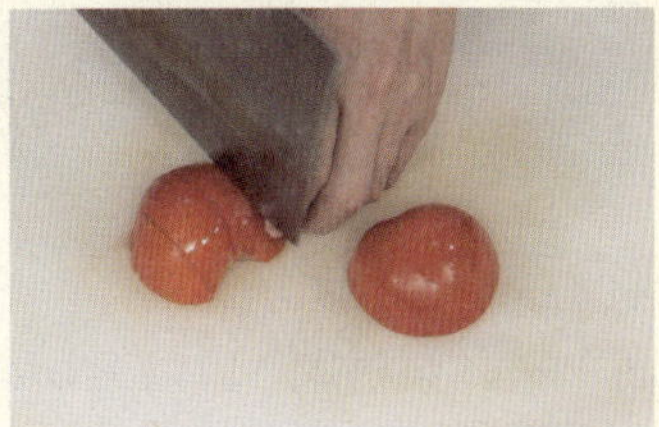

③洗好的西红柿切开，切去蒂，再切成块。

④砂煲中注水用大火煮沸，放入姜片、洗净的枸杞。

⑤倒入牛肉丁，淋入少许料酒，拌匀。

⑥用大火煮沸，掠去浮沫。

⑦盖上盖，用小火煲煮约30分钟至牛肉熟软。

⑧揭盖，倒入切好的土豆、西红柿。

⑨再盖上盖，煮约15分钟至食材熟透。

⑩揭开盖，加入盐、鸡粉、胡椒粉。

⑪拌煮均匀至入味。

⑫将煮好的牛肉汤盛放在汤碗中即成。

萝卜枸杞牛心汤

烹饪时间 / 31分钟　口味 / 鲜　功效 / 增强免疫　适合人群 / 女性

原料

白萝卜300克，牛心250克，姜片15克，枸杞5克

调料

盐2克，鸡粉3克，料酒5毫升，胡椒粉1克，食用油适量

营养分析

枸杞含有多种维生素及钙、铁等营养成分，有促进和增强免疫力的功能。

制作指导

烹饪此菜时，宜选用皮细嫩光滑，用手指轻弹声音沉重、结实的白萝卜。

相宜相克

- ✓ 白萝卜+紫菜（清肺热、防治咳嗽）
- ✓ 白萝卜+牛肉（补五脏、益气血）
- ✗ 白萝卜+人参（功效相悖）
- ✗ 白萝卜+黑木耳（易引发皮炎）

做法：

1. 去皮洗净的白萝卜切块；洗好的牛心切片。
2. 锅中注水烧开，再倒入牛心搅散。
3. 煮约1分30秒，去除血水捞出，沥干水分，备用。
4. 锅中注水烧开，倒入白萝卜、牛心、姜片、食用油、枸杞，略搅拌。
5. 淋入料酒，盖上锅盖，用大火烧开后转小火煮30分钟至食材熟软。
6. 揭开锅盖，放入盐、鸡粉、胡椒粉拌匀调味。
7. 盛出装入汤碗中即可。

黄芪牛肉汤

烹饪时间 / 62分钟　口味 / 鲜　功效 / 益气补血　适合人群 / 女性

原料

牛肉150克，黄芪5克，枸杞2克，姜片5克

调料

料酒、盐、味精、鸡粉各适量

·营养分析·

牛肉是高蛋白、低脂肪的食品，其富含多种氨基酸和矿物质，具有消化、吸收率高的特点。它所含的锌是一种有助于合成蛋白质、促进肌肉生长的抗氧化剂，对抗衰老、防癌具有积极的作用。

制作指导

蒸牛肉时，中途可用筷子试试牛肉的软硬，再酌情适当延长蒸制的时间。

相宜相克

- ✓ 牛肉+南瓜（排毒止痛）
- ✓ 牛肉+芋头（改善食欲不振、防治便秘）
- ✗ 牛肉+白酒（易导致上火）
- ✗ 牛肉+田螺（易引起消化不良）

做法：

1. 将洗净的牛肉切成方块。
2. 锅中加适量清水，放入牛肉块，汆煮至断生捞出。
3. 锅中注入适量清水，加料酒、盐、味精、鸡粉拌匀。
4. 再倒入汆过水的牛肉块、黄芪、姜片，大火煮沸。
5. 把锅中汤料倒入汤盅里，放入枸杞，汤盅放入烧开的蒸锅中。
6. 盖上盖子，用小火蒸1小时。
7. 揭盖，把蒸好的汤料取出即可。

藕片牛腩汤

烹饪时间 / 52分钟　口味 / 鲜　功效 / 开胃消食　适合人群 / 孕产妇

原料

莲藕300克，牛腩200克，红枣10克，姜片、葱花各少许

调料

盐2克，鸡粉2克，料酒8毫升

·营养分析·

莲藕含有淀粉、蛋白质、粗纤维、糖、钙、磷、铁、维生素C及氧化酶等成分，具有消瘀清热、除烦解渴、止血健胃、益血补心的功效。

相宜相克

✅ 莲藕+猪肉（滋阴血、健脾胃）

✅ 莲藕+生姜（止呕）

✅ 莲藕+大米（健脾、开胃）

❌ 莲藕+菊花（易导致腹泻）

❌ 莲藕+人参（属性相反，不能起到补益的作用）

制作指导

莲藕切好后要放入清水中浸泡，以免氧化变黑，影响成品外观。

做法:

①锅中注水，放入洗净的牛腩，加入4毫升料酒。

②盖上盖，用大火烧开后，转中火煮5分钟至断生。

③揭盖，撇去锅中浮沫，捞出牛肉，凉凉。

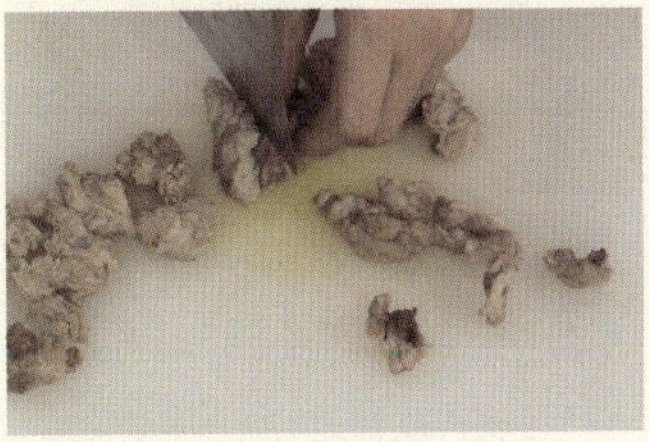

④将放凉的牛腩切成小块。

⑤把去皮洗净的莲藕切成片。

⑥砂锅中注入适量清水烧开，倒入牛腩，放入少许姜片。

⑦加入适量料酒，放入洗净的红枣。

⑧盖上盖，用慢火炖30分钟。

⑨揭盖，放入藕片，搅拌匀。

⑩盖上盖，烧开后用小火炖20分钟。

⑪揭盖，加入适量盐、鸡粉，用锅勺拌匀调味。

⑫将汤料盛出，装入汤碗中，再撒上葱花即可。

浓汤香菇煨牛丸

烹饪时间 / 3分钟　口味 / 鲜　功效 / 增强免疫　适合人群 / 一般人群

原料

牛肉丸350克，香菜15克，鲜香菇、口蘑、姜片各少许，浓汤适量

调料

盐3克，味精、鸡粉、料酒、食用油各适量

营养分析

牛肉丸含有丰富的蛋白质、碳水化合物、脂肪等营养物质，有补中益气、滋养脾胃、强健筋骨等功效，食之能提高身体抗病能力，气短体虚、筋骨酸软、病后调养的人尤其适合食用。

制作指导

牛丸入锅滑油时，油温不能太高，以免把牛丸炸的太老，失去了韧性。

相宜相克

- ✓ 香菇+牛肉（补气养血）
- ✓ 香菇+猪肉（促进消化）
- ✗ 香菇+鹌鹑（同食面生黑斑）
- ✗ 香菇+螃蟹（可能引起结石）

做法：

1. 口蘑、香菇洗净切成小块；香菜洗净切段。
2. 牛肉丸洗净并切上十字花刀。
3. 锅中加油烧热，入牛肉丸滑油片刻，捞出备用。
4. 锅留底油，放姜片、料酒，倒入浓汤，煮沸后入牛肉丸。
5. 大火烧开，入香菇和口蘑。
6. 加盐、味精、鸡粉拌匀，煮熟，撒上香菜即成。

萝卜牛肉丸汤

烹饪时间 / 6分钟　口味 / 鲜　功效 / 开胃消食　适合人群 / 老年人

原料

白萝卜150克，牛肉丸100克，姜片、葱花各少许

调料

盐3克，鸡粉2克，味精少许，料酒、食用油各适量

·营养分析·

牛肉丸营养价值很高，富含蛋白质、脂肪、B族维生素及钙、磷、铁等营养成分，有补中益气、滋养脾胃、强健筋骨等功效。常食牛肉丸能提高身体抗病能力，手术后、病后调养的人特别适宜食用。

制作指导

白萝卜片不可煮太久，以免影响其爽脆口感。

相宜相克

- ✓ 白萝卜+紫菜（清肺热、防治咳嗽）
- ✓ 白萝卜+牛肉（补五脏、益气血）
- ✗ 白萝卜+橘子（易诱发甲状腺肿大）
- ✗ 白萝卜+黄瓜（破坏维生素C）

做法：

1. 把洗净的牛肉丸切上花刀；洗净的白萝卜切成片。
2. 用油起锅加姜片炒香，淋入料酒，加适量清水大火烧开。
3. 倒入切好的白萝卜，盖上盖，略煮一会儿。
4. 揭盖，放入牛丸，盖上盖，转中火煮至材料熟透。
5. 再加入盐、味精、鸡粉调味，拌匀至入味。
6. 将汤盛入碗中，撒上葱花即可。

芹菜牛肉丸汤

烹饪时间 / 7分钟　口味 / 清淡　功效 / 降压降糖　适合人群 / 高血压病患者

原料

牛肉丸200克，芹菜50克，高汤800毫升

牛肉丸

芹菜

调料

盐4克，味精1克，胡椒粉、食用油各适量

·营养分析·

芹菜含铁量较高，是缺铁性贫血患者的食疗佳蔬，也是辅助治疗高血压及其并发症的首选之品，对于血管硬化、神经衰弱亦有食疗作用。此外，芹菜的叶、茎含有挥发性物质，别具芳香气味，能增强人的食欲。

制作指导

芹菜叶的胡萝卜素和维生素C含量比芹菜茎高，因此烹饪时不要把能吃的嫩叶扔掉。

相宜相克

✓ 芹菜+牛肉（增强免疫力）

✓ 芹菜+羊肉（强身健体）

✗ 芹菜+南瓜（易引起腹胀、腹泻）

做法:

1. 将洗净的芹菜切成粒。
2. 洗净的牛肉丸切网格花刀。
3. 锅中倒入高汤烧开，加入盐、味精、胡椒粉、食用油。
4. 把牛肉丸倒入锅中，大火煮约5分钟。
5. 倒入芹菜粒，拌匀，煮片刻。
6. 把煮好的汤盛出，装入汤盆即可。

新化三合汤

烹饪时间 / 5.5分钟　口味 / 辣　功效 / 益气补血　适合人群 / 男性

原料

牛肉、熟牛肚各150克，牛血200克，蒜片、姜片各15克，葱花10克，辣椒面、新化山胡椒油各适量

调料

盐3克，味精2克，葱姜酒汁、水淀粉、白醋、食用油各适量

·营养分析·

牛肉具有高蛋白、低脂肪的特点，可补中益气、滋养脾胃、强健筋骨、化痰息风、止渴止涎，适合气短体虚、筋骨酸软、贫血久病及面黄目眩之人食用。多食牛肉，还能促进肌肉生长、强壮身体。

制作指导

牛肉不易熟烂，烹饪时放少许山楂、橘皮或茶叶有利于熟烂。

相宜相克

- ✓ 牛肉+土豆（保护胃黏膜）
- ✓ 牛肉+洋葱（补脾健胃）
- ✗ 牛肉+白酒（易导致上火）
- ✗ 牛肉+红糖（易引起腹胀）

做法：

1. 将洗净的牛肉切片，装入碗中；把洗净的熟牛肚切成片；洗净的牛血切条。
2. 牛肉加葱姜酒汁、味精、盐、水淀粉，拌匀，腌渍10分钟。
3. 锅中注油，倒入姜片和蒜片爆香，倒入辣椒面、牛肉拌炒匀。
4. 加入适量清水、盐和味精烧开。
5. 倒入牛肚、牛血煮熟。
6. 再加入白醋、新化山胡椒油拌匀，撒入葱花点缀，盛出即可。

萝卜牛杂汤

烹饪时间 / 17分钟　口味 / 清淡　功效 / 增强免疫　适合人群 / 一般人群

原料

熟牛杂300克，白萝卜200克，姜片、葱花各少许

调料

盐、鸡粉、胡椒粉各少许，食用油30毫升

·营养分析·

白萝卜含有的辣味成分可抑制细胞的异常分裂，有防癌抗癌、杀菌、抑制血小板凝集等作用。此外，白萝卜中还含有大量的膳食纤维和丰富的淀粉分解酶等消化酶，能有效地促进食物的消化和吸收。

制作指导

制作此汤时，清水要一次性加足，若再次加水会破坏白萝卜的蛋白质结构，降低汤的营养价值。

相宜相克

- ✓ 白萝卜+紫菜（清肺热、防治咳嗽）
- ✓ 白萝卜+牛肉（补五脏、益气血）
- ✗ 白萝卜+黄瓜（破坏维生素C）
- ✗ 白萝卜+黑木耳（易引发皮炎）

做法：

1. 将熟牛杂切成片；去皮洗净的白萝卜切成菱形的薄片。
2. 起油锅，倒入姜片爆香，注入适量清水，加盖煮沸。
3. 揭开锅盖，倒入切好的白萝卜、牛杂，加适量盐、鸡粉调味。
4. 盖上盖，用慢火焖煮约15分钟。
5. 揭盖子，捞出汤中的浮沫，撒上胡椒粉拌匀。
6. 盛入砂煲中，撒上葱花即成。

山药羊骨汤

烹饪时间 / 43分钟　口味 / 鲜　功效 / 保肝护肾　适合人群 / 男性

原料

马蹄100克，山药150克，胡萝卜50克，生姜10克，羊骨750克，枸杞少许

调料

盐、鸡粉、味精、胡椒粉各适量

·营养分析·

山药是一种高营养、低热量的食品，富含大量的淀粉、蛋白质、B族维生素、黏液蛋白、氨基酸和矿物质。常食山药还有增强人体免疫力，益心安神、止咳定喘、延缓衰老、保肝护肾等保健作用。

制作指导

新鲜山药切开时会有黏液，极易滑刀伤手，可以先用清水加少许醋洗一遍，这样可减少黏液。

相宜相克

- ✓ 山药+红枣（补血养颜）
- ✓ 山药+扁豆（增强免疫力）
- ✗ 山药+海鲜（增加肠内毒素的吸收）

做法：

1. 将洗好的胡萝卜切块；生姜切片；去皮洗好的山药切块。
2. 锅中倒入适量清水，倒入羊骨加盖，焖煮约5分钟至断生，捞出羊骨。
3. 另起锅加清水烧开，倒入胡萝卜、山药、生姜、羊骨、马蹄。
4. 煮沸后，盛入烧热的砂煲中。
5. 倒入备好的枸杞加盖，慢火炖40分钟至熟透。
6. 揭盖，加盐、鸡粉、味精、胡椒粉，取下砂煲即成。

龟羊汤

烹饪时间 / **125分钟**　口味 / **鲜**　功效 / **益气补血**　适合人群 / **男性**

原料

乌龟450克，羊肉400克，葱段15克，冰糖、枸杞、当归、党参各少许

调料

盐4克，味精、料酒、食用油各适量

营养分析

羊肉历来被当作冬季进补的重要食品之一，古代医学认为“人参补气，羊肉则善补形”。寒冬季节常吃羊肉，可促进血液循环，增强身体御寒能力。

相宜相克

✅ 乌龟+羊肉（增强免疫力）

✅ 乌龟+牛肉（增强免疫力）

❎ 乌龟+葡萄（降低营养价值）

❎ 乌龟+猪肉（易对身体不利）

制作指导

煮羊肉时，加入少许姜片，可去除腥味。

做法:

①锅中注水烧开，放入洗净的乌龟，烫煮片刻。

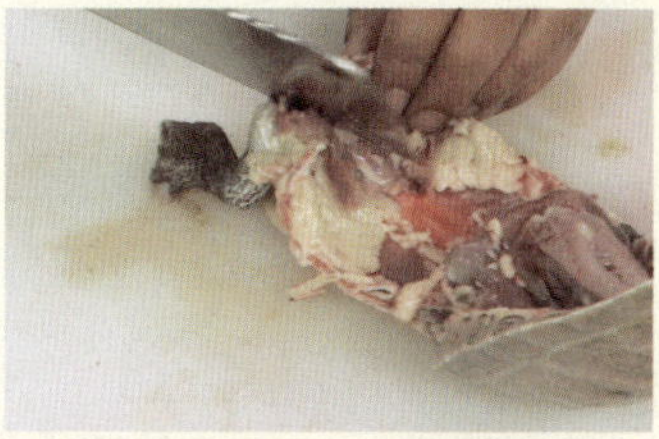

②捞出乌龟，刮去表面黑膜，去除脚爪、内脏，洗净。

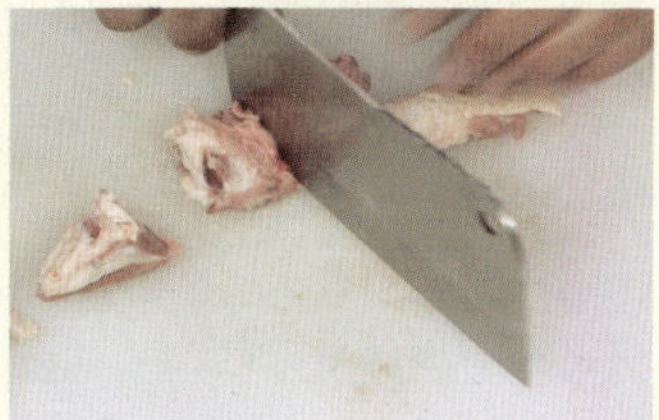

③洗净的羊肉斩块。

④羊肉、龟肉随冷水下锅，煮开后捞出装碗。

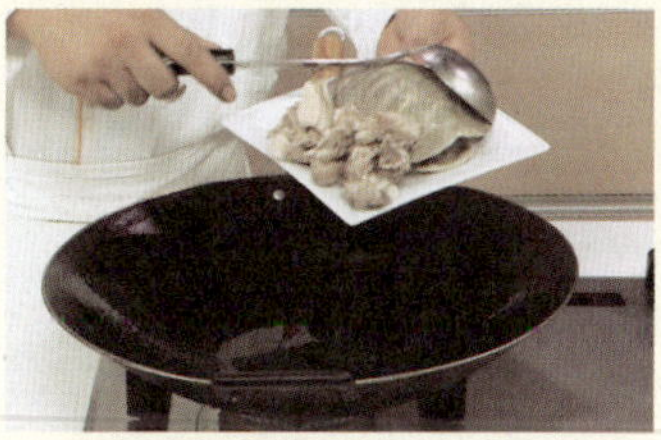

⑤炒锅注油烧热，倒入龟肉、羊肉，煸炒香。

⑥淋入少许料酒，拌炒匀。

⑦加入当归、党参、葱白、冰糖，倒入适量清水。

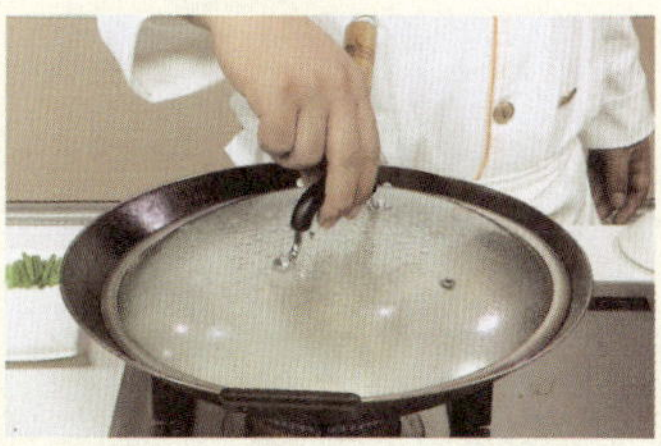

⑧加盖，大火烧开。

⑨将锅中材料转至砂煲，加盖，小火炖2小时。

⑩揭盖，放入洗好的枸杞，捞出砂煲中的浮沫。

⑪加入盐、味精，拌匀调味。

⑫撒入葱叶即可。

浓汤羊肉锅

烹饪时间 / 8分钟　口味 / 清淡　功效 / 美容养颜　适合人群 / 女性

原料

羊肉350克，大白菜150克，白萝卜、彩椒、姜片各适量，浓汤1000毫升

调料

盐、味精、鸡粉、白糖、料酒、水淀粉、食用油各适量

营养分析

常食大白菜能润肠、促进排毒，还能增强皮肤抗损伤能力，有养颜作用。

制作指导

可先将白菜入开水中焯烫一下，这样不仅缩短了蔬菜加热的时间，而且也使氧化酶无法起到作用，完好地保存维生素C。

相宜相克

- ✓ 白菜+猪肝（保肝护肾）
- ✓ 白菜+鲤鱼（改善妊娠水肿）
- ✗ 白菜+黄瓜（降低营养价值）
- ✗ 白菜+羊肝（破坏维生素C）

做法：

1. 将洗净的羊肉、大白菜、白萝卜、彩椒切片。
2. 羊肉加料酒、鸡粉、盐、味精抓匀，再加水淀粉抓匀腌渍10分钟。
3. 炒锅热油，倒入姜片、白菜、白萝卜、水炒匀。
4. 倒入浓汤煮沸，加盐、味精、鸡粉、白糖、彩椒拌匀。
5. 倒入羊肉，用大火再煮3分钟至羊肉完全熟透即可。

羊腩炖白萝卜

烹饪时间 / **125分钟**　口味 / **清淡**　功效 / **防癌抗癌**　适合人群 / **一般人群**

原料

白萝卜300克，羊腩块200克，香菜、姜片各少许

调料

盐、鸡精、胡椒粉、料酒各适量

·营养分析·

白萝卜热量少，纤维素多，食用后易产生饱胀感，因而有助于减肥。此外，白萝卜还含有大量的维生素A和维生素C，是构成细胞间质的必需物质，具有抑制癌细胞生长的作用。

制作指导

砂煲的盖要盖严实，不仅能减少烹饪时间，还可增加菜的香味。

相宜相克

- ✓ 白萝卜+豆腐（促进营养物质的吸收）
- ✓ 白萝卜+牛肉（补五脏、益气血）
- ✗ 白萝卜+黄瓜（破坏维生素C）
- ✗ 白萝卜+黑木耳（易引发皮炎）

做法:

1. 把洗净的白萝卜切薄片。
2. 锅中注水烧热，放入羊腩块，汆煮片刻，捞出沥干后备用。
3. 另起锅，注入适量清水烧开，放入姜片，倒入白萝卜。
4. 再倒入羊腩，淋入少许料酒拌匀，盖上锅盖烧开。
5. 将锅中的材料移至砂煲，盖上盖，用小火煲2小时。
6. 揭开盖，加入盐、鸡精拌至入味，放入洗净的香菜，撒上胡椒粉即成。

单县羊肉汤

烹饪时间 / 77分钟　口味 / 鲜　功效 / 益气补血　适合人群 / 一般人群

原料

羊肉、羊骨各200克，香料水100毫升，草果、桂皮、白芷、良姜、干姜、丁桂粉各适量，姜片20克，蒜苗末10克，葱末10克，香菜末10克，大葱段少许

调料

盐4克，味精、料酒、鸡粉、食用油各适量

营养分析

羊肉含有丰富的蛋白质、脂肪及维生素B_1、维生素B_2、钙、磷、铁、钾、碘等营养物质。羊肉为益气补虚、温中暖下之品，对虚劳羸瘦、腰膝酸软、产后虚寒腹痛等皆有较显著的温中补虚的功效。

制作指导

此汤所使用的香料水，选用豆蔻、砂仁、香叶、八角、花椒为原料，放入沸水锅中，加盖慢火熬煮1个小时而成。另外，羊肉中有很多膜，切之前应将其剔除，否则炒熟后肉膜很硬，吃起来口感较差。

相宜相克

- ✓ 羊肉+生姜（辅助治疗腹痛）
- ✓ 羊肉+香菜（增强免疫力）
- ✗ 羊肉+乳酪（易产生不良反应）
- ✗ 羊肉+南瓜（易导致胸闷腹胀）

做法：

1. 把锅注水烧热，倒入羊肉汆去血水，捞出。
2. 将羊肉、羊骨放入原锅中，加入草果、桂皮、白芷、良姜、干姜、姜片、大葱段、料酒，略煮，去浮沫。
3. 加盖，大火烧开后改小火煮共70分钟，揭盖，捞出羊肉，切成片。
4. 将香料水倒入原锅中搅匀，加盖 ，烧煮3分钟。
5. 揭盖，捞羊骨入碗垫底，倒入羊肉片、盐、味精、鸡粉、丁桂粉，拌匀。
6. 羊肉捞出装碗，将香菜末、葱末、蒜苗末倒入原锅中煮熟，盛出装碗即成。

第四章

滋补禽蛋汤

禽蛋被营养学家普遍认为是“人类最好的营养源”，这得益于禽蛋丰富的营养元素和极佳的口感，而且禽蛋的营养元素也非常容易被人体消化吸收。仅仅食用禽蛋显得比较单调乏味，若是烹制成禽蛋汤，就可以解决这一问题。禽蛋汤食材简单，主食材都是日常可见的禽蛋类，根据喜好往往可以随意搭配丰富的其他食材，烹制出健康绿色、营养美味的汤来；也可按照个人需求，做出酸、辣、甜、清淡的汤来。

西洋参土鸡汤

烹饪时间 / 130分钟　口味 / 鲜　功效 / 增强免疫　适合人群 / 一般人群

原料

土鸡肉450克，西洋参2克，红枣4克，枸杞1克，姜片2克

调料

盐3克，鸡粉2克，料酒15毫升

·营养分析·

土鸡的肉质细嫩、滋味鲜美、营养丰富，是高蛋白、低脂肪的健康食品。其所含的氨基酸的组成与人体需要的十分接近，它还含有多种维生素、钙、磷、铁等成分，也是人体生长发育所需要的重要物质。常食鸡肉有增强体力、强壮身体的作用。

枸杞

土鸡肉

西洋参

姜

红枣

相宜相克

✅鸡肉+人参（止渴生津）
✅鸡肉+柠檬（增强食欲）
✅鸡肉+冬瓜（排毒养颜）
❌鸡肉+鲤鱼（引起中毒）
❌鸡肉+芥菜（影响身体健康）
❌鸡肉+李子（引起痢疾）

制作指导

土鸡是高蛋白、低脂肪的健康食品。它还含有多种维生素、钙、磷、铁等成分，也是人体生长发育所需要的重要物质。

做法:

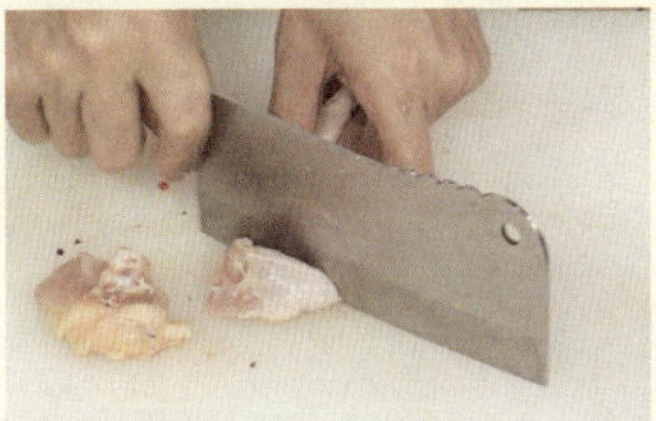

①将洗净的土鸡肉斩成块，装入盘中。

②锅中注水，倒入鸡块煮沸，汆去血水，捞出。

③将汆煮过的鸡块放入清水中洗净。

④把鸡块放入内锅。

⑤另起锅，倒入适量清水，大火烧开，加入料酒、鸡粉、盐。

⑥放入洗好的西洋参、红枣、枸杞，煮沸。

⑦把煮好的汤料盛入内锅。

⑧放入备好的姜片。

⑨盖上陶瓷盖。

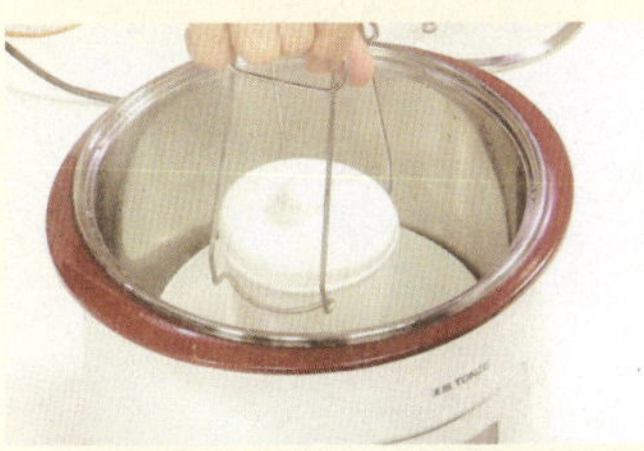

⑩然后将内锅放入已加清水的天际隔水炖盅内，盖上锅盖。

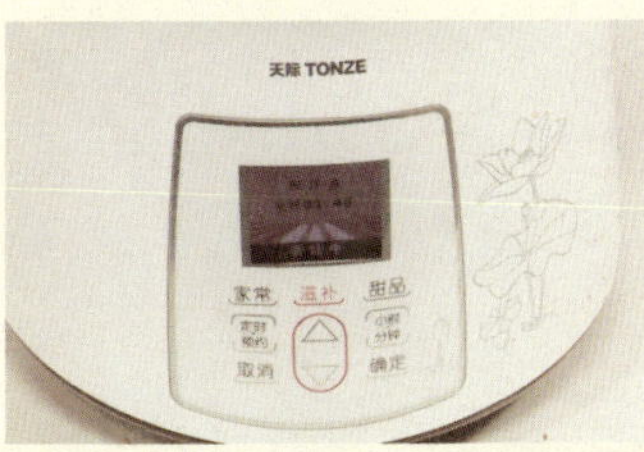

⑪选择炖盅“滋补”功能中的“西洋参”模式，炖约2小时。

⑫揭盖，取出炖好的鸡汤即成。

人参滋补汤

烹饪时间 / 65分钟　口味 / 鲜　功效 / 益气补血　适合人群 / 女性

原料

鸡300克，猪瘦肉35克，人参、党参、北芪、龙眼、枸杞、红枣、姜片各适量

调料

高汤、盐、鸡粉各适量

·营养分析·

鸡肉含有丰富的蛋白质，而且易消化，很容易被人体吸收利用。鸡肉含有对人体生长发育有重要作用的磷脂类、矿物质及多种维生素，对营养不良、畏寒怕冷、贫血等病症有较好的食疗作用。

制作指导

药材含有少量的杂质，使用前要用清水清洗干净。

相宜相克

- ✓ 人参+山药（降低胆固醇）
- ✓ 人参+鸡肉（益气填精、养血调经）
- ✗ 人参+葡萄（导致腹泻）
- ✗ 人参+白萝卜（作用相反，不宜同用）

做法:

1. 鸡洗净斩块；锅注水倒入鸡块、瘦肉，汆煮约5分钟至断生。
2. 用漏勺将鸡肉和瘦肉捞出，沥干水分，装盘备用。
3. 将煮好的鸡块、瘦肉放入炖盅，再加入洗净的药材和姜片。
4. 锅中倒入高汤煮沸，加盐、鸡粉调味。
5. 将高汤舀入炖盅，加上盖，炖锅中加入适量清水，将炖盅放入。
6. 加盖炖1小时，汤炖成，取出即成。

清汤越鸡

烹饪时间 / 70分钟　口味 / 鲜　功效 / 增强免疫　适合人群 / 一般人群

原料

光鸡1只，油菜50克，笋20克，火腿20克，生姜片15克，水发香菇少许

调料

盐、黄酒各适量

营养分析

鸡肉富含蛋白质，也是磷、铁、铜与锌的良好来源，有温中益气、补虚填精、健脾胃、活血脉、强筋骨的功效。

制作指导

炖汤前，先将光鸡放入锅中汆烫片刻，这样既可以去掉腥味，也能将光鸡清洁干净，使成汤清亮不混浊，鲜香无异味。

相宜相克

- ✓ 鸡肉+人参（止渴生）
- ✓ 鸡肉+柠檬（增强食欲）
- ✗ 鸡肉+芹菜（易伤元气）
- ✗ 鸡肉+大蒜（引起消化不良）

做法：

1. 鸡腚切去，脚斩断；笋洗净切片；火腿切片。
2. 把鸡放入热水中汆至断生，捞出洗净。
3. 鸡装入砂煲，加足量清水置于旺火上，放入生姜片，淋入适量黄酒。
4. 加盖大火煲开，揭盖，放入火腿、笋、香菇，加入适量盐。
5. 转入蒸锅，用小火隔水炖1小时，另起新锅，倒入少许清水。
6. 加盐、食用油烧开，倒入油菜焯熟捞出，把油菜放入砂煲内即成。

虫草花鸡汤

烹饪时间 / 70分钟　口味 / 鲜　功效 / 增强免疫力　适合人群 / 男性

原料

鸡肉400克，虫草花30克，姜片少许，高汤适量

调料

盐、料酒、鸡粉、味精各适量

·营养分析·

鸡肉性温、味甘，含有蛋白质、脂肪、硫胺素、核黄素、烟酸、维生素A、维生素C、钙、磷、铁等多种成分。另外，鸡肉还含有对人体生长发育有重要作用的磷脂类，是我国人体膳食结构中脂肪和磷脂的重要来源之一。

虫草花

鸡肉

姜

高汤

相宜相克

✅ 鸡肉+枸杞（补五脏、益气血）

✅ 鸡肉+柠檬（增强食欲）

✅ 鸡肉+金针菇（增强记忆力）

❎ 鸡肉+鲤鱼（易引起身体不适）

制作指导

高汤调味时，加入少许啤酒，不仅会使鸡肉的色泽更好，还会增加鸡肉的鲜味。

做法:

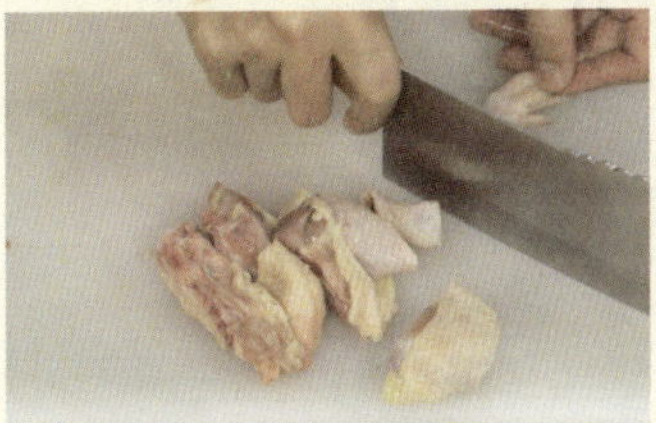

①将洗净的鸡肉斩块。

②锅中注入适量清水，放入鸡块汆煮。

③煮开后撇去浮沫，捞出鸡块，过凉水后装入盘中。

④另起锅，倒入适量高汤，淋入少许料酒。

⑤再加入鸡粉、盐、味精，搅匀调味并烧开。

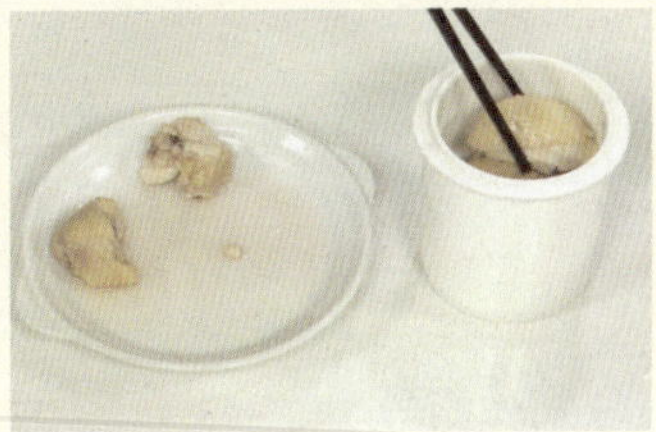

⑥将鸡块放入炖盅内。

⑦再放入姜片、洗好的虫草花。

⑧将调好味的高汤倒入盅内，然后盖上盖子。

⑨炖锅加适量清水，放入炖盅，通电。

⑩加盖炖1小时。

⑪揭盖，取出炖盅。

⑫稍放凉即可食用。

板栗土鸡汤

烹饪时间 / 65分钟　口味 / 鲜　功效 / 益气补血　适合人群 / 女性

原料

土鸡300克，板栗肉80克，胡萝卜、姜片、葱段各少许

调料

盐、白糖、料酒、胡椒粉各适量

营养分析

鸡肉含有对人体生长发育有重要作用的磷脂类、矿物质及多种维生素，有增强体力、强壮身体的作用，对营养不良、畏寒怕冷、贫血等病症有良好的食疗作用。

制作指导

炖鸡汤时，放调味品的顺序是有讲究的，盐不宜过早放入，若太早放入盐，就会使鸡肉中的蛋白质凝固，使鸡肉明显收缩变紧，影响营养向汤内溶解，且煮熟后的鸡肉肉质较硬，口感粗糙。板栗土鸡汤本身味道鲜甜，只需加少许的盐调味即可。

相宜相克

- ✓ 板栗鸡肉（补肾虚、益脾胃）
- ✓ 板栗+白菜（健脑益肾）
- ✗ 板栗+杏仁（引起胃部不适）

做法：

1. 将洗净的土鸡处理好，斩成块；胡萝卜去皮洗净，切片。
2. 锅中注水烧热，倒入处理好的鸡块。汆煮约3分钟至鸡块断生，捞出备用。
3. 锅中倒入适量的清水，加入断生的鸡块，下入姜片。
4. 再倒入板栗肉，把汤汁烧开，小火炖约1小时。
5. 在锅中加入盐、白糖，淋入少量料酒，倒入切好的胡萝卜片。
6. 撒上适量胡椒粉，放入葱段拌匀即可。

平菇木耳鸡丝汤

烹饪时间 / 4.5分钟　口味 / 鲜　功效 / 增强免疫　适合人群 / 儿童

原料

鸡胸肉150克，平菇100克，水发木耳35克，姜丝、葱花各少许

调料

盐4克，鸡粉4克，胡椒粉3克，料酒4毫升，水淀粉、食用油各少许

·营养分析·

平菇含有多种维生素及矿物质，具有改善人体新陈代谢、增强体质、调节自主神经功能等作用，可作为体弱病人的营养品，对降低血胆固醇和防治尿道结石也有一定效果，同时对妇女更年期综合征具有调理的作用。

制作指导

平菇口感好、营养高，但鲜品出水较多，易被炒老，因此须掌握好火候。

相宜相克

- ✓ 平菇+韭黄（提高免疫力）
- ✓ 平菇+青豆（强健身体）
- ✗ 平菇+鹌鹑（易引发痔疮）

做法：

1. 洗净的平菇切成小片；洗净的木耳切成小块；洗净的鸡胸肉切成肉丝。
2. 将鸡肉丝放入碗中，加入盐、鸡粉、水淀粉拌匀。
3. 再注入少许食用油，腌渍10分钟。
4. 用油起锅，放入姜丝、平菇、木耳翻炒匀，淋入少许料酒炒匀。
5. 倒入适量清水，加入少许盐、鸡粉、胡椒粉。
6. 用大火煮约2分钟，倒入腌渍好的鸡肉丝拌煮至熟，撒上葱花即成。

霸王别姬

烹饪时间 / 126分钟　口味 / 鲜　功效 / 益气补血　适合人群 / 女性

原料

甲鱼1只，仔鸡1只，鸡胸肉120克，菜心150克，葱15克，生姜20克，竹笋、水发香菇、火腿各少许，鸡汤适量

调料

盐、白糖、味精、料酒、水淀粉各适量

营养分析

甲鱼具有滋阴清热、补虚养肾、补血补肝等功效，适宜体质衰弱、肝肾阴虚以及营养不良之人食用。

相宜相克

✓ 甲鱼+大米（缓解阴虚痨热）

✓ 甲鱼+山药（补脾胃、滋肝肾）

✗ 甲鱼+咸菜（不利消化）

✗ 甲鱼+芥菜（易生恶疮）

制作指导

甲鱼肉有腥味，只加入葱、姜、料酒等调料除腥效果不明显，可将甲鱼胆囊捡出，取出胆汁，并加入少许清水，再涂抹于甲鱼全身，稍待片刻，用清水漂洗干净，即可除掉甲鱼肉的腥味。

做法:

①生姜切菱形片；竹笋切段；水发香菇切片；金华火腿切片。

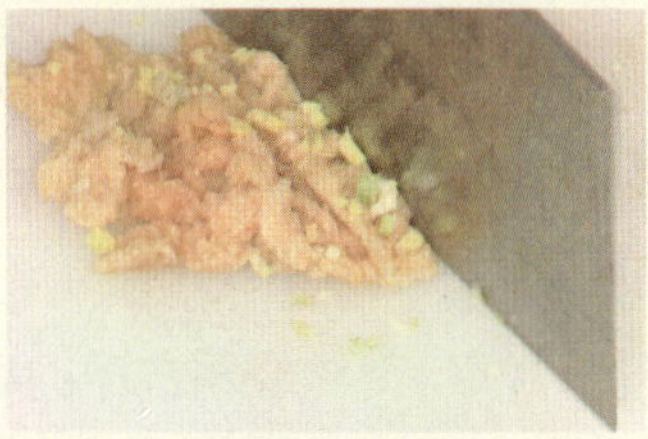

②洗净的鸡胸肉切片，加入适量生姜和少许葱白，剁碎。

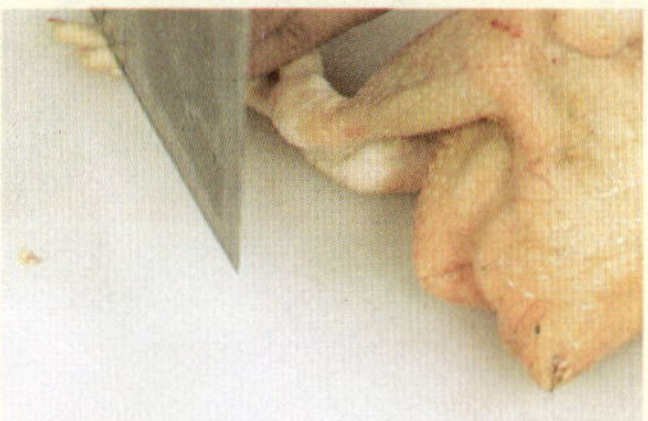

③洗净的菜心切开菜梗；处理干净的仔鸡的爪尖、鸡腚切去。

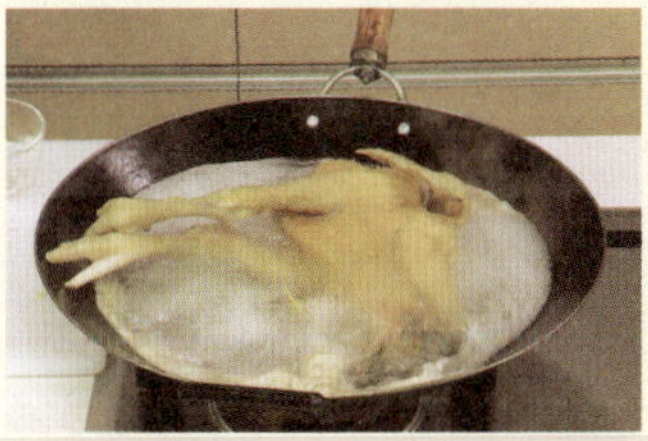

④锅中注水，放入仔鸡，汆煮15分钟至断生，捞出装碗备用。

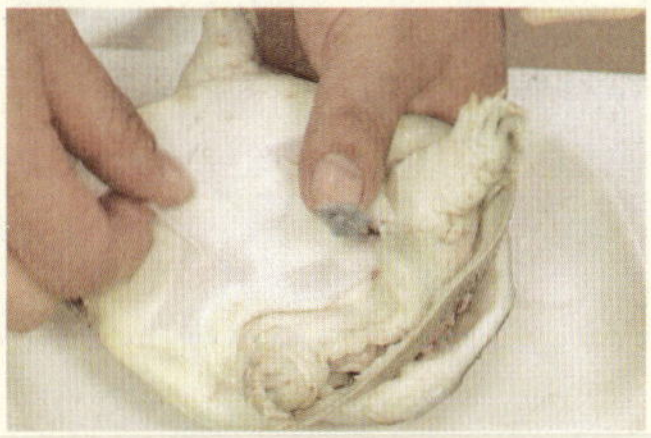

⑤放入宰杀好的甲鱼，汆去血水后捞出，去掉腹部皮膜。

⑥鸡肉装碗，加盐、味精、白糖、料酒、水淀粉腌渍入味。

⑦将腌渍好的鸡肉末做成鸡肉丸备用。

⑧倒入鸡汤，放入姜片、竹笋、香菇、火腿、葱条、鸡肉丸。

⑨加盖，煮2分钟至汤汁沸腾后揭盖，加入适量盐、料酒调味。

⑩将仔鸡、甲鱼放入汤煲，倒入锅中的材料及汤汁。

⑪将汤煲放入蒸锅，盖上锅盖，加盖，用小火炖煮2小时。

⑫揭盖，取出汤煲，放入焯烫好的菜心即成。

鸡丝榨菜汤

烹饪时间 / 2分钟　口味 / 鲜　功效 / 益气补血　适合人群 / 女性

原料

鸡胸肉100克，榨菜120克，油菜90克

调料

盐2克，鸡粉3克，水淀粉、食用油各适量

·营养分析·

鸡胸肉含有较多的B族维生素，具有缓解疲劳、保护皮肤的作用。它富含的铁质可改善缺铁性贫血。鸡肉还含有丰富的骨胶原蛋白，具有强化血管、肌肉、肌腱的功能。

制作指导

榨菜本身含有较多盐分，所以煮制此汤时应少放些盐。

相宜相克

- ✓ 鸡肉+柠檬（增强食欲）
- ✓ 鸡肉+人参（止渴生津）
- ✗ 鸡肉+鲤鱼（易引起中毒）
- ✗ 鸡肉+李子（易引起痢疾）

做法：

1. 将洗净的榨菜切成丝；洗好的鸡胸肉切成丝。
2. 将鸡肉装入碗中，加入少许盐、鸡粉、水淀粉，抓匀。
3. 再注入适量食用油，腌渍10分钟左右。
4. 锅中注水烧开，加适量食用油、盐、鸡粉，放入榨菜丝，煮约1分钟。
5. 再倒入鸡肉丝，搅散。
6. 放入洗好的油菜，搅匀，用大火煮沸，盛出装碗即成。

金针菇鸡丝汤

烹饪时间 / 4分钟　口味 / 清淡　功效 / 益气补血　适合人群 / 女性

原料

金针菇300克，鸡胸肉250克，姜片、葱花各10克

调料

盐、味精、鸡粉、水淀粉、食用油各适量

·营养分析·

鸡胸肉的肉质细嫩，滋味鲜美，营养丰富，是高蛋白、低脂肪的健康食品。鸡肉含有多种维生素、钙、磷、铁等成分，其含有的氨基酸组成与人体需要的十分接近，具有增强体力、强壮身体的作用。

制作指导

金针菇的肉质细嫩，煮的火候不宜过大，会破坏其营养物质，用中火煮熟最好。此外，其根部也不宜食用，清洗时要将其切除。

相宜相克

- ✓ 金针菇+豆腐（降脂降压）
- ✓ 金针菇+豆芽（清热解毒）
- ✗ 金针菇+驴肉（易引起心痛）

做法：

1. 鸡胸肉洗净切细丝，倒入碗中加盐、味精、鸡粉抓匀。
2. 再淋入水淀粉拌匀，倒入少许食用油，腌渍至入味。
3. 金针菇洗净，沥干水分备用。
4. 油锅烧热，注入适量清水，放入姜片煮沸，加入盐、味精、鸡粉调味。
5. 放入洗净的金针菇煮沸，再倒入肉丝拌匀，煮至材料熟透。
6. 把做好的汤盛出，撒上葱花即成。

菠萝鸡片汤

烹饪时间 / 4分钟　口味 / 鲜　功效 / 开胃消食　适合人群 / 一般人群

原料

菠萝肉100克，鸡胸肉150克，姜片、葱花各少许

调料

盐6克，鸡粉6克，水淀粉10毫升，胡椒粉、食用油、芝麻油各适量

·营养分析·

菠萝肉中含有蛋白质、氨基酸、膳食纤维等营养物质，其所含的B族维生素能有效地滋养肌肤，防止皮肤干裂，滋养头发，同时可以消除身体的紧张感并增强机体的免疫力。

制作指导

菠萝肉不可煮太久，否则会影响其爽脆口感以及成品外观。

相宜相克

- ✓ 菠萝+茅根（治疗肾炎）
- ✓ 菠萝+鸡肉（补虚填精、温中益气）
- ✗ 菠萝+牛奶（影响人体消化吸收）
- ✗ 菠萝+白萝卜（破坏维生素C）

做法：

1. 洗净的菠萝肉切片；洗净的鸡胸肉切薄片。
2. 鸡肉加入少许盐、鸡粉、水淀粉拌匀，加食用油腌渍10分钟。
3. 锅注水烧开，加食用油、盐、鸡粉、菠萝肉煮沸。
4. 倒入肉片、姜片煮约1分钟至熟。
5. 加胡椒粉、芝麻油拌匀。
6. 将葱花放入碗中，再倒入煮好的菠萝鸡片汤即可。

海带炖鸡

烹饪时间 / 63分钟　口味 / 鲜　功效 / 美容养颜　适合人群 / 女性

原料

鸡肉250克，水发海带结250克，姜片、葱段、胡萝卜片各少许

调料

盐3克，白糖2克，胡椒粉适量

·营养分析·

鸡肉富含蛋白质、钙、磷、铁及多种维生素，具有温中益气、补虚、强筋骨、润肌泽肤的作用。海带含有丰富的碘，有软骨散结、乌发的作用。用两者炖煮的汤是一道美容养颜的佳品。

制作指导

鸡块入锅烧沸后应撇去浮沫，以保证鸡块醇香的口感。

相宜相克

- ✓ 海带+冬瓜（降血压、降血脂）
- ✓ 海带+虾（补钙、防癌）
- ✗ 海带+猪血（易引起便秘）
- ✗ 海带+白酒（易导致消化不良）

做法：

1. 将洗净的鸡肉斩成块。
2. 烧开的锅中，再倒入洗好的海带结拌匀，汆煮2分钟至断生捞出，沥干水分。
3. 砂煲中倒入清水，放入鸡块、海带、姜片。
4. 盖上锅盖，用大火烧开后转小火炖煮1小时至鸡块熟烂。
5. 揭盖捞出浮沫，加入盐、白糖，撒入适量胡椒粉搅拌匀，调味。
6. 放入葱段、胡萝卜片拌匀，煮一会儿至食材熟软，端下砂煲即可。

西蓝花鸡片汤

烹饪时间 / 4分钟　口味 / 鲜　功效 / 降压降糖　适合人群 / 糖尿病患者

原料

西蓝花200克，鸡胸肉190克，姜片、枸杞各少许

调料

盐、鸡粉、水淀粉、食用油各适量

营养分析

西蓝花含有类黄酮，不仅可以防止感染，还是最好的“血管清理剂”。此外，西蓝花还含有铬，能帮助糖尿病患者提高胰岛素的敏感性，对糖尿病患者有益。

枸杞

西蓝花

姜

鸡胸肉

相宜相克

✅鸡肉+人参（止渴生津）
✅鸡肉+柠檬（增进食欲）
✅鸡肉+冬瓜（排毒养颜）
✅鸡肉+油菜（美容养颜）
❎鸡肉+芥菜（影响身体健康）
❎鸡肉+兔肉（易引起腹泻）

制作指导

如果要食用西蓝花的菜秆，可将其切成圆片或条后再烹调，这样会更易熟。

做法:

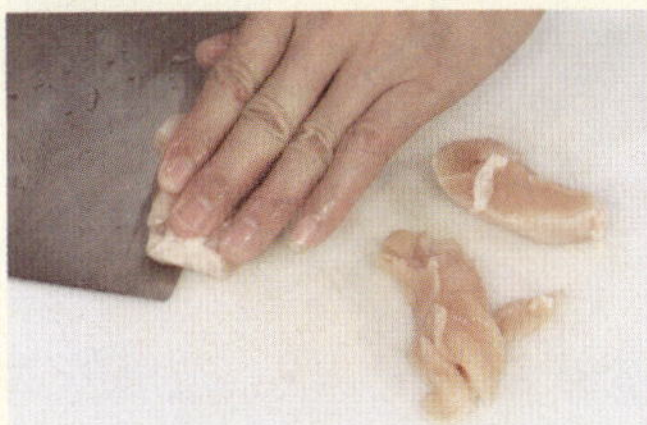
①洗净的鸡胸肉切成块，改切成片。

②洗好的西蓝花切成小块。

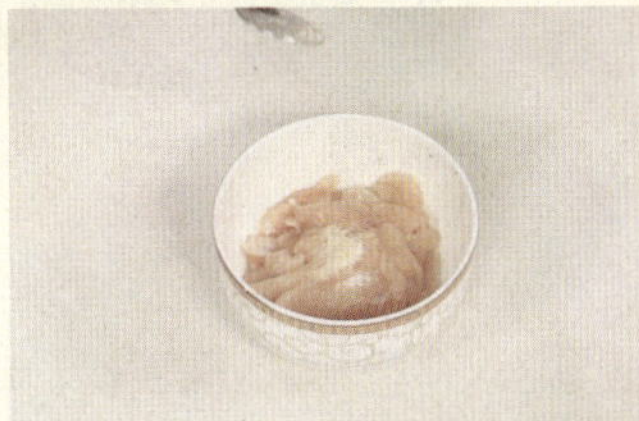
③把鸡肉片装入碗中，放入少许盐、鸡粉、水淀粉，抓匀。

④倒入适量食用油，腌渍10分钟至入味。

⑤锅中注入适量清水烧开，放入适量食用油、盐、鸡粉。

⑥倒入西蓝花，放入姜片，搅均匀。

⑦盖上盖，煮约2分钟。

⑧揭开盖，倒入腌渍好的鸡肉片。

⑨搅匀，煮至沸。

⑩放入洗净的枸杞。

⑪把锅中食材搅匀，捞去浮沫，略煮片刻。

⑫把煮好的汤料盛出，装入碗中即可。

胡萝卜马蹄鸡肉汤

烹饪时间 / 43分钟　口味 / 鲜　功效 / 养心润肺　适合人群 / 老年人

原料

鸡肉350克，马蹄肉300克，胡萝卜50克，姜片少许

调料

盐3克，鸡粉2克，胡椒粉、料酒各适量

·营养分析·

马蹄肉质洁白，味甜多汁，清脆可口，自古有“地下雪梨”之美誉，北方人视之为“江南人参”。它既可作为水果，又可算作蔬菜，是大众喜爱的时令之品。马蹄中的磷含量是所有茎类蔬菜中含量最高的，可以促进人体发育，同时还能促进体内的糖、脂肪、蛋白质三大物质的代谢，调节酸碱平衡。

制作指导

此汤清香甘甜，所以鸡肉不需要烹饪前的食材处理，以免降低其食用价值。

相宜相克

- 马蹄+核桃仁（有利于消化）
- 马蹄+香菇（补肾强身、益胃助食）
- 马蹄+海蜇皮（清热祛痰，降低血压）
- 马蹄+梨（清利咽喉）

做法：

1. 去皮洗净的胡萝卜切滚刀块；洗净的鸡肉斩成块。
2. 锅中注水烧开倒入鸡块，淋入料酒，去血渍、浮沫。
3. 在锅中倒入切好的胡萝卜块、洗净的马蹄肉、姜片，大火煮沸。
4. 将锅中的材料连汤汁一起倒入砂煲中，并将砂煲放置旺火上。
5. 用小火续煮约40分钟至食材熟软。
6. 调入盐、鸡粉，撒上少许胡椒粉，拌匀去浮沫，转大火，煮至沸腾，即成。

麦芽鸡汤

烹饪时间 / 46分钟　口味 / 鲜　功效 / 增强免疫　适合人群 / 孕产妇

原料

麦芽15克，母鸡鸡腿250克，鸡爪100克，姜片少许

调料

盐3克，鸡粉2克，米酒5毫升

·营养分析·

鸡肉含有丰富的蛋白质、磷脂类、矿物质及维生素，有温中益气、补精填髓、益五脏、补虚损的功效，可用于辅助治疗脾胃气虚、阳虚引起的乏力、胃脘隐痛、水肿、产后乳少、虚弱头晕等症。此外，鸡肉还有增强免疫力、强壮身体的作用。

制作指导

鸡腿块在入锅之前可用生抽、黄酒、盐腌渍一会儿，不仅能去除腥味，还可使肉质变嫩。

相宜相克

- ✓ 鸡肉+冬瓜（排毒养颜）
- ✓ 鸡肉+板栗（增强造血功能）
- ✗ 鸡肉+李子（易引起痢疾）
- ✗ 鸡肉+兔肉（易引起腹泻）

做法：

1. 把洗净的鸡腿、鸡爪斩成小块，装入盘中，待用。
2. 砂锅中注水烧开，倒入准备好的鸡腿、鸡爪块。
3. 加入适量米酒，放入少许姜片，大火加热，煮至沸，捞去浮沫。
4. 放入准备好的麦芽，盖上盖，用小火煲45分钟至鸡肉熟烂。
5. 揭盖，加入适量盐，鸡粉，用锅勺拌匀调味。
6. 把煮好的汤料盛出，装入汤碗中即可。

香菇冬笋煲仔鸡

烹饪时间 / 32分钟　口味 / 鲜　功效 / 开胃消食　适合人群 / 老年人

原料

鲜香菇40克，冬笋100克，鸡肉120克，姜片少许

调料

盐2克，鸡粉2克，料酒、胡椒粉各适量

·营养分析·

竹笋含有蛋白质、氨基酸、脂肪、糖类、钙、磷、铁、胡萝卜素及多种维生素，具有低脂肪、低糖、多纤维的特点。

相宜相克

✔ 竹笋+鸡肉（暖胃益气、补精填髓）

✔ 竹笋+莴笋（辅助治疗肺热痰火）

✔ 竹笋+鲫鱼（辅助治疗小儿麻痹）

✔ 竹笋+猪腰（补肾利尿）

✖ 竹笋+红糖（对身体不利）

✖ 竹笋+羊肉（易导致腹痛）

✖ 竹笋+羊肝（对身体不利）

✖ 竹笋+豆腐（易形成结石）

制作指导

竹笋质地细嫩，不宜炖煮过久，以免过于熟烂，影响其口感。

做法：

①将洗净的香菇切成小块。

②洗好的冬笋切成小块。

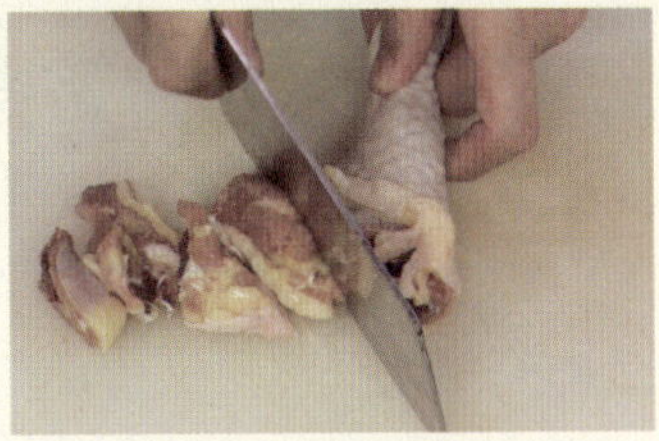

③洗净的鸡肉斩成小块。

④将切好的食材装入盘中待用。

⑤砂锅中注入适量清水，用大火烧开。

⑥放入斩好的鸡肉块。

⑦再放入冬笋、姜片、香菇，搅拌匀。

⑧淋入少许料酒，拌匀煮沸。

⑨用锅勺捞去锅中浮沫。

⑩盖上盖，用小火炖约30分钟。

⑪揭盖，加入适量盐、鸡粉、胡椒粉。

⑫关火，将砂锅端出即成。

清肺甘蔗鸡骨汤

烹饪时间 / 65分钟　口味 / 鲜　功效 / 增强免疫　适合人群 / 一般人群

原料

鸡骨500克，甘蔗200克，胡萝卜100克，姜片30克

调料

盐、味精、鸡粉、料酒各适量

·营养分析·

鸡骨营养丰富，含有蛋白质、脂肪、钙和磷等营养元素，鸡骨所含钙、磷的比例适中，有利于人体吸收。鸡骨含有脑组织发育不可缺少的磷脂质、磷蛋白和软骨素，常喝鸡骨汤可以增强免疫力，延缓衰老，延年益寿。

制作指导

汆煮鸡骨时，加入少许料酒，有助于去除腥味。

相宜相克

✓ 甘蔗+生姜（止呕去痰、生津下气）

✓ 甘蔗+菊花（消暑解渴）

✗ 甘蔗+核桃仁+贝类+动物肝脏（与这些食物同食影响营养的吸收）

做法：

1. 将甘蔗去皮洗净斩段；将胡萝卜去皮洗净切块；鸡骨洗净斩块。
2. 锅中倒入清水，加入盐、鸡骨，汆煮约3分钟至断生捞出，洗净，沥干水分。
3. 锅中加清水烧开，倒入洗净的鸡骨、甘蔗、胡萝卜、姜片。
4. 淋上料酒，煮沸后转到汤煲内。
5. 汤煲放置火上加盖烧开，再用慢火煲1小时。
6. 煮好后揭盖，加盐、味精、鸡粉调味，装好盆即可。

鸡肉丝瓜汤

烹饪时间 / 3分钟　口味 / 鲜　功效 / 美容养颜　适合人群 / 女性

原料

鸡胸肉85克，丝瓜120克，姜片、葱花各少许

调料

盐3克，鸡粉3克，胡椒粉、水淀粉、芝麻油、食用油各适量

·营养分析·

丝瓜含有防止皮肤老化的维生素B_1、增白皮肤的维生素C等成分，能保护皮肤，消除斑块，使皮肤洁白、细嫩，是不可多得的美容佳品。此外，丝瓜还独有一种干扰素诱生剂，可起到刺激机体产生干扰素，具有抗病毒、防癌抗癌的作用。

制作指导

丝瓜的味道清甜，煮制时不宜加酱油等口味较重的调料。

相宜相克

- ✓ 丝瓜+青豆（防治口臭、便秘）
- ✓ 丝瓜+鸭肉（清热滋阴）
- ✗ 丝瓜+菠菜（易引起腹泻）
- ✗ 丝瓜+芦荟（易引起腹痛、腹泻）

做法：

1. 洗净的丝瓜去皮切成小块。
2. 洗好的鸡胸肉切成丝，装入碗中，加盐、鸡粉、水淀粉，抓匀。
3. 注入适量食用油，腌渍10分钟。
4. 锅中注水烧开，加少许食用油，放入姜片、丝瓜。
5. 加盐、鸡粉、胡椒粉，拌匀煮沸。
6. 倒入鸡肉丝，搅散，煮至熟透，淋入少许芝麻油，煮沸，撒上葱花即成。

桂圆红枣鸡汤

烹饪时间 / **41分钟**　口味 / **甜**　功效 / **益气补血**　适合人群 / **孕产妇**

原料

土鸡肉400克，桂圆肉20克，红枣30克，冰糖35克

调料

盐2克，料酒、米酒各适量

·营养分析·

土鸡的肉质鲜美，营养极为丰富，其含有丰富的蛋白质、微量元素等营养元素，并且脂肪含量比较低，对于产妇具有重要的保健价值，有增强免疫力、预防贫血的功效。

红枣

桂圆肉

土鸡肉

冰糖

相宜相克

✅桂圆肉+大米（补充元气）

✅桂圆肉+莲子（养心安神）

✅桂圆肉+人参（增强免疫力）

✅桂圆肉+百合（防治失眠）

✅桂圆肉+红糖（防治失眠）

✅桂圆肉+甲鱼（补脾胃、滋肝肾）

制作指导

土鸡的油分很足，汆水时要掠去浮沫，这样煮出的汤汁才不会浑浊不清。

做法:

①把洗净的土鸡肉切开，再斩成小块，放入盘中待用。

②锅中注入约800毫升清水烧开。

③倒入鸡块，再淋入少许料酒。

④拌煮约1分钟，汆去血渍。

⑤捞出汆好的鸡块，沥干水分，备用。

⑥砂锅中注入900毫升清水，用大火烧开。

⑦放入洗净的桂圆肉、红枣。

⑧倒入汆过水的鸡块。

⑨加入冰糖，淋入少许米酒。

⑩盖上盖子，煮沸后用小火煮约40分钟至食材熟透。

⑪取下盖子，调入少许盐，拌匀，续煮一会儿至食材入味。

⑫关火后盛出煮好的汤料，放入汤碗中即成。

平菇鸡丝虾米汤

烹饪时间 / 13分钟　口味 / 鲜　功效 / 增强免疫　适合人群 / 一般人群

原料

平菇200克，虾米25克，鸡胸肉70克，姜片、葱花各少许

调料

盐4克，鸡粉3克，胡椒粉、水淀粉、食用油各适量

·营养分析·

平菇含有抗肿瘤细胞的多糖体，对肿瘤细胞有很强的抑制作用，而且具有免疫特性。此外，平菇还含有菌糖、甘露醇糖、激素等成分，可以改善人体新陈代谢，增强免疫力，调节自主神经功能等作用。

制作指导

煮制此汤时，可以加入少许芝麻油，会使汤汁更加鲜香。

相宜相克

- ✓ 平菇+豆腐（有利于营养吸收）
- ✓ 平菇+青豆（强健身体）
- ✗ 平菇+鹌鹑（易引发痔疮）
- ✗ 平菇+驴肉（易引发心痛）

做法：

1. 洗净的平菇切去老茎，切成小块；洗好的鸡胸肉切成条。
2. 鸡肉加盐、鸡粉、水淀粉抓匀，注入食用油腌渍10分钟。
3. 锅中注水烧开注油，放入姜片、虾米、平菇，拌匀煮沸。
4. 加入盐、鸡粉煮片刻，倒入腌渍好的鸡胸肉。
5. 加入胡椒粉，煮约1分钟至食材熟透。
6. 撒入少许葱花搅拌均匀，将汤盛出，装入碗中即成。

五指毛桃炖鸡

烹饪时间 / 93分钟　口味 / 清淡　功效 / 益气补血　适合人群 / 孕产妇

原料

净土鸡300克，五指毛桃5克，姜片、葱段各少许

调料

盐、白糖、料酒、胡椒粉各适量

·营养分析·

土鸡肉含有B族维生素，具有缓解疲劳、滋润皮肤的作用。土鸡肉含有铁元素，可改善缺铁性贫血。土鸡肉还含有骨胶原蛋白，具有强化血管，强壮肌肉、肌腱的功能。

制作指导

将鸡肉剔除鸡骨，可以使此菜的口感更加细嫩，滋味也更鲜美，而且所含的蛋白质也更容易被人体吸收。

相宜相克

- ✓ 鸡肉+红豆（提供丰富的营养）
- ✓ 鸡肉+黑木耳（降压降脂）
- ✗ 鸡肉+狗肾（引起腹痛、腹泻）

做法：

1. 把净土鸡斩成小块，毛桃洗净切段。
2. 锅中加适量清水，入鸡块，汆水后捞出，洗净沥干。
3. 锅中注水，入毛桃、姜片、葱白拌匀，再入鸡块，加盐、白糖拌匀。
4. 在锅中加适量料酒，大火煮沸，将锅中材料转入炖盅。
5. 炖盅放入蒸锅，小火炖约90分钟，至鸡肉熟透。
6. 取下炖盅，放入胡椒粉，撒上葱叶即成。

香菇冬瓜鸡汤

烹饪时间 / **32分钟**　口味 / **鲜**　功效 / **美容养颜**　适合人群 / **女性**

原料

冬瓜500克，水发香菇50克，鸡肉300克，姜片少许

调料

盐3克，鸡粉4克，胡椒粉3克，料酒、食用油各适量

·营养分析·

冬瓜含维生素C较多，且钾盐含量高，盐含量较低，很适合高血压、肾脏病、浮肿病等患者食用。此外，冬瓜中所含的丙醇二酸，能有效地抑制糖类转化为脂肪，再加上冬瓜本身不含脂肪，热量不高，因而对于防止人体发胖具有重要意义，还可以帮助体形健美。

姜

鸡肉

冬瓜

水发香菇

相宜相克

✓ 鸡肉+金针菇（增强记忆力）

✓ 鸡肉+冬瓜（排毒养颜）

✗ 鸡肉+芥菜（影响身体健康）

制作指导

调味后一定要将汤水表面的浮沫去除干净，否则鸡肉的鲜美就被破坏了。

做法:

①把去皮洗净的冬瓜切成大块，备用。

②洗净的香菇切去蒂，备用。

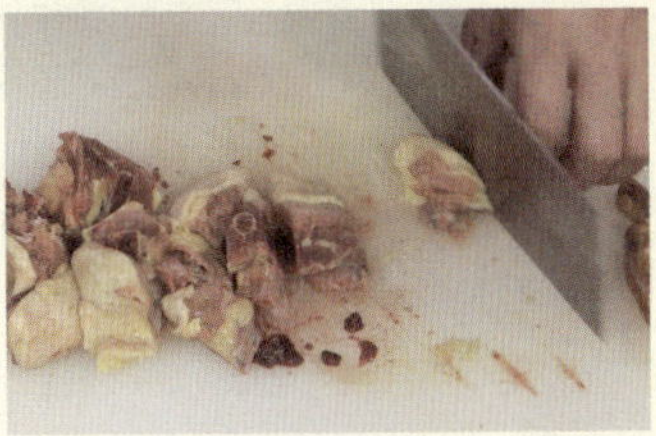

③洗净的鸡肉斩成小件，备用。

④锅中倒入适量清水烧开，放入鸡肉块拌匀，煮约1分钟。

⑤汆去血渍，再掠去浮沫，捞出沥干水分，盛放在盘中待用。

⑥另起锅注油烧热，下入姜片爆香，倒入鸡肉块翻炒几下。

⑦淋上少许料酒炒匀，注入适量清水，倒入冬瓜、香菇。

⑧加上锅盖，用大火烧开，关火后取下锅盖。

⑨将锅中的食材转至砂煲中，并砂煲放置旺火上。

⑩盖上盖子，煮沸后用小火，续煮约30分钟至食材熟透。

⑪取下盖子，加入盐、鸡粉，撒上胡椒粉，拌匀调味。

⑫掠去表面浮沫，取下砂煲，摆放在盘上即可。

薏米炖鸡

烹饪时间 / 42分钟　口味 / 鲜　功效 / 养颜美容　适合人群 / 产妇

原料

光鸡350克，水发薏米50克，姜片少许

调料

盐、鸡粉各2克，米酒少许

营养分析

薏米含有多种氨基酸及薏苡仁油、薏苡仁脂、B族维生素等成分，有利水渗湿、解热镇静等功效，还可美容养颜。产妇食用薏米，对恢复身体元气和滋养肤色等都很有帮助。

制作指导

薏米事先用清水浸泡有助于缩短熬制的时间，薏米要煮熟透，有利于释放营养元素。

相宜相克

- ✓ 鸡肉+柠檬（增强食欲）
- ✓ 鸡肉+金针菇（增强记忆力）
- ✗ 鸡肉+鲤鱼（易引起中毒）
- ✗ 鸡肉+兔肉（易引起腹泻）

做法：

1. 将鸡肉斩成小块，待用。
2. 锅中注水烧开，倒入薏米、姜片搅拌匀，放入鸡块，淋入少许米酒，拌匀。
3. 用大火煮片刻，待汤汁沸腾后掠去浮沫。
4. 盖上盖，转用小火煮约40分钟至熟。
5. 取下锅盖，调入盐、鸡粉，掠去浮油，搅拌匀，续煮片刻至入味。
6. 盛出煮好的汤料，放在汤碗中即成。

当归黄芪红枣乌鸡汤

烹饪时间 / 42分钟　口味 / 鲜　功效 / 益气补血　适合人群 / 孕产妇

原料

乌鸡350克，当归、黄芪、红枣、姜片各少许

调料

盐3克，鸡粉2克，胡椒粉、料酒各适量

·营养分析·

乌鸡内含丰富的黑色素、蛋白质、B族维生素等多种营养成分，其中烟酸、维生素E、磷、铁、钾、钠的含量均高于普通鸡肉，胆固醇和脂肪含量却较低，是营养价值较高的滋补品，食用乌鸡可以提高生理功能、延缓衰老、强筋健骨。

制作指导

乌鸡汆水的时间不宜过长，煮去血污后即可捞出，不然会流失营养物质。

相宜相克

✓ 红枣+人参（气血双补）
✓ 红枣+小麦（补血润燥、养心安神）
✗ 红枣+动物肝脏（破坏维生素C）

做法：

1. 把洗净的乌鸡切成小块，装盘待用。
2. 锅中注水烧开，放入鸡块拌匀，汆去血渍，捞出鸡块，沥干水分，待用。
3. 砂煲中倒入大半锅清水烧开，倒入鸡块。
4. 再放洗净的红枣、黄芪、当归、姜片，淋少许料酒。
5. 加盖，煮沸后，转小火煮约40分钟至鸡肉熟透。
6. 揭盖，加入盐、鸡粉，撒入适量的胡椒粉，拌匀调味，盛出即可。

乌鸡山药汤

烹饪时间 / 60分钟　口味 / 鲜　功效 / 益气补血　适合人群 / 孕产妇

原料

乌鸡300克，山药100克，红枣40克，姜片少许

调料

盐、鸡粉、料酒各适量

·营养分析·

乌鸡富含氨基酸、维生素、蛋白质以及铁、磷、钙、锌等多种矿物质，具有滋阴补肾、益气补血、填精益肝的作用，能调节人体免疫功能，对病后、产后贫血者有补血、促进康复的食疗作用。

红枣

山药

乌鸡

姜

相宜相克

✅乌鸡+核桃（有补锌的功效）

✅乌鸡+红枣（可以补血养颜 ）

❎乌鸡+狗肾（和乌鸡同用可能引起腹痛、腹泻）

制作指导

切好的山药可放入淡醋水中，以防变色。

做法:

①山药去皮洗净，切开。

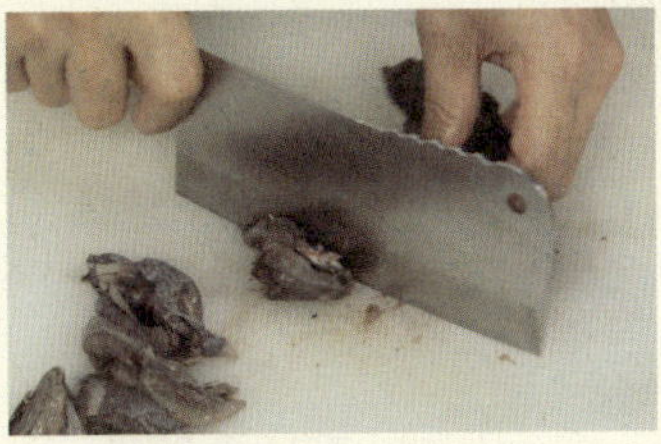

②乌鸡洗净，斩成块。

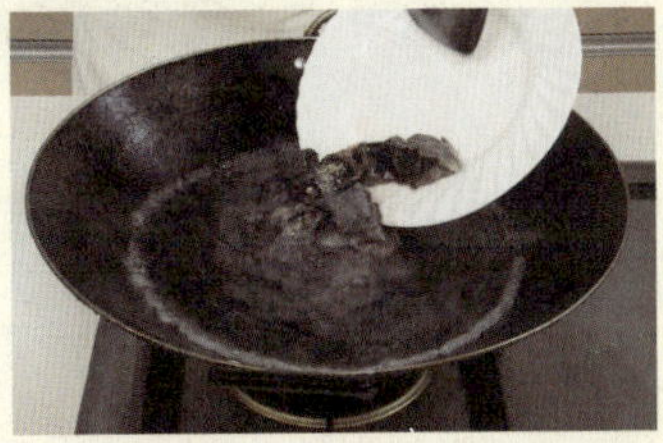

③锅中注入适量清水烧开，倒入乌鸡拌匀。

④汆煮约3分钟至断生，将煮好的乌鸡捞出。

⑤用清水清洗。

⑥锅中另加清水烧开，放入姜片、红枣。

⑦倒入汆水后的乌鸡块。

⑧加入切好的山药，加入料酒煮沸。

⑨将锅中的材料转至砂煲中。

⑩加盖，大火烧开后调小火炖约1小时。

⑪揭盖，加入盐、鸡粉调味。

⑫略煮片刻端下砂煲即成。

枸杞红枣乌鸡汤

烹饪时间 / 62分钟　口味 / 鲜　功效 / 补血养颜　适合人群 / 女性

原料

乌鸡肉500克，红枣100克，枸杞25克，姜片10克，葱结20克

调料

鸡粉、盐、料酒、食用油各适量

营养分析

乌鸡含丰富的黑色素、蛋白质、B族维生素、多种氨基酸和微量元素，其中烟酸、维生素E、磷、铁、钾、钠的含量均高于普通鸡肉。

制作指导

蒸制时水一次性放够，用大火蒸透。不能久蒸上水，否则汤味淡薄。

相宜相克

- ✓ 乌鸡+核桃（提升补锌功效）
- ✓ 乌鸡+红枣（补血养颜）
- ✗ 乌鸡+狗肾（易引起腹痛、腹泻）

做法：

1. 处理干净的乌鸡肉斩块。
2. 将鸡肉倒入水烧开的锅中汆至断生捞出。
3. 起油锅，放入姜片、葱结爆香。
4. 再倒入鸡块、料酒、清水、鸡粉、盐，大火煮沸。
5. 挑去葱结，捞去浮沫，放入红枣、枸杞。
6. 将锅中的材料盛入汤盅，放入蒸锅加盖，蒸1小时，取出即可。

党参淮山乌鸡汤

烹饪时间 / 62分钟　口味 / 鲜　功效 / 提神健脑　适合人群 / 一般人群

原料

乌鸡肉150克，枸杞3克，红枣3克，党参4克，淮山5克，当归3克，生姜片少许

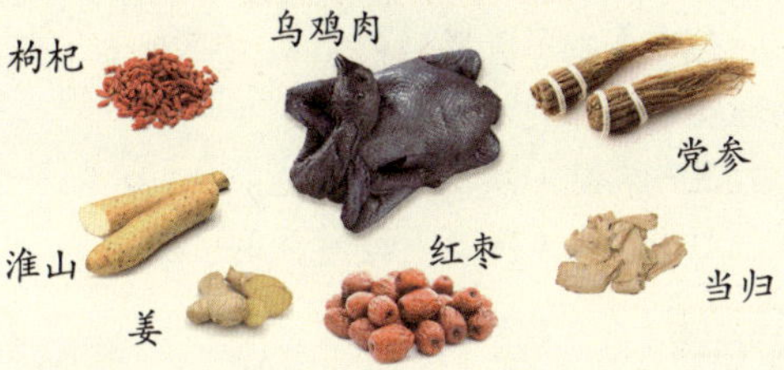

调料

料酒、盐、鸡粉各适量

·营养分析·

党参含有多糖、葡萄糖、果糖、菊糖、蔗糖、磷酸盐和17种氨基酸，是常用的补气中药。党参具有补中益气、和胃养血等功效，最宜用于平素倦怠乏力、精神不振、自觉气短、稍一活动就喘促的气虚患者。

制作指导

蒸炖的时间要足够长，此汤味道才鲜美。

相宜相克

- 党参+鲤鱼（可以健脾益气，滋养胃气）
- 党参+椰子（补气益血）
- 党参+白术（可以养胎、安胎）
- 党参+鳙鱼（健脾养胃、补中益气）

做法：

1. 将洗净的乌鸡斩块。
2. 锅中倒入清水，倒入鸡块、料酒，汆煮至断生捞出。
3. 用油起锅，放入姜片、鸡块，淋入少量料酒，加入适量清水烧开。
4. 加入枸杞、红枣、党参、淮山、当归拌匀煮沸。
5. 放入盐、鸡粉拌匀调味。
6. 将锅中的材料盛入汤盅后放入蒸锅，加盖慢火蒸1小时，取出即成。

红豆乌鸡汤

烹饪时间 / 63分钟　口味 / 鲜　功效 / 补血养颜　适合人群 / 女性

原料

乌鸡肉150克，水发红豆80克，姜片10克

调料

鸡粉、盐、料酒、食用油各适量

·营养分析·

红豆有补益气血的作用，乌鸡有补血益阴、补而不燥的作用，所以，用红豆、乌鸡煲成的汤就有补血养颜、强壮身体的作用。适合脾虚体弱、血虚、血压低、精神不振、面色苍白、饮食无胃口的人食用。

制作指导

鸡块先用姜片爆香再蒸，可以去血腥味。

相宜相克

- ✓ 红豆+鸡肉（补肾滋阴、补血明目）
- ✓ 红豆+鱼（利水除湿）
- ✗ 红豆+羊肉（降低营养价值）
- ✗ 红豆+茶叶（降低人体对铁的吸收）

做法：

1. 洗净的乌鸡斩块。
2. 锅中倒入适量清水，倒入乌鸡块，汆煮至断生后捞出。
3. 热锅注油，放姜片爆香，倒入鸡块翻炒匀，加入适量清水。
4. 煮沸后放入鸡粉、盐、料酒调味。
5. 倒入发好的红豆，拌匀煮片刻。
6. 将锅中的材料盛入汤盅，放入蒸锅，慢火蒸1小时，盛出即成。

药膳乌鸡汤

烹饪时间 / 65分钟　口味 / 鲜　功效 / 益气补血　适合人群 / 女性

原料

乌鸡肉300克，姜片3克，党参5克，当归3克，山药4克，百合7克，黄芪4克，薏米7克，杏仁6克，莲子5克

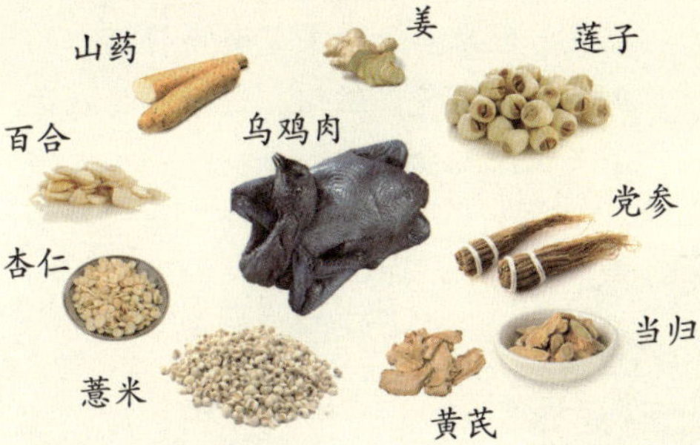

调料

盐、鸡粉、味精、料酒、食用油各适量

·营养分析·

乌鸡含有人体不可缺少的赖氨酸、蛋氨酸和组氨酸，有相当高的滋补药用价值，还含有具有保护皮肤不受紫外线损害功能的黑色素，有滋阴、补肾、养血、添精、益肝、退热、补虚的作用。

制作指导

炖汤时，汤面上的浮沫应用勺子捞去，这样不但可以去腥还能使汤味更纯正。

相宜相克

- ✓ 山药+芝麻（预防骨质疏松）
- ✓ 山药+玉米（增强免疫力）
- ✗ 山药+菠菜（降低营养价值）
- ✗ 山药+海鲜（增加肠内毒素的吸收）

做法：

1. 将处理好的乌鸡肉洗净，斩成块。
2. 锅中注入清水烧开，倒入乌鸡块，汆烫断生，撇去浮沫，捞出备用。
3. 起油锅，倒入姜片、鸡块，淋入料酒炒匀，倒入适量清水。
4. 加入洗好的党参、当归、莲子、山药、百合、薏米、杏仁、黄芪拌匀。
5. 加上盖子，用慢火焖1小时，揭盖，加入盐、鸡粉、味精，搅拌均匀。
6. 关上火，将煮好的药膳乌鸡汤盛出，装入碗内即可。

乌鸡板栗滋补汤

烹饪时间 / 45分钟　口味 / 鲜　功效 / 益气补血　适合人群 / 女性

原料

乌鸡肉300克，板栗100克，红枣、枸杞、姜片各少许

调料

料酒、盐、鸡粉各适量

·营养分析·

乌鸡含丰富的黑色素、蛋白质、B族维生素等营养物质，其中烟酸、维生素E、磷、铁、钾、钠的含量均高于普通鸡肉，胆固醇和脂肪含量却很低。红枣自古以来是补血佳品，而乌鸡更能益气、滋阴，这道汤特别适合女性朋友食用。

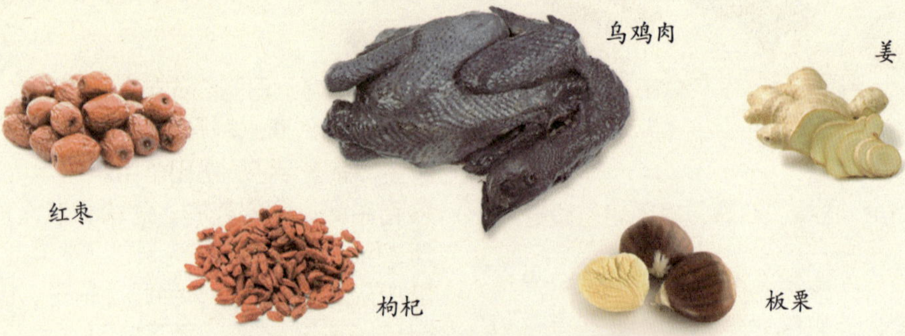

相宜相克

✅板栗+鸡肉（可以补肾虚、益脾胃）

✅板栗+红枣（补肾虚、防治腰痛）

✅板栗+白菜（健脑益肾）

❎板栗+杏仁（易引起胃痛）

制作指导

炖汤时，水要一次性加足，否则汤味不纯。

做法:

①将洗净的乌鸡肉切去爪尖，斩块。

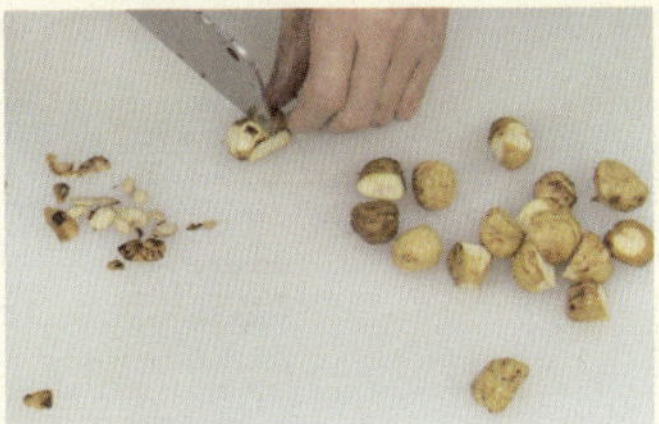

②已去皮洗好的板栗对半切开。

③锅中加适量清水烧开，倒入鸡肉。

④汆煮约5分钟至断生捞出。

⑤起油锅，倒入姜片爆香。

⑥倒入鸡块，加料酒翻炒片刻。

⑦再倒入适量的清水，加入板栗。

⑧再加入盐、鸡粉，拌匀调味。

⑨放入洗净的红枣。

⑩加盖，小火炖40分钟至鸡肉熟烂。

⑪揭盖，捞去浮沫，再放入枸杞炖煮片刻。

⑫盛入汤盅即成。

香菇鸡爪眉豆汤

烹饪时间 / **42分钟**　口味 / **鲜**　功效 / **益气补血**　适合人群 / **一般人群**

原料

鲜香菇60克，鸡爪170克，水发眉豆120克，姜片、葱花各少许

调料

盐3克，鸡粉2克，胡椒粉、料酒各适量

·营养分析·

鸡爪营养价值很高，是一种高蛋白、低脂肪的食物。它富含钙、磷、铁、B族维生素等成分，具有温中补气、补虚损、健脾胃和强筋骨的功效。

制作指导

鸡爪可先用刀拍几下，再入锅煮制，不仅能缩短煮制的时间，口感也更佳。

相宜相克

- ✓ 鸡爪+红枣（补五脏、益气血）
- ✓ 鸡爪+苹果（止渴生津）
- ✗ 鸡爪+芥菜（影响身体健康）
- ✗ 鸡爪+李子（易引起痢疾）

做法：

1. 把洗净的香菇切成小块。
2. 洗好的鸡爪切去爪尖，斩成小块。
3. 砂锅注水烧开，倒入眉豆、鸡爪、香菇，拌匀。
4. 加姜片、料酒，烧开后转小火煮40分钟。
5. 揭盖，加入适量盐、鸡粉、胡椒粉拌匀调味。
6. 把煮好的汤盛出，撒上少许葱花即可。

黑豆莲藕鸡汤

烹饪时间 / 42分钟　口味 / 鲜　功效 / 降压降糖　适合人群 / 糖尿病患者

原料

水发黑豆100克，鸡肉300克，莲藕180克，姜片少许

调料

盐、鸡粉各少许，料酒5毫升

·营养分析·

黑豆含有蛋白质、不饱和脂肪酸、磷脂、钙、磷、铁、钾、胡萝卜素、B族维生素、胆碱、大豆黄酮、皂苷等。糖尿病患者常食黑豆，可促进体内糖类物质的代谢，对保持血糖值的稳定有一定的帮助。

制作指导

煮汤前最好将黑豆泡软后再使用，这样可以缩短烹饪的时间。

相宜相克

✓ 黑豆+牛奶（有利于维生素B_{12}的吸收）

✓ 黑豆+橙子（营养更丰富）

做法：

1. 将洗净去皮的莲藕切成丁；洗好的鸡肉切开，再斩成小块。
2. 锅中注水烧开，倒入鸡块，去除血水后捞出，沥干水分，待用。
3. 砂锅中注水烧开，放入姜片，倒入汆过水的鸡块，放入洗好的黑豆。
4. 再倒入藕丁，淋入少许料酒，煮沸后用小火炖煮约40分钟，至食材熟透。
5. 加入少许盐、鸡粉搅匀调味，续煮一会儿，至食材入味。
6. 关火后盛出煮好的鸡汤，装入汤碗中即成。

菠菜鸡胗汤

烹饪时间 / 3分钟　口味 / 鲜　功效 / 开胃消食　适合人群 / 一般人群

原料

菠菜100克，鸡胗150克，金针菇100克，姜片少许

调料

盐4克，鸡粉4克，胡椒粉、料酒、水淀粉、食用油各适量

营养分析

菠菜的蛋白质含量高于其他蔬菜，而且含有较多的叶绿素，其维生素K的含量在叶菜类中最高，能滋阴润燥，通利肠胃、补血止血，对肠胃失调、口渴思饮、贫血、高血压等症，均有一定食疗功效。

制作指导

鸡胗可先放入沸水中氽煮片刻，再切块腌渍，这样能更好地去除腥味。

相宜相克

- ✓ 菠菜+猪肝（防治贫血）
- ✓ 菠菜+鸡血（保肝护肾）
- ✗ 菠菜+牛肉（降低营养价值）
- ✗ 菠菜+黄豆（损害牙齿）

做法：

1. 将洗净的金针菇切去老茎；菠菜洗净切段；鸡胗洗净切小块。
2. 将鸡胗装入碗中，加入料酒、盐、鸡粉拌匀。
3. 倒入适量水淀粉，抓匀，腌渍10分钟。
4. 锅中注水烧开，加入盐、鸡粉，倒入金针菇、姜片。
5. 再加入适量的食用油，撒入胡椒粉，入鸡胗，大火煮沸至熟。
6. 倒入菠菜，搅匀至熟软，盛出装碗即成。

豆芽鸡肝汤

烹饪时间 / 2分钟　口味 / 鲜　功效 / 清热解毒　适合人群 / 一般人群

原料

绿豆芽80克，鸡肝90克，鸡心10克，姜片、葱花各少许

调料

盐4克，鸡粉3克，料酒、芝麻油、食用油各适量

营养分析

绿豆芽富含纤维素，能预防消化道癌症，还能清除血管壁中胆固醇和脂肪的堆积，防止心血管病变。经常食用绿豆芽可清热解毒，除湿，解酒毒和热毒。

制作指导

绿豆芽下锅后，适当加些醋，可减少维生素C的流失。

相宜相克

- ✓ 鸡肝+大米（辅助治疗贫血及夜盲症）
- ✓ 鸡肝+丝瓜（补血养颜）
- ✗ 鸡肝+芥菜（降低营养价值）
- ✗ 鸡肝+香椿（降低营养价值）

做法:

1. 处理干净的鸡肝切成片；鸡心切成片。
2. 鸡肝、鸡心片装入碗中，加入少许盐、鸡粉，淋入少许料酒，用手抓匀，再倒入少许食用油，腌渍10分钟。
3. 锅中注水烧开，倒入少许食用油，放入姜片和洗好的绿豆芽。
4. 在锅中加入适量盐、鸡粉，拌匀调味。
5. 放入腌渍好的鸡肝、鸡心拌匀煮沸，淋入少许芝麻油，去浮沫。
6. 在锅中撒入少许葱花，搅拌均匀，盛出装入汤碗中即成。

胡萝卜玉米鸡爪汤

烹饪时间 / 3分钟　口味 / 鲜　功效 / 增强免疫　适合人群 / 儿童

原料

胡萝卜100克，玉米棒200克，鸡爪120克，淮山15克，姜片少许

调料

盐3克，鸡粉2克，料酒5毫升

营养分析

胡萝卜所含的胡萝卜素是骨骼正常生长发育的必需物质，有助于细胞增殖与生长，是机体生长的要素，对促进婴幼儿的生长发育具有重要意义。

制作指导

煮制此汤时，可将胡萝卜切成大块。因为烹饪时，大块胡萝卜的防癌物质流失得少，更有助于防癌。

相宜相克

- ✓ 玉米+松仁（益寿养颜、防癌抗癌）
- ✓ 玉米+木瓜（预防冠心病）
- ✗ 玉米+红薯（易造成腹胀）

做法：

1. 去皮洗净的胡萝卜切小块。
2. 洗好的玉米棒切成块。
3. 洗净的鸡爪切去爪尖，切小块。
4. 砂锅中注入适量清水烧开，放入淮山、鸡爪，下入玉米块，倒入胡萝卜块。
5. 淋入适量料酒，倒入姜片，烧开后用小火再煮30分钟至食材熟软，去浮沫。
6. 放入盐、鸡粉，拌匀，煮至入味，盛出装碗即成。

鸡爪苦瓜瘦肉汤

烹饪时间 / 47分钟　口味 / 鲜　功效 / 降压降糖　适合人群 / 糖尿病患者

原料

鸡爪180克，猪瘦肉90克，苦瓜200克，姜片少许

调料

盐4克，鸡粉2克，料酒5毫升

营养分析

苦瓜所含的蛋白质及大量维生素C能提高机体的免疫功能，增强免疫细胞杀灭癌细胞的功能。另外，苦瓜汁液含有的苦瓜苷和类似胰岛素的物质，具有良好的降血糖作用，是糖尿病患者的理想食品。

制作指导

鸡爪先放入沸水中汆去血水和异味，捞起沥干水后再煮汤，口感会更好。

相宜相克

- ✓ 苦瓜+辣椒（排毒瘦身）
- ✓ 苦瓜+猪肝（清热解毒，清肝明目）
- ✗ 苦瓜+牛奶（不利于营养物质的吸收）

做法：

1. 将洗净的苦瓜对半切开去瓜瓤，切成段。
2. 洗净的瘦肉切成丁。
3. 把洗好的鸡爪切去爪尖，装盘。
4. 砂锅中注入适量的清水，用大火烧开，放入瘦肉丁、鸡爪，下入姜片。
5. 淋入适量料酒，把汤汁烧开后用小火煮30分钟。
6. 倒入苦瓜，炖煮15分钟至熟透，放入盐、鸡粉，调味，盛出即可。

山药胡萝卜鸡翅汤

烹饪时间 / 32分钟　口味 / 鲜　功效 / 降压降糖　适合人群 / 糖尿病患者

原料

山药180克，鸡翅150克，胡萝卜100克，姜片、葱花各少许

调料

盐2克，鸡粉2克，胡椒粉少许，料酒适量

·营养分析·

胡萝卜含有胡萝卜素、钙，能健脾、化滞，对消化不良、咳嗽、眼疾均有食疗的作用。胡萝卜纤维素含量高，具有降血糖的作用，糖尿病患者可以适量食用。

相宜相克

✓胡萝卜+香菜（开胃消食）
✓胡萝卜+绿豆芽（排毒瘦身）
✓胡萝卜+菠菜（预防中风）
✗胡萝卜+白萝卜（降低营养价值）
✗胡萝卜+橘子（降低营养价值）
✗胡萝卜+柠檬（破坏维生素C）

制作指导

山药煮后容易烂，若不喜食软糯的口感，可将其切成滚刀块后再煮制。

做法：

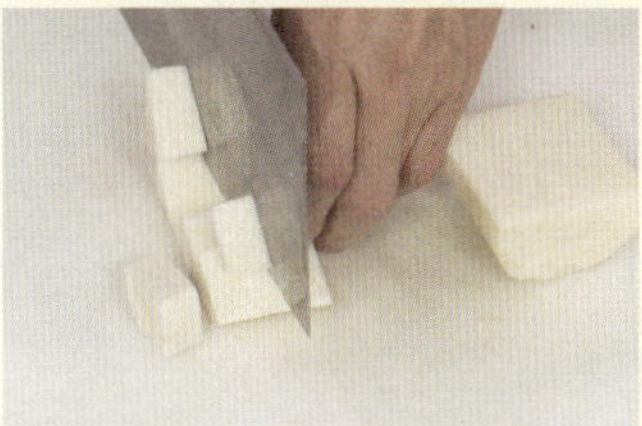

①洗净去皮的山药对半切开，再切成条，改切成丁。

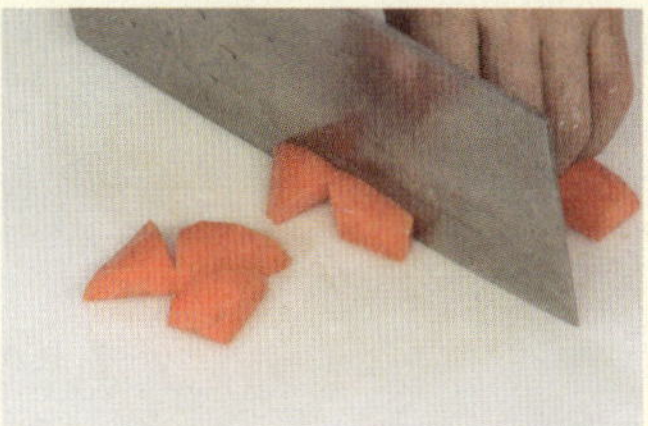

②洗好去皮的胡萝卜对半切开，切成小块。

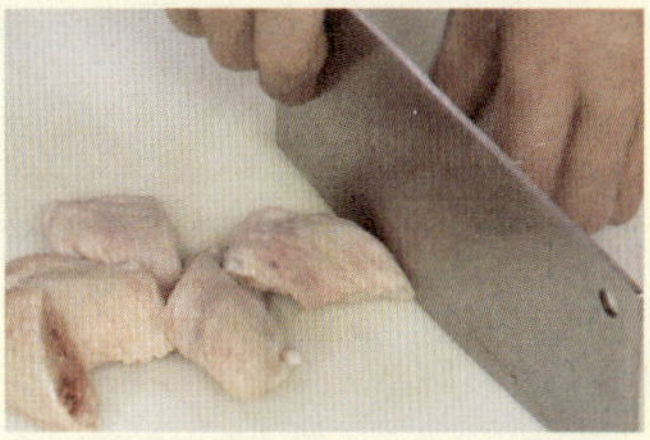

③洗净的鸡翅斩成小块

④锅中注入适量清水，用大火烧开，倒入鸡中翅搅匀。

⑤淋入少许料酒搅匀，煮至沸腾，撇去浮沫，捞出待用。

⑥砂锅中注入适量清水烧开，倒入鸡翅、胡萝卜。

⑦倒入切好的山药，放入姜片，搅匀。

⑧淋入适量料酒。

⑨盖上盖，转小火煮30分钟，至食材熟透。

⑩揭开盖，轻轻搅匀，放入盐、鸡粉、胡椒粉。

⑪撇去锅中浮沫，搅拌匀。

⑫把煮好的汤盛出，装入碗中，放入葱花即可。

木瓜花生煲鸡爪

烹饪时间 / 47分钟　口味 / 鲜　功效 / 提神醒脑　适合人群 / 产妇

原料

木瓜250克，鸡爪180克，水发花生米150克，姜片15克

调料

盐、鸡粉各少许，米酒5毫升

营养分析

花生含有丰富的脂肪、蛋白质、硫胺素、核黄素、烟酸等成分。此外，花生的矿物质含量也很丰富。

制作指导

花生尽量要煮熟透，否则会影响胃部消化，也会影响汤汁的口感。

相宜相克

- ✔ 木瓜+牛奶（明目清热）
- ✔ 木瓜+香菇（降压降脂）
- ✘ 木瓜+胡萝卜（破坏木瓜中的维生素C）
- ✘ 木瓜+南瓜（降低营养价值）

做法：

1. 把洗净去皮的木瓜切成丁。
2. 洗净的鸡爪剁去爪尖。
3. 砂锅中注水烧开，放入鸡爪，倒入洗净的花生米，淋入少许米酒煮沸。
4. 撒入姜片，转小火煮约30分钟，倒入木瓜丁，小火续煮约15分钟。
5. 调入盐、鸡粉，拌至入味。
6. 关火后盛出煮好的汤即成。

玉米马蹄鸭肉汤

烹饪时间 / **42分钟**　口味 / **清淡**　功效 / **增强免疫**　适合人群 / **儿童**

原料

鸭肉250克，玉米1根，马蹄肉40克，姜片10克，胡萝卜100克

调料

盐3克，味精、鸡粉各适量，料酒少许

营养分析

鸭肉是进补的优良食品，营养价值很高，其富含蛋白质、脂肪、碳水化合物、维生素A及磷、钾等矿物质，具有补肾、消水肿、止咳化痰的功效。

制作指导

煲鸭肉时，可加入少许大蒜和陈皮一起煮，不仅能有效去除鸭肉的腥味，而且还能为汤品增香。

相宜相克

- ✓ 鸭肉+豆豉（减少人体内的脂肪含量）
- ✓ 鸭肉+地黄（提供丰富的营养）
- ✗ 鸭肉+桃子（易引起恶心、呃逆）
- ✗ 鸭肉+桑葚（易导致胃痛、消化不良）

做法：

1. 鸭肉洗净斩小块；胡萝卜洗净切小块；玉米洗净切小段。
2. 锅中注水烧热，入鸭块，淋入少许料酒，汆煮3分钟，捞出沥干，装盘。
3. 另起锅，加适量清水，大火烧热，入玉米、胡萝卜和马蹄肉。
4. 再入鸭肉、姜片，拌至煮沸，将锅中材料移入砂煲。
5. 砂煲盖上盖置于火上，用小火煲40分钟至材料熟软。
6. 揭盖，加盐、味精、鸡粉调味即可。

冬笋煲鸭

烹饪时间 / 62分钟　口味 / 鲜　功效 / 防癌抗癌　适合人群 / 一般人群

原料

冬笋300克，鸭肉400克，姜片少许

调料

盐5克，鸡粉2克，胡椒粉少许，料酒适量

·营养分析·

冬笋是一种富有营养价值并具备食疗功能的美味食品，质嫩味鲜，清脆爽口，含有蛋白质和钙、多种氨基酸、维生素，以及包括铁在内的微量元素，还富含纤维素，能促进肠道蠕动，既有助于消化，又能预防便秘和结肠癌的发生。

制作指导

焯煮冬笋时，可以加入少许食粉，能有效去除其中所含的草酸等有害物质。

相宜相克

- ✓ 鸭肉+金银花（滋润肌肤）
- ✓ 鸭肉+干贝（提供丰富的蛋白质）
- ✗ 鸭肉+桑葚（易导致胃痛、消化不良）

做法：

1. 把去皮洗净的冬笋切成小块。
2. 鸭肉洗净斩成小块。
3. 锅中注水煮沸，放入冬笋块，去除杂质，将冬笋捞出，沥干备用。
4. 倒入鸭肉块，汆去血渍，将鸭肉块捞出，沥干备用。
5. 砂煲注水烧开，倒入鸭肉、冬笋、姜片，淋上少许料酒，煮沸。
6. 转小火，煮60分钟至熟软，加盐、鸡粉、胡椒粉，拌匀，去浮沫即可。

沙参玉竹老鸭汤

烹饪时间 / 80分钟　口味 / 鲜　功效 / 增强免疫　适合人群 / 老年人

原料

鸭肉300克，沙参、玉竹各5克，枸杞2克，生姜片、葱段各少许

调料

盐、味精、胡椒粉、料酒各适量

营养分析

鸭肉中的脂肪酸熔点低，易于消化。鸭肉富含B族维生素和维生素E，能有效抵抗脚气病、神经炎和多种炎症，还能抗衰老。鸭肉中还含有较为丰富的烟酸，对心肌梗死等心脏疾病患者有益。

制作指导

烹制老鸭时，先将老鸭用凉水和少许醋浸泡半个小时左右，再用微火慢炖，可使鸭肉香嫩可口。

相宜相克

- ✓ 鸭肉+芥菜（滋阴润肺）
- ✓ 鸭肉+山药（滋阴润肺）
- ✗ 鸭肉+板栗（对身体不利）
- ✗ 鸭肉+柠檬（破坏蛋白质）

做法：

1. 将鸭肉洗净，斩成块。
2. 锅中注入适量清水倒入鸭块，汆烫至断生，捞出洗净备用。
3. 锅中注水，倒入切好的鸭块、姜片、沙参、玉竹，加盖焖煮至沸腾。
4. 转入砂煲，加料酒、葱白拌匀。
5. 烧开后转小火炖1小时。
6. 揭盖，加入适量盐、味精、胡椒粉、枸杞、葱段略煮即成。

银耳鸭汤

烹饪时间 / 32分钟　口味 / 鲜　功效 / 益气补血　适合人群 / 糖尿病患者

原料

鸭肉450克，姜片25克，水发银耳100克，枸杞10克

调料

盐3克，鸡粉2克，料酒适量

·营养分析·

鸭肉含有蛋白质、铁、铜、锌等营养元素，具有滋五脏之阴、清虚劳之热、补血行水、养胃生津、止咳息惊等功效。糖尿病患者经常食用鸭肉，除能补充必需的多种营养成分外，还对食欲不振、身体虚弱有很好的食疗作用。

枸杞

鸭肉

姜

水发银耳

相宜相克

✅鸭肉+芥菜（滋阴润肺）
✅鸭肉+地黄（提供丰富的营养）
✅鸭肉+金银花（滋润肌肤）
✅鸭肉+干贝（提供丰富的蛋白质）

❌鸭肉+甲鱼（易导致腹泻）
❌鸭肉+桃子（易引起恶心、呃逆）
❌鸭肉+豌豆（易导致便秘）
❌鸭肉+柠檬（破坏蛋白质的吸收）

制作指导

银耳可选择用温水浸泡，这样可快速致其变软，可大大缩短熬制的时间。

做法:

①洗净的银耳切去黄色根部，再切成小块。

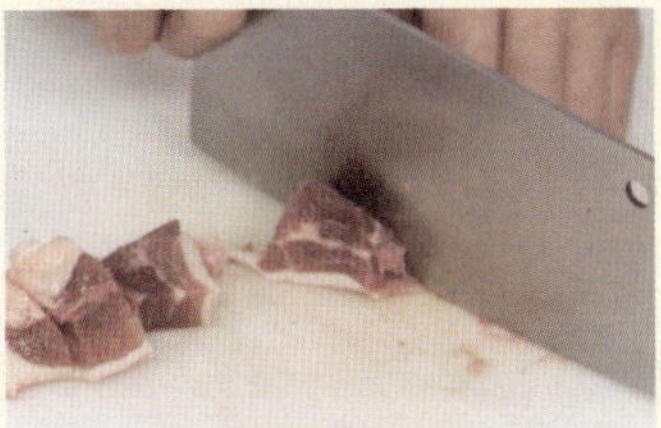

②洗好的鸭肉斩成小块。

③锅中注水烧开，倒入鸭块煮沸，捞去浮沫，捞出待用。

④用油起锅，放入姜片，爆香。

⑤倒入鸭块拌炒匀，淋入适量料酒炒香。

⑥倒入适量清水，盖上盖，用大火加热煮沸。

⑦揭盖，捞去浮沫，放入洗净的枸杞。

⑧将锅中材料转到砂锅中。

⑨把砂锅置于旺火上，放入银耳。

⑩盖上盖，烧开后，用小火炖30分钟至熟。

⑪揭盖，放入适量鸡粉、盐，拌匀调味。

⑫关火，取下砂锅即可。

莲子百合老鸭汤

烹饪时间 / 62分钟　口味 / 鲜　功效 / 养心润肺　适合人群 / 老年人

原料

鸭肉350克，水发莲子100克，水发百合、姜片各少许

调料

盐3克，鸡粉2克，胡椒粉少许，料酒5毫升

·营养分析·

莲子的营养十分丰富，除含有大量淀粉外，还含有生物碱及丰富的钙、磷、铁等矿物质，有补脾止泻、养心安神、清肝明目等作用，对高烧引起的烦躁不安、神志不清有很好的食疗效果。

制作指导

莲子心的药用价值很高，不宜丢弃，可加水煲煮成药茶饮用，养心安神的效果很好。

相宜相克

- ✓ 莲子+鸭肉（补肾健脾、滋补养阴）
- ✓ 莲子+百合（清心安神）
- ✗ 莲子+蟹（易引起身体不适）

做法：

1. 把洗净的莲子去除莲子心；把洗净的鸭肉切成小块。
2. 锅中注水烧开，下入鸭肉块，煮约2分钟，捞出，沥干水分，装盘待用。
3. 砂煲中倒入适量清水，大火煮沸，倒入切好的鸭肉块。
4. 再放入莲子、百合、姜片，淋上少许料酒。
5. 煮沸后转小火煮约60分钟至鸭肉熟透，去浮沫。
6. 加盐、鸡粉、胡椒粉，拌匀调味，盛出即可。

青螺炖老鸭

烹饪时间 / 70分钟　口味 / 鲜　功效 / 保肝护肾　适合人群 / 男性

原料

鸭肉250克，螺肉150克，火腿30克，姜片20克，鲜香菇、葱段各少许

调料

盐、白糖、料酒、胡椒粉各适量

营养分析

螺肉素有“盘中明珠”的美誉。它富含蛋白蛋、维生素和人体必需的氨基酸和微量元素，是典型的高蛋白、低脂肪、高钙质的天然动物性保健食品。

制作指导

为防止病菌和寄生虫感染，在食用螺类时一定要煮透，一般煮10分钟以上再食用为佳。

相宜相克

- ✓ 田螺+葱（清热解酒）
- ✓ 田螺+白菜（补肝肾、清热毒）
- ✗ 田螺+枸杞（降低营养）
- ✗ 田螺+柿子（影响消化）

做法：

1. 鸭肉洗净，斩块装盘。
2. 锅中煮水烧开，倒入鸭块、螺肉，汆煮至断生后捞出。
3. 锅中烧适量清水，倒入鸭块和螺肉。
4. 再加入火腿片、姜片、鲜香菇、葱白煮沸，淋入少许料酒烧开。
5. 将锅中材料转到炖盅，加盖，选择滋补炖模式，炖约1小时。
6. 炖好后，加盐、白糖调味，撒入葱段、胡椒粉即成。

虫草花鸭汤

烹饪时间 / 70分钟　口味 / 鲜　功效 / 保肝护肾　适合人群 / 男性

原料

鸭肉500克，虫草花50克，姜片少许

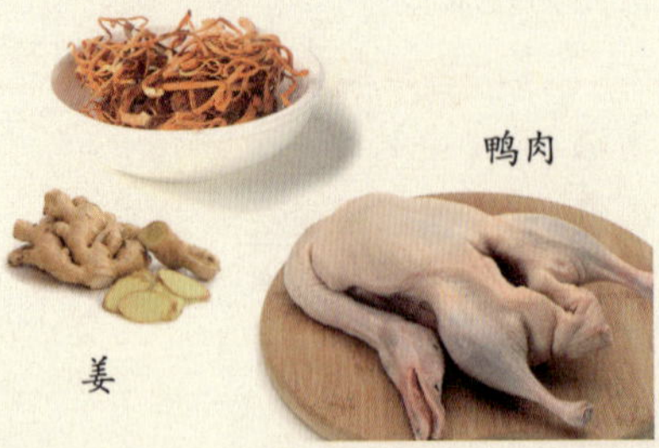

调料

盐、鸡粉、鸡精、料酒各适量

·营养分析·

虫草花的营养丰富，富含蛋白质、氨基酸以及虫草素、甘露醇、多糖等营养物质，对增强和调节人体免疫力、提高人体抗病能力有一定的作用，是一种滋补功效很高的食材。

制作指导

烹制鸭肉时，先将鸭肉用凉水和少许醋浸泡半小时，再用小火慢炖，可使鸭肉香嫩可口，还可改善鸭肉的腥味。

相宜相克

- ✓ 鸭肉+山药（滋阴润肺）
- ✓ 鸭肉+金银花（滋润肌肤）
- ✗ 鸭肉+甲鱼（导致腹泻、消化不良）
- ✗ 鸭肉+柠檬（破坏蛋白质）

做法：

1. 将洗净的鸭肉斩块。
2. 锅中注水烧开，倒入鸭肉块，加盖用大火煮至鸭肉断生时，捞出备用。
3. 用油起锅，放入姜片爆香，倒入鸭块，加料酒炒2~3分钟。
4. 加适量清水，加盖煮沸，揭盖，捞去浮沫，放入洗好的虫草花。
5. 将锅中材料及汤汁倒入砂煲中，加盖，用大火烧开，改小火炖1小时。
6. 揭盖，加入盐、鸡粉、鸡精调味即成。

茶树菇炖老鸭

烹饪时间 / 70分钟　口味 / 鲜　功效 / 养心润肺　适合人群 / 老年人

原料

鸭肉300克，茶树菇30克，姜片少许

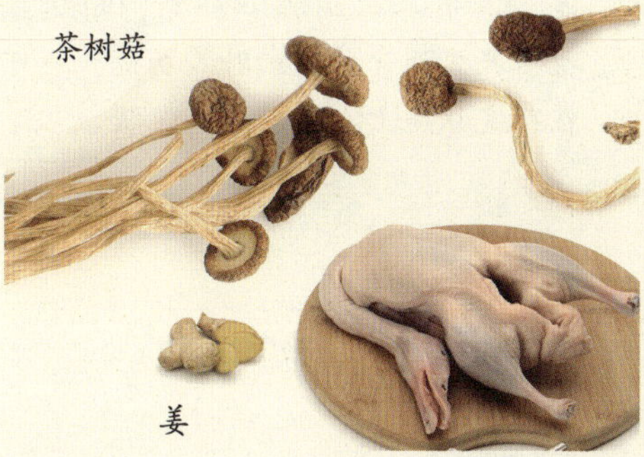

调料

盐3克，鸡粉、料酒各适量

营养分析

鸭肉是进补的优良食品，营养价值很高，尤其适合冬季食用。其富含蛋白质、脂肪、碳水化合物、维生素A及磷、钾等矿物质，具有补肾、消水肿、止咳化痰的功效。

制作指导

鸭肉剁成块汆水后要尽可能捞去浮沫和血渍，再用清水洗净，否则会影响汤汁的美观和口感。

相宜相克

- ✓ 茶树菇+猪骨（增强免疫）
- ✓ 茶树菇+鸡肉（增强免疫）
- ✗ 茶树菇+酒（对身体不利）
- ✗ 茶树菇+鹌鹑（降低营养价值）

做法：

1. 茶树菇洗净去根切段；鸭肉洗净斩块。
2. 锅中加水烧开，入鸭块，汆煮至断生，捞出。
3. 锅置旺火，注油烧热，入姜片爆香。
4. 入鸭块，加料酒炒香，加足量清水，加盖煮沸，揭盖倒入茶树菇。
5. 将锅中材料倒入砂煲中，用大火烧开，转小火炖1小时。
6. 揭盖，去浮沫，加盐、鸡粉调味，盛入盘内即可。

冬瓜薏米煲水鸭

烹饪时间 / 37分钟　口味 / 鲜　功效 / 养心润肺　适合人群 / 糖尿病患者

原料

鸭肉400克，冬瓜200克，水发薏米50克，姜片少许

调料

盐2克，鸡粉2克，料酒8毫升，胡椒粉少许

营养分析

鸭肉含有蛋白质、脂肪、钙、磷、铁、烟酸、维生素B_1、维生素B_2等，具有养心润肺、补肾、清热止咳、开胃消食、消水肿等功效，还可在一定程度上减缓糖尿病症状。

冬瓜

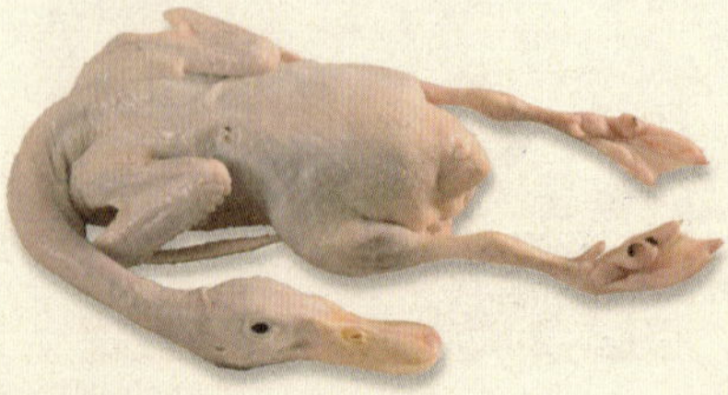

鸭肉

姜

水发薏米

相宜相克

✅鸭肉+芥菜（滋阴润肺）
✅鸭肉+山药（滋阴润肺）
✅鸭肉+金银花（滋润肌肤）

❌鸭肉+甲鱼（易导致腹泻）
❌鸭肉+桑葚（易导致胃痛）
❌鸭肉+桃子（易引起恶心、呃逆）

制作指导

煮鸭肉时，加入少许大蒜或陈皮，不仅能去除鸭肉的腥味，还能增香。

做法：

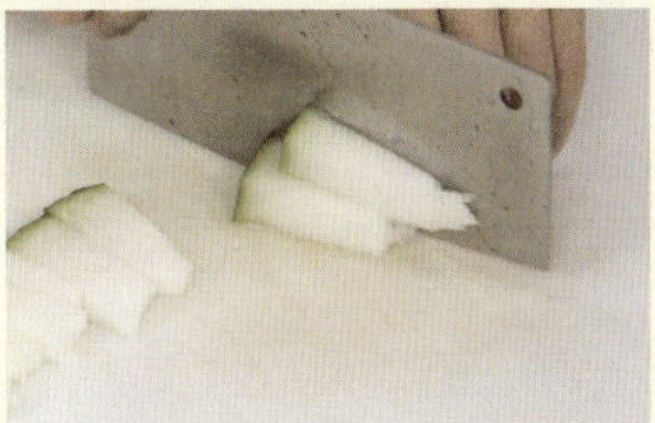
①将洗净的冬瓜切厚片，改切成小块。

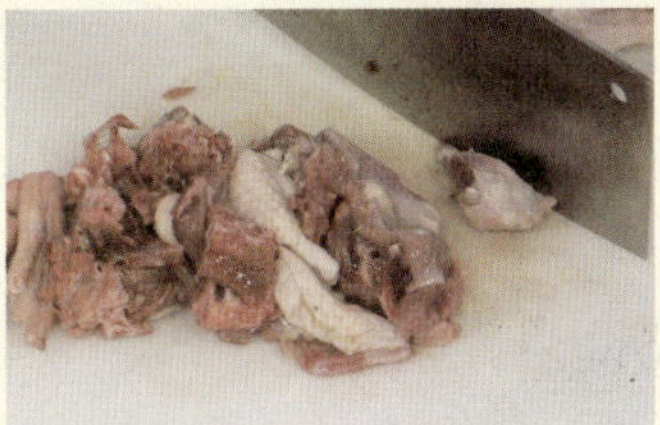
②把鸭肉斩成小块。

③锅中注水烧开，加入适量料酒，放入鸭块搅匀，汆去血水。

④把汆过水的鸭块捞出，待用。

⑤砂锅中注入适量清水，用大火烧开。

⑥放入少许姜片，倒入洗好的薏米。

⑦放入鸭肉，加适量料酒，搅匀。

⑧盖上盖，烧开后用小火炖20分钟，至薏米熟软。

⑨揭盖，放入冬瓜，搅匀。

⑩盖上盖，用小火炖15分钟，至食材熟烂。

⑪揭盖，放入适量盐、鸡粉、胡椒粉，搅匀调味。

⑫将煮好的汤盛出，装入碗中即可。

陈皮老鸭汤

烹饪时间 / 35分钟　口味 / 鲜　功效 / 养心润肺　适合人群 / 女性

原料

鸭肉200克，胡萝卜80克，红枣3克，水发陈皮6克，姜片5克，高汤适量

调料

盐3克，味精1克，料酒、食用油各适量

·营养分析·

胡萝卜营养丰富，含较多的胡萝卜素、糖、钙等营养物质，具有促进机体正常生长、防止呼吸道感染、保护视力、健脾化滞、降血糖、杀菌等功能，可辅助治疗消化不良、久痢、咳嗽、眼疾等。

制作指导

炖鸭肉时，加几片火腿或腊肉，可增加鸭肉的鲜香味。

相宜相克

- ✓ 胡萝卜+香菜（开胃消食）
- ✓ 胡萝卜+豆芽（排毒瘦身）
- ✗ 胡萝卜+酒（损害肝脏）
- ✗ 胡萝卜+柠檬（破坏柠檬中的维生素C）

做法:

1. 鸭肉洗净斩成小块；胡萝卜洗净切成块。
2. 锅中加适量清水烧开，倒入鸭块，汆去血水，捞出沥水。
3. 热锅注油，倒入鸭块，淋入料酒，用大火炒出香味。
4. 放入姜片，炒匀，倒入高汤。
5. 放入陈皮、红枣、胡萝卜块，拌煮片刻，将锅中材料转至砂煲中。
6. 砂煲置于火上，大火烧开，转小火炖半小时，加盐、味精调味，盛出即成。

白萝卜竹荪水鸭汤

烹饪时间 / 50分钟　口味 / 清淡　功效 / 降低血脂　适合人群 / 高血脂患者

原料

鸭肉500克，白萝卜300克，水发竹荪30克，葱结、姜片各少许

调料

盐3克，味精、鸡粉、胡椒粉、料酒、食用油各适量

营养分析

鸭肉是进补的优良食品，且脂肪含量低，常食也不易发胖，更有辅助降低血脂的作用。

制作指导

鸭肉膻味很重，在焯水的时候一定要用沸水多过几遍，然后用清水清洗干净，这样便可很好的改善鸭肉汤的口感。

相宜相克

- ✓ 鸭肉+芥菜（滋阴润肺）
- ✓ 鸭肉+山药（滋阴润肺）
- ✗ 鸭肉+柠檬（破坏蛋白质）
- ✗ 鸭肉+桑葚（导致胃痛、消化不良）

做法：

1. 白萝卜切块；竹荪择去蒂；鸭肉斩块。
2. 锅注水烧开，倒入鸭块汆约2分钟捞出。
3. 用油起锅，放入葱结、姜片、鸭块、料酒炒香。
4. 加入清水加盖煮沸，倒入白萝卜和竹荪煮沸，倒入砂煲中。
5. 加盖大火烧开，改小火炖40分钟至鸭肉酥软。
6. 加入盐、味精、鸡粉、胡椒粉调味即可。

黄芪党参水鸭汤

烹饪时间 / 90分钟　口味 / 鲜　功效 / 益气养血　适合人群 / 女性

原料

鸭肉300克，黄芪、党参各10克，姜片、枸杞各少许

调料

盐3克，鸡粉3克，料酒适量

·营养分析·

鸭肉含蛋白质、脂肪、无机盐以及铁、铜、锌等营养元素，具有滋五脏之阴、清虚劳之热、补血行水、养胃生津等功效。经常食用鸭肉，除能补充人体必需的多种营养成分外，还对低烧、食少、口干、水肿等症有很好的食疗功效。

相宜相克

✓黄芪+猪肝（补气、养肝、通乳）

✓黄芪+银耳（可作为白细胞减少症者的食疗方）

⊗黄芪+茶（破坏药材中的成分）

制作指导

鸭肉可先用少许白酒和盐抓匀，腌渍10多分钟。这样，不仅能有效去除鸭肉的腥味，还能为汤品增香。

做法:

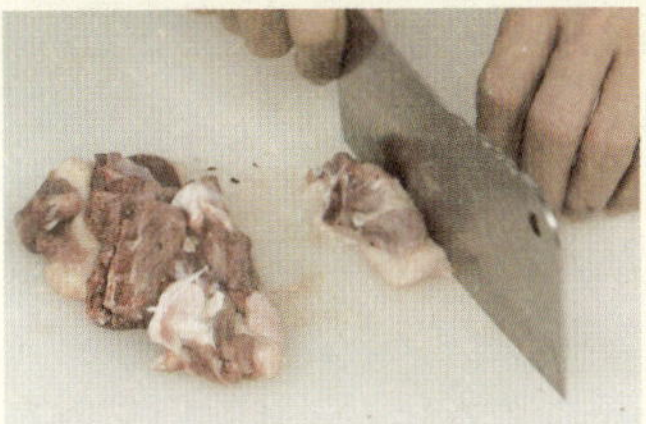

①洗净的鸭肉斩成块。

②锅中加清水，倒入鸭块，汆去血水后捞出。

③用油起锅，倒入鸭块，淋入料酒炒香。

④加入适量清水烧开。

⑤将鸭块捞出，盛入内锅。

⑥放入洗净的枸杞、姜片和准备好的药材。

⑦加少许料酒，倒入适量汤汁。

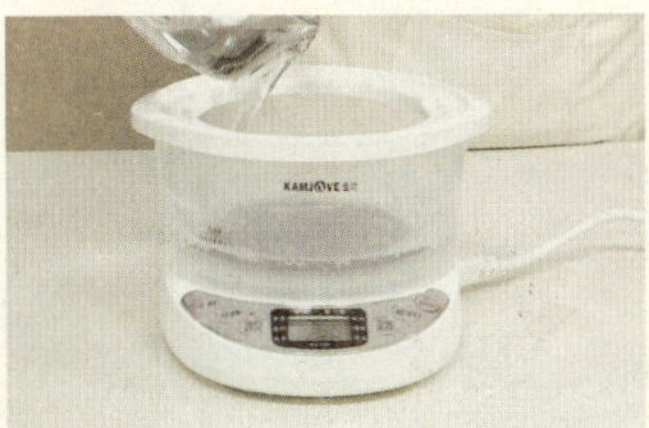

⑧取隔水炖锅，倒入适量清水，水量不要超过最高水位线。

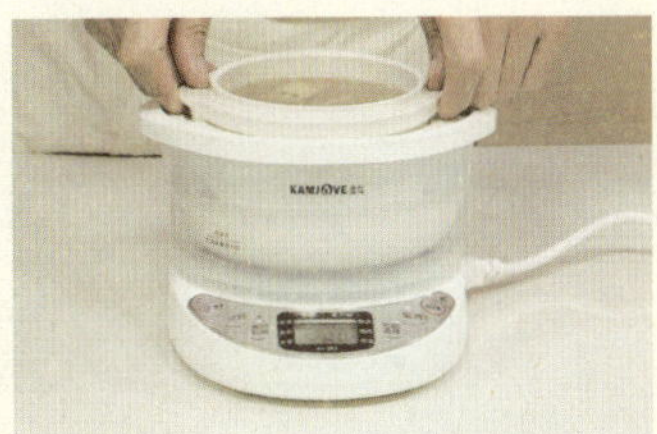

⑨放入盛有鸭块的炖盅。

⑩盖上盅盖，选择“慢炖”功能，炖1.5小时。

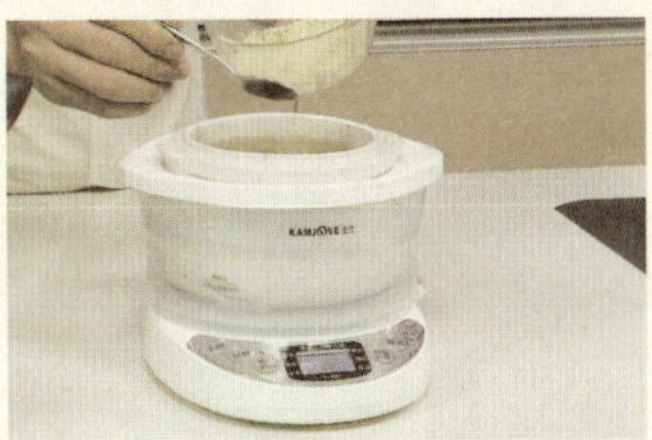

⑪揭盖，加盐、鸡粉拌匀调味即可。

⑫端出即可食用。

酸萝卜老鸭汤

烹饪时间 / 62分钟　口味 / 清淡　功效 / 增强免疫　适合人群 / 糖尿病患者

原料

老鸭肉块500克，酸萝卜200克，生姜40克，花椒10克

调料

盐3克，鸡粉2克，料酒8毫升

营养分析

鸭肉含蛋白质、B族维生素、维生素E以及铁、铜、锌等微量元素，有养胃滋阴、清肺解热的作用。糖尿病患者食用鸭肉，对预防糖尿病患者引发的心血管疾病较为有帮助。

制作指导

将酸萝卜浸入清水中泡一会儿，能减轻其酸味。

相宜相克

- ✓ 白萝卜+金针菇（可防治消化不良）
- ✓ 白萝卜+猪肉（消食、除胀、通便）
- ✗ 白萝卜+橘子（易诱发甲状腺肿大）
- ✗ 白萝卜+黄瓜（破坏维生素C）

做法：

1. 将洗净去皮的生姜切片。
2. 锅中注入适量清水烧开，倒入洗净的鸭肉块搅拌匀，淋入少许料酒提味，大火煮沸，去除血渍，再捞出食材。
3. 砂锅中注入适量清水烧开，放入洗净的花椒，倒入鸭肉块，撒上姜片，淋入少许料酒提味。
4. 盖上盖，煮沸后用小火炖煮约40分钟，揭盖，倒入酸萝卜搅拌匀，盖上盖，用小火续煮约20分钟，至食材熟透。
5. 取下盖，加入少许盐、鸡粉，拌匀调味，续煮一小会儿，至汤汁入味即成。

西红柿鸭肝汤

烹饪时间 / 15分钟　口味 / 鲜　功效 / 保肝护肾　适合人群 / 男性

原料

西红柿100克，鸭肝150克，姜丝、葱花各少许

调料

盐4克，鸡粉3克，胡椒粉2克，料酒、食用油各少许

·营养分析·

西红柿的营养价值很高，富含维生素、胡萝卜素、钙、磷、钾、镁、铁、锌、铜等成分。此外，西红柿的抗氧化剂含量也很丰富，可以防止自由基对皮肤的破坏，具有美容抗皱的功效。

制作指导

腌渍鸭肝前要将其水分沥干，这样鸭肝的腥味才会去除得更彻底。

相宜相克

- ✓ 西红柿+鸡蛋（健脑益智）
- ✓ 西红柿+酸奶（补虚降脂）
- ✗ 西红柿+鱼肉（抑制营养成分的吸收）
- ✗ 西红柿+虾（对身体不利）

做法：

1. 洗净的西红柿切成小瓣；处理干净的鸭肝切成片放入碗中。
2. 碗中加入少许盐、鸡粉、料酒拌匀，腌渍10分钟。
3. 锅中注水烧开，倒入食用油、西红柿、姜丝拌匀。
4. 加盖煮沸后用中火煮约2分钟，取下盖子，倒入鸭肝煮至断生。
5. 加鸡粉、盐、胡椒粉，转大火煮约1分钟至鸭肝熟透捞去浮沫。
6. 盛出煮好的汤料，撒上葱花即成。

太白鸭

烹饪时间 / 183分钟　口味 / 鲜　功效 / 增强免疫　适合人群 / 一般人群

原料

净鸭肉650克，枸杞10克，瘦肉块60克，姜片、葱条各20克，三七10克，鲜汤1500毫升

调料

盐4克，料酒3毫升，胡椒粉少许

营养分析

鸭肉的营养价值比较高，其蛋白质含量比畜肉高得多。鸭肉的脂肪、碳水化合物含量适中，其脂肪均匀地分布于全身组织中。常食可以增强身体免疫力，还不易发胖。

相宜相克

✅ 鸭肉+干贝（提供丰富的蛋白质）

✅ 鸭肉+白菜（促进血液中胆固醇的代谢）

❌ 鸭肉+桑葚（导致消化不良）

制作指导

蒸鸭子时，可加入少许陈皮一起蒸，不仅能有效去除鸭肉的腥味，且还能为汤品增香。

做法:

①锅中注水烧热，放入鸭肉。

②盖上盖，大火煮至熟。

③捞出沥干水，装入盘中凉凉。

④将盐均匀地撒在鸭肉上。

⑤再加入料酒和胡椒粉，抹匀入味，腌渍10分钟。

⑥鲜汤倒入大碗中，再放入把腌好的鸭肉和洗好的瘦肉块。

⑦放上姜片、葱条、三七。

⑧撒上洗净的枸杞。

⑨用保鲜膜包裹住大碗，密封严实。

⑩把大碗放入蒸锅。

⑪盖上盖，用中小火蒸3小时至材料熟透。

⑫取出大碗，撕下保鲜膜，拣去葱条，摆好盘即成。

冬笋鸭肠玉米汤

烹饪时间 / 22分钟　口味 / 鲜　功效 / 开胃消食　适合人群 / 一般人群

原料

冬笋100克，玉米棒150克，熟鸭肠100克，姜片10克，葱段少许

调料

盐3克，鸡粉2克，料酒、胡椒粉各适量

营养分析

玉米含有蛋白质、钙、磷、铁、硒、胡萝卜素、维生素E，有开胃活血、益智宁心、调理中气等功效。

制作指导

玉米炖煮的时间越长其抗衰老的作用越显著，所以，在煮玉米时可以适当地多煮一段时间。

相宜相克

- ✓ 玉米+花菜（健脾益胃、助消化）
- ✓ 玉米+大豆（营养更均衡）
- ✗ 玉米+田螺（易引起中毒）
- ✗ 玉米+红薯（易造成腹胀）

做法：

1. 将洗净的冬笋切成小块；洗好的玉米棒切成段；将熟鸭肠切成段。
2. 砂锅注水烧开，放入姜片、玉米棒、冬笋块、鸭肠段。
3. 淋入少许料酒，搅拌均匀。
4. 盖上盖，烧开后用小火煮20分钟。
5. 揭盖，加入适量盐、鸡粉、胡椒粉拌匀调味。
6. 装入碗中，撒上葱段即成。

鸭血粉丝汤

烹饪时间 / 4分钟　口味 / 鲜　功效 / 清热解毒　适合人群 / 一般人群

原料

鸭肝180克，鸭血300克，水发粉丝300克，姜片、葱花各少许

调料

盐3克，鸡粉2克，芝麻油3毫升，胡椒粉、食用油各适量

营养分析　鸭血含有丰富的蛋白质及多种人体不能合成的氨基酸，还含有微量元素铁等矿物质和多种维生素，有补血等作用。

制作指导

烹饪鸭肝前，应将鸭肝放在水龙头下冲洗几分钟，然后放入清水中浸泡，以去除其所含毒素。

相宜相克

- ✓ 鸭血+菠菜（润肠通便）
- ✓ 鸭血+葱（生血、止血）
- ✗ 鸭血+黄豆（易引起消化不良）
- ✗ 鸭血+海带（易导致便秘）

做法:

1. 洗好的鸭血切小块；洗净的鸭肝切片。
2. 锅中注水烧开，倒入食用油、姜片、鸭血、鸭肝拌匀。
3. 盖上盖，烧开后转小火煮约2分钟。
4. 揭盖，加入适量盐、鸡粉、胡椒粉、芝麻油，拌匀。
5. 放入粉丝，搅拌均匀，转大火煮沸。
6. 把煮好的汤盛出，再撒上葱花即可。

裙带菜鸭血汤

烹饪时间 / 4分钟　口味 / 鲜　功效 / 补铁　适合人群 / 婴幼儿

原料

鸭血180克，圣女果40克，裙带菜50克，姜末、葱花各少许

调料

鸡粉2克，盐2克，胡椒粉少许，食用油适量

营养分析

鸭血营养丰富，口感也很鲜嫩，富含铁、钙等各种矿物质，有补血和清热解毒的作用。幼儿适量食用鸭血，不仅有补铁的作用，还能预防缺铁性贫血。

相宜相克

✅圣女果+蜂蜜（补血养颜）
✅圣女果+鸡蛋（抗衰防老）
✅圣女果+山楂（降低血压）
✅圣女果+酸奶（补虚降脂）

❌圣女果+南瓜（降低营养价值）
❌圣女果+红薯（易引起呕吐）
❌圣女果+猕猴桃（降低营养价值）
❌圣女果+虾（对身体不利）

制作指导

下入鸭血块后，不宜用大火烹煮，以免将鸭血煮老了。

做法:

①将圣女果洗净切小块；裙带菜洗净切丝；鸭血洗净切小块。

②锅中注入适量清水烧开，倒入切好的鸭血，搅拌匀。

③煮约半分钟汆去血渍，断生后捞出，沥干水分，待用。

④用油起锅，下入姜末，用大火爆香。

⑤倒入切好的圣女果，快速翻炒几下。

⑥撒上裙带菜丝，拌炒匀，再煮片刻至食材析出水分。

⑦注入适量清水，搅拌匀。

⑧加入少许鸡粉、盐，用中火拌煮至汤汁沸腾。

⑨待盐分溶化后倒入鸭血块，轻轻搅动。

⑩再撒上少许胡椒粉。

⑪续煮2分钟至全部食材熟透。

⑫关火后盛出煮好的鸭血汤，撒上葱花即可。

鸭血豆腐汤

烹饪时间 / 5分钟　口味 / 鲜　功效 / 开胃消食　适合人群 / 老年人

原料

鸭血250克，豆腐180克，姜片、葱花各少许

调料

鸡粉2克，盐、胡椒粉、食用油各适量

·营养分析·

豆腐营养丰富，含有铁、钙、磷、镁等人体必需的多种营养元素，还含有糖类、植物油和丰富的优质蛋白，可补中益气、清热润燥、生津止渴。老年人常食豆腐，可以清洁肠胃、促进消化。

制作指导

煮制豆腐时，要控制好时间和火候，以免将豆腐煮碎。

相宜相克

- ✓ 豆腐+鱼（补钙）
- ✓ 豆腐+姜（润肺止咳）
- ✗ 豆腐+蜂蜜（易导致腹泻）
- ✗ 豆腐+鸡蛋（影响蛋白质的吸收）

做法：

1. 将洗好的豆腐切成小方块。
2. 洗净的鸭血切成小方块。
3. 锅注水烧开，放入盐、豆腐煮约1分钟捞出，备用。
4. 另起锅注水烧开，倒入食用油、姜片、盐、鸡粉。
5. 加入切好的鸭血、胡椒粉、豆腐转中火煮2分钟。
6. 揭开盖子，搅拌匀，略煮片刻，把煮好的汤盛入汤碗中，撒上葱花即可。

玉竹党参炖乳鸽

烹饪时间 / 130分钟　口味 / 鲜　功效 / 增强免疫　适合人群 / 一般人群

原料

乳鸽肉120克，玉竹8克，党参6克，红枣5克，熟枸杞3克，生姜8克，上汤适量

调料

盐、料酒各适量

·营养分析·

乳鸽富含蛋白质和少量无机盐等营养成分，鸽肉易于消化，具有滋补益气、祛风解毒等功效，对病后体弱、头晕神疲、记忆力衰退有很好的补益治疗作用。党参还具有增强免疫力、降压的作用。

制作指导

药材用于煲汤前，要用清水清洗干净，乳鸽则要漂净血水，以保证炖好的汤色泽清透，味道纯正。

相宜相克

- ✓ 红枣+人参（气血双补）
- ✓ 红枣+大米（健脾胃，补气血）
- ⊗ 红枣+螃蟹（易导致寒热病）

做法：

1. 乳鸽处理好，清洗干净，斩成块；各种药材用清水洗净。
2. 锅中注水，大火烧开，放入乳鸽汆煮约2分钟至断生，沥干水分捞出。
3. 把乳鸽和所有药材一起放入汤盅。
4. 另起锅，倒入上汤，加上盐，洒入料酒，搅拌均匀，制成汤汁。
5. 把汤汁舀入汤盅，把汤盅加盖，转至蒸锅内，用慢火炖2小时至入味。
6. 蒸煮熟透后，取出汤盅，撒入备好的熟枸杞即成。

清补凉乳鸽汤

烹饪时间 / 65分钟　口味 / 鲜　功效 / 提神健脑　适合人群 / 一般人群

原料

乳鸽200克，红枣2克，芡实2克，枸杞1克，党参2克，陈皮、姜片各少许

调料

盐3克，鸡粉1克，料酒少许

营养分析

乳鸽蛋白质含量高于一般肉类食品，包含多种氨基酸，而且易于人体吸收消化。常吃乳鸽能健脑补肾，强健身体。

相宜相克

✅乳鸽+螃蟹（补肾益气、散结通经）

❌乳鸽+黄花菜（易引起痔疮）

❌乳鸽+黑木耳（使人面部生黑斑）

制作指导

乳鸽汆去血水后，还可斩成大块，再放入炒锅中煸炒片刻，以去除其腥味。

做法:

①将红枣、芡实、枸杞、党参、陈皮、姜片放入炖盅内。

②锅中注水，放入处理干净的乳鸽，大火烧开，汆去血水。

③将汆煮好的乳鸽捞出。

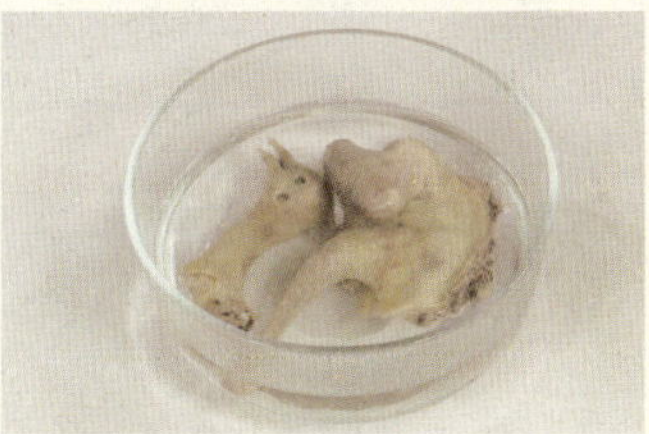

④把乳鸽放入清水中，洗去浮沫备用。

⑤把洗好的乳鸽放入内锅中。

⑥另起锅注水烧开，加料酒、盐、鸡粉，拌匀煮沸。

⑦把煮好的汤汁倒入内锅中，以汤汁刚好没过乳鸽为佳。

⑧盖上内锅锅盖。

⑨取隔水炖盅，加入热水，水量不要超过最高水位线。

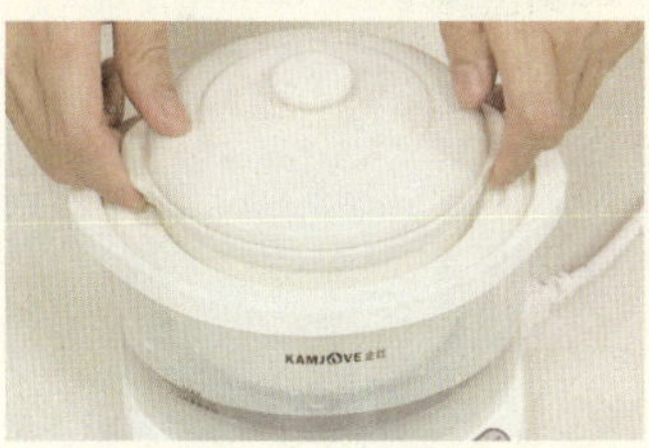

⑩将内锅放入炖盅。

⑪盖上盅盖，选择“参茸”功能，炖1小时。

⑫汤炖好，揭盖取出即成。

黄山炖鸽

烹饪时间 / 40分钟　口味 / 鲜　功效 / 益气补血　适合人群 / 女性

原料

净菜鸽350克，黄山山药100克，冰糖、熟鸡油、鸡汤各适量，姜片、葱条各25克，熟枸杞少许

调料

盐2克，料酒、胡椒粉各适量

营养分析

山药含有淀粉酶、多酚氧化酶等物质，有利于脾胃消化，是平补脾胃的佳品。

制作指导

新鲜山药切开时会有黏液，极易滑刀伤手，可以先用清水加少许醋清洗山药，这样可减少黏液。

相宜相克

- ✓ 菜鸽肉+螃蟹（补肾益气、散结通经）
- ✗ 菜鸽肉+黄花菜（易引起痔疮）
- ✗ 菜鸽肉+黑木耳（使人面部生黑斑）

做法：

1. 将菜鸽斩去脚趾、尾部，山药洗净切片。
2. 锅中注水，放入菜鸽，煮沸，倒入山药煮至断生，捞出材料沥干，装碗。
3. 净鸽撒上葱条、姜片、冰糖、山药。
4. 加入适量清水、鸡汤、盐、料酒、胡椒粉，放入蒸锅。
5. 用一个大盘扣在汤碗上，盖上盖，中火蒸约30分钟。
6. 取出菜鸽，挑去葱条、姜片，淋入少许熟鸡油，撒上熟枸杞即成。

天麻乳鸽汤

烹饪时间 / 70分钟　口味 / 鲜　功效 / 益气补血　适合人群 / 一般人

原料

乳鸽1只，天麻15克，黄芪、桂圆、党参、人参、姜片、枸杞、红枣、陈皮各少许，高汤适量

调料

盐、鸡粉、料酒各适量

营养分析

天麻具有补脑安神、降血压的功效。乳鸽营养丰富，富含蛋白质、钙、铁、铜等元素及维生素，具有益气补血、清热解毒、生津止渴等功效。两者搭配炖汤，可以调节人体大脑神经系统，缓解压力，改善睡眠等。

制作指导

乳鸽煲汤前，放入热水锅中汆去肉中残留的血水，可保证煲出的汤品色正味纯。

相宜相克

✓乳鸽+螃蟹（可以滋肾益气、散结止痛）

✗乳鸽+猪肝（使皮肤出现色素沉淀）

做法：

1. 乳鸽宰杀处理干净，斩成块。
2. 锅中注水烧开，倒入处理好的乳鸽，汆煮约3分钟至断生后捞出，洗净备用。
3. 将洗净的乳鸽放入炖盅内，再放入其余的药材配料。
4. 将高汤倒入另外的锅中烧开，加入盐、鸡粉，撒入料酒调味。
5. 将调好味的高汤舀入炖盅内，盖好炖盅盖子。
6. 在炖锅中加入适量清水，放入炖盅，加盖炖1小时后取出即成。

黄芪乳鸽汤

烹饪时间 / 42分钟　口味 / 鲜　功效 / 益气补血　适合人群 / 孕产妇

原料

乳鸽200克，瘦肉60克，黄芪10克，姜片少许

调料

盐3克，鸡粉2克，米酒5毫升

营养分析

猪瘦肉营养丰富，蛋白质含量很高，还富含维生素B_1和锌等，有滋养脏腑、润滑肌肤、补中益气、滋阴养胃等功效，很适合病人和产妇食用。

相宜相克

✅ 鸽肉+螃蟹（补肾益气、散结通经）

❌ 鸽肉+黄花菜（易引起痔疮）

❌ 鸽肉+黑木耳（使人面部生黑斑）

制作指导

乳鸽要尽量切成大小一致的肉块，以保证成品口感均匀。

做法:

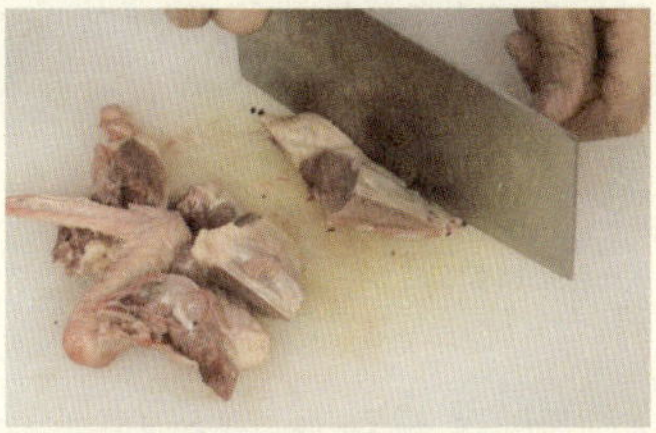

①将洗净的乳鸽切成小块。

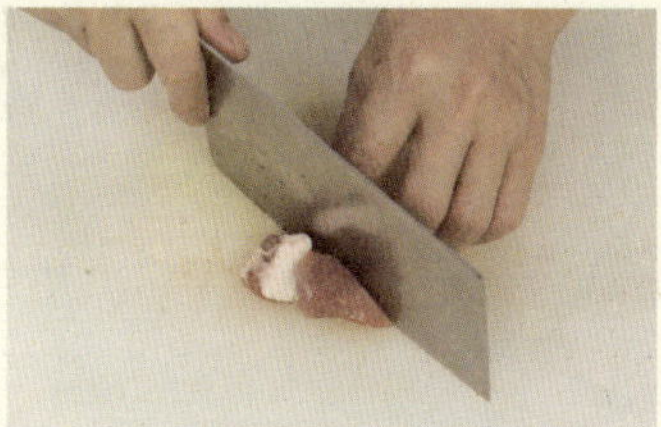

②洗好的瘦肉切成小块。

③锅中加水烧开，倒入鸽肉、瘦肉，用大火煮沸，汆去血水。

④把汆过水的鸽肉和瘦肉捞出，备用。

⑤砂锅中注入适量清水，用大火烧开。

⑥倒入汆过水的鸽肉和瘦肉。

⑦放入洗净的黄芪、姜片。

⑧再加入适量米酒。

⑨盖上盖，用小火煲40分钟至食材熟烂。

⑩揭盖，放入适量盐、鸡粉。

⑪用锅勺拌匀调味。

⑫把汤料盛出，装碗即可。

雪梨无花果鹧鸪汤

烹饪时间 / 57分钟　口味 / 鲜　功效 / 养心润肺　适合人群 / 高血压病患者

原料

雪梨1个，鹧鸪200克，无花果20克，姜片少许

调料

盐、鸡粉各2克，料酒4毫升

·营养分析·

雪梨含有苹果酸、柠檬酸、维生素B_1、维生素B_2、维生素C、胡萝卜素，具有生津润燥、清热化痰、降低血压、养阴清热的功效，适合高血压、肝炎、肝硬化病人食用。

制作指导

洗净的无花果拍裂后再使用，这样可以使煮出的汤汁更有营养。

相宜相克

- ✓ 无花果+板栗（强腰健骨、消除疲劳）
- ✗ 无花果+螃蟹（易引起腹泻、损伤肠胃）
- ✗ 无花果+蛤蜊（易引起腹泻）

做法：

1. 洗净去皮的雪梨去核切成小块；洗净的鹧鸪切成小块。
2. 锅中注水烧开，倒入鹧鸪块，汆煮，去除血渍后捞出，沥干水分，待用。
3. 砂锅中注水烧开，放入洗净的无花果、姜片，倒入鹧鸪块，淋入少许料酒。
4. 盖上盖，烧开后用小火炖煮约40分钟至食材熟软。
5. 揭开盖，倒入雪梨块，盖上盖，续煮约15分钟，至全部食材熟透。
6. 取下盖子，加入盐、鸡粉，搅匀调味，略煮片刻，至汤汁入味即可。

西红柿金针菇蛋花汤

烹饪时间 / **3分钟**　口味 / **鲜**　功效 / **开胃消食**　适合人群 / **一般人群**

原料

金针菇150克，西红柿150克，鸡蛋1个，蒜末、葱花各少许

调料

盐3克，鸡粉2克，食用油适量

营养分析

西红柿味微酸适口，含有丰富的钙、磷、铁、胡萝卜素、维生素、苹果酸、柠檬酸等营养成分，有帮助消化、调整胃肠功能的作用。

制作指导

如果不喜欢食用西红柿的皮，可以把西红柿先放入开水中焯一下，剥掉外皮。

相宜相克

- ✓ 西红柿+山楂（降低血压）
- ✓ 西红柿+酸奶（补虚降脂）
- ✗ 西红柿+南瓜（降低营养价值）
- ✗ 西红柿+螃蟹（易引起腹泻）

做法：

1. 洗净的金针菇切去根部。
2. 洗好的西红柿对半切开，去蒂，切成小块。
3. 将鸡蛋打入碗中，用筷子快速搅拌，把蛋液打散，备用。
4. 锅注油烧热，放入蒜末、金针菇、西红柿，翻炒匀，加水、盐、鸡粉拌匀。
5. 煮沸后倒入蛋液拌匀。
6. 放入少许葱花搅拌均匀，盛出装碗即可。

西红柿鸡蛋汤

烹饪时间 / 2分钟　口味 / 鲜　功效 / 开胃消食　适合人群 / 一般人群

原料

西红柿150克，鸡蛋1个，葱花少许

调料

盐2克，鸡粉2克，胡椒粉、食用油各适量

营养分析

西红柿含有丰富的钙、磷、铁、胡萝卜素、维生素，能生津止渴、健胃消食，对食欲不振有很好的辅助治疗作用。常食西红柿还有美容的效果，能使皮肤细滑白皙，延缓衰老。

制作指导

如果不喜欢吃西红柿的皮，可以先将西红柿在沸水中浸泡一下，这样就很容易剥掉西红柿的皮。

相宜相克

- ✓ 鸡蛋+豆腐（有利于钙的吸收）
- ✓ 鸡蛋+桂圆（安神美容，补益气血）
- ✗ 鸡蛋+茶（不利肠胃消化）
- ✗ 鸡蛋+兔肉（易导致腹泻）

做法：

1. 将洗净的西红柿对半切开去蒂，切成瓣。
2. 鸡蛋打入碗中，打散调匀。
3. 锅中注入适量清水，大火烧开，注入适量食用油，倒入切好的西红柿。
4. 在锅中加入适量盐、鸡粉，撒入胡椒粉煮至沸腾。
5. 倒入打散的鸡蛋液搅拌匀。
6. 在汤中撒入少许葱花，搅匀，装入碗中即成。

紫菜蛋花汤

烹饪时间 / 3分钟　口味 / 清淡　功效 / 增强免疫　适合人群 / 一般人群

原料

水发紫菜200克，鸡蛋1个，葱末少许

水发紫菜

鸡蛋

葱

调料

盐、鸡粉、胡椒粉、食用油各适量

·营养分析·

鸡蛋含有多种维生素和氨基酸，而且其比例与人体很接近，人体利用率达99.6%。鸡蛋的铁含量尤其丰富，利用率达100%，是人体铁的良好来源，是小儿、老人、产妇以及肝炎患者、贫血患者、手术后恢复期病人的良好补品。

制作指导

做鸡蛋汤的时候，一定要在水煮沸后再倒入蛋液拌匀，这样才不会使蛋液粘在锅底。

相宜相克

- ✓ 紫菜+决明子（防治高血压）
- ✓ 紫菜+白萝卜（清心开胃）
- ✗ 紫菜+花菜（影响钙的吸收）
- ✗ 紫菜+柿子（不利消化）

做法：

1. 将鸡蛋打入碗中，用筷子搅散，打成蛋液。
2. 锅中加入适量清水，放入少许食用油，拌匀。
3. 用大火煮沸，加少许盐、鸡粉，拌匀调味。
4. 加入洗净的紫菜，用中火煮至紫菜熟烂。
5. 撒上少许胡椒粉，加入蛋液，搅拌成蛋花。
6. 撒上葱末，用锅勺搅拌均匀，将紫菜蛋花汤装入碗中即成。

菠菜鸡蛋汤

烹饪时间 / 2分钟　口味 / 鲜　功效 / 增强免疫　适合人群 / 老年人

原料

菠菜160克，鸡蛋1个，姜片少许

调料

盐3克，鸡粉2克，食用油适量

·营养分析·

鸡蛋含有多种维生素和氨基酸，吸收利用率达99.6%。鸡蛋的铁含量丰富，是人体铁的良好来源，能增强人体的代谢功能和免疫功能，是小儿、老人、产妇及贫血患者的良好补品。

制作指导

菠菜入锅煮制前先将其用开水烫一下，可除去大部分的草酸。

相宜相克

- ✓ 鸡蛋+醋（降低血脂）
- ✓ 鸡蛋+羊肉（延缓衰老）
- ✗ 鸡蛋+大蒜（降低营养成分）
- ✗ 鸡蛋+红薯（容易造成腹痛）

做法：

1. 把洗净的菠菜切成段。
2. 鸡蛋打入碗中，打散调匀。
3. 用油起锅，下姜片爆香，放入菠菜，翻炒至熟软。
4. 倒入适量清水，用大火煮沸。
5. 加入适量盐、鸡粉，倒入备好的蛋液，搅拌均匀，煮片刻。
6. 把煮好的汤盛出，装入碗中即成。

丝瓜蛋花汤

烹饪时间 / 4分钟　口味 / 清淡　功效 / 美容养颜　适合人群 / 一般人群

原料

丝瓜200克，鸡蛋1个，葱花少许

鸡蛋

丝瓜

葱

调料

盐、鸡粉、胡椒粉、食用油各适量

·营养分析·

丝瓜富含蛋白质、粗纤维、维生素等成分。丝瓜是不可多得的美容佳品，其所含的维生素B_1和维生素C具有淡化雀斑、抗皱、增白的作用，尤其适合女性食用。

制作指导

丝瓜的味道清甜，烹煮时不宜加酱油和豆瓣酱等口味较重的酱料，以免抢味，影响口感。

相宜相克

- ✓ 丝瓜+青豆（防治口臭、便秘）
- ✓ 丝瓜+鸭肉（清热滋阴）
- ✗ 丝瓜+菠菜（易引起腹泻）
- ✗ 丝瓜+芦荟（易引起腹痛、腹泻）

做法：

1. 将鸡蛋打入碗中，用筷子快速搅拌，把蛋液打散，备用。
2. 将去皮洗好的丝瓜切成片，待用。
3. 锅中注入适量清水，大火烧开，注入适量食用油。
4. 加入少量鸡粉、盐，倒入切好的丝瓜片。
5. 撒入适量胡椒粉，搅拌均匀，煮约2分钟至熟。
6. 倒入蛋液，快速搅匀至熟关火，撒入葱花即可。

家常蔬菜蛋汤

烹饪时间 / 2分钟　口味 / 鲜　功效 / 美容养颜　适合人群 / 女性

原料

菜心150克，黄瓜100克，西红柿95克，鸡蛋1个

调料

盐2克，鸡粉2克，食用油适量

营养分析

黄瓜含有维生素B_1和维生素B_2，可以防止口角炎、唇炎，润滑肌肤。此外，黄瓜还含有的维生素C，具有增强人体免疫功能的作用。

制作指导

此汤味道鲜美，所以煮制时油、盐不宜多放。

相宜相克

- ✓ 黄瓜+乌龟（健脾利气）
- ✓ 黄瓜+鱿鱼（增强免疫力）
- ✗ 黄瓜+橘子（破坏维生素C）
- ✗ 黄瓜+菠菜（降低营养价值）

做法：

1. 将洗净的菜心切成段；洗好的西红柿切成瓣；洗净的黄瓜去皮、去籽，切成小块；鸡蛋打入碗中，搅散调匀。
2. 锅中注水烧开，加入油、盐、鸡粉。
3. 放入切好的黄瓜、西红柿，拌匀。
4. 盖上盖，用大火煮沸。
5. 揭盖，放入切好的菜心，煮约1分钟至熟软。
6. 倒入鸡蛋液，拌匀煮沸，盛出即成。

咸蛋木耳菜汤

烹饪时间 / 2分钟　口味 / 咸　功效 / 清热解毒　适合人群 / 一般人群

原料

生咸蛋1个，木耳菜150克

木耳菜

生咸蛋

调料

盐2克，鸡粉2克，食用油适量

·营养分析·

咸蛋营养丰富，富含脂肪、蛋白质和钙、磷、铁等矿物质，还含有人体所需的多种氨基酸，中医认为其具有清肺热、降阴火的多重功效。

制作指导

咸蛋本身含有较多的盐分，所以煮制此汤时可以少放盐。

相宜相克

- ✓ 咸蛋+黑木耳（滋肾补脑）
- ✓ 咸蛋+银耳（滋肾补脑）
- ✗ 咸蛋+桑葚（易引起胃痛）
- ✗ 咸蛋+甲鱼（易引起身体不适）

做法：

1. 将洗净的木耳菜切去尾部。
2. 咸蛋打入碗中，将蛋清、蛋黄分开。
3. 用油起锅，放入木耳菜，翻炒至熟软。
4. 倒入适量清水，放入咸蛋黄。
5. 盖上盖，用大火煮沸，揭盖，加入适量盐、鸡粉，搅拌匀。
6. 倒入蛋清拌匀煮沸，将煮好的汤盛出，装入碗中即成。

榨菜蛋花汤

烹饪时间 / 2分钟　口味 / 鲜　功效 / 开胃消食　适合人群 / 一般人群

原料

榨菜100克，鸡蛋1个，葱花少许

调料

盐2克，芝麻油2毫升，鸡粉、胡椒粉、食用油各少许

营养分析

榨菜具有开胃、健脾等作用。饮酒不适或过量时，吃一点儿榨菜可以缓解酒醉造成的头昏、胸闷和烦躁感。

葱

鸡蛋

榨菜

相宜相克

✓榨菜+黄豆芽（可以促进消化，增进食欲）

✗榨菜+胡萝卜（榨菜与胡萝卜同食会降低胡萝卜的营养价值）

制作指导

出锅前倒入少许水淀粉勾薄芡，可使成品更美观。

做法:

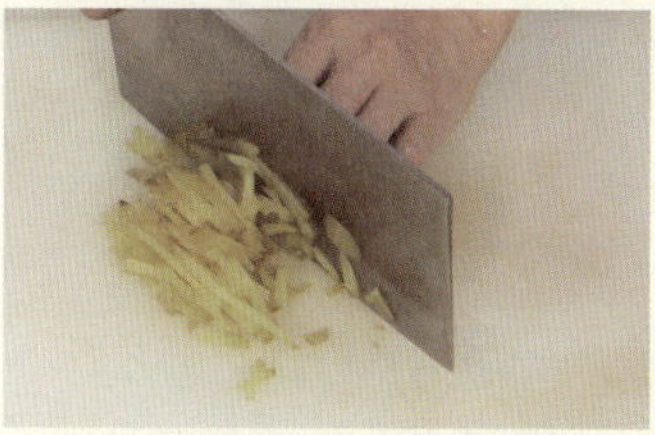

①洗净的榨菜切片，改切成丝。

②鸡蛋打入碗中，用筷子搅散，调匀。

③锅中倒入适量清水烧开，放入榨菜丝，拌匀，煮约1分钟。

④把焯过水的榨菜丝捞出备用。

⑤另起锅，注入600毫升清水烧开，倒入适量食用油。

⑥下入榨菜丝。

⑦加入盐、鸡粉。

⑧撒入少许胡椒粉，用锅勺拌匀，略煮一会儿。

⑨转小火，一边倒入蛋液一边搅拌匀。

⑩淋入少许芝麻油。

⑪用锅勺搅拌匀。

⑫将煮好的汤料盛出，装入汤碗中，撒上葱花即可。

咸蛋芥菜汤

烹饪时间 / 2分钟　口味 / 咸　功效 / 开胃消食　适合人群 / 儿童

原料

生咸蛋1个，芥菜250克，姜片少许

调料

鸡粉2克，盐少许，食用油适

·营养分析·

芥菜含有蛋白质、维生素A、维生素C等营养成分，具有降低胆固醇、软化血管、预防心脏病等功效。芥菜中还含有有机碱，这使它带有一定的苦味，能刺激人的味觉神经，提高食欲，还可加快胃肠蠕动，有助消化。

制作指导

芥菜含有一定的苦味，加入少许柠檬汁，可以去除部分苦味，汤的味道也会更加鲜美。

相宜相克

- 芥菜+黄豆（健脾养胃）
- 芥菜+黄骨鱼（利尿）
- 芥菜+豆腐（清热降压）

做法：

1. 将洗净的芥菜切成长段。
2. 咸蛋打入碗中，将蛋清、蛋黄分开。
3. 用油起锅，下姜片，倒入切好的芥菜，拌匀炒片刻，倒入适量清水。
4. 在锅中放入咸蛋黄，拌匀煮沸。
5. 加入适量盐、鸡粉，倒入咸蛋清拌匀。
6. 将煮好的汤盛出，装入碗中即成。

皮蛋黄瓜汤

烹饪时间 / 5分钟　口味 / 鲜　功效 / 防癌抗癌　适合人群 / 女性

原料

皮蛋1个，黄瓜250克，姜片、葱花各少许

调料

盐2克，鸡粉1克，胡椒粉1克，食用油适量

·营养分析·

黄瓜含有的葫芦素C具有提高人体免疫功能和抗肿瘤的作用，还可辅助治疗慢性肝炎。黄瓜所含的B族维生素，对改善大脑和神经功能有利，能安神定志，辅助治疗失眠。

制作指导

切皮蛋时容易将蛋黄粘在刀上，若把菜刀放入醋水中浸泡一会儿后再切，可使皮蛋外观更整齐。

相宜相克

- ✓ 黄瓜+大蒜（排毒瘦身）
- ✓ 黄瓜+豆腐（降低血脂）
- ✗ 黄瓜+橘子（破坏维生素C）
- ✗ 黄瓜+菠菜（降低营养价值）

做法：

1. 将洗净的黄瓜削去皮，切成块。
2. 皮蛋剥去壳，用刀切成瓣。
3. 用油起锅，烧热后放入姜片爆香，倒入黄瓜翻炒片刻。
4. 倒入适量清水煮沸，倒入皮蛋拌匀，煮2分钟至熟。
5. 加入盐、鸡粉、胡椒粉，拌匀调味。
6. 放入葱花拌匀，撇去汤中浮沫，盛出后装入汤碗中即可。

油菜瘦肉皮蛋汤

烹饪时间 / 3分钟　口味 / 鲜　功效 / 益气补血　适合人群 / 一般人群

原料

油菜120克，猪瘦肉80克，皮蛋1个，姜片少许

调料

鸡粉2克，盐2克，水淀粉、胡椒粉、食用油各适量

·营养分析·

瘦肉富含蛋白质、维生素B_1和多种营养元素，有滋养脏腑、滑润肌肤、补中益气、滋阴养胃之功效，还能为人体提供血红素和促进铁吸收的半胱氨酸，尤其适合病后体弱、产后血虚、面黄羸弱者食用。

油菜

猪瘦肉

姜

皮蛋

相宜相克

✓ 油菜+黑木耳（平衡营养）

✓ 油菜+白木耳（清肺止咳）

✓ 油菜+蘑菇（抗衰老）

✗ 油菜+黄瓜（破坏维生素C）

✗ 油菜+南瓜（降低营养）

制作指导

切瘦肉时尽量切成厚度一致的薄片，不仅可以缩短煮制时间，而且成品口感也更均匀。

做法:

①将洗净的油菜切成瓣。

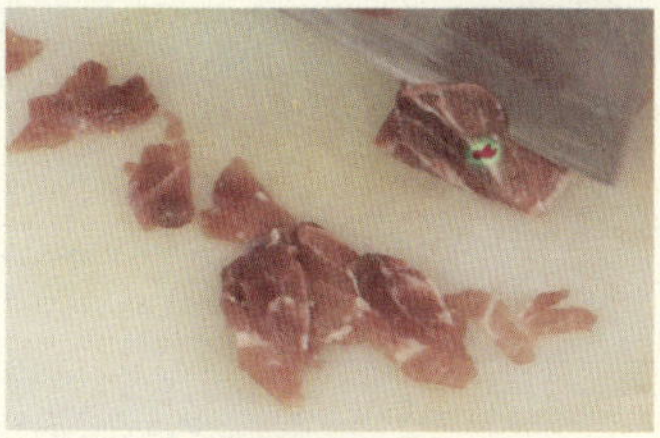

②洗好的瘦肉切成片。

③把瘦肉装入碗中，加入少许盐、鸡粉，抓匀。

④倒入适量水淀粉，抓匀，腌渍5分钟。

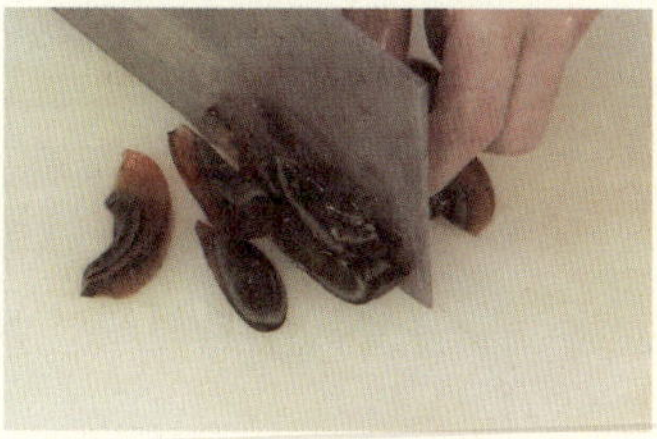

⑤皮蛋去壳，改切成瓣。

⑥锅中注入适量清水烧开，淋入少许食用油，放入姜片。

⑦再放入油菜、皮蛋，拌匀。

⑧加入盐、鸡粉，拌匀煮沸。

⑨倒入肉片，搅散，煮约1分钟至食材熟透。

⑩捞出锅中浮沫。

⑪再加入少许胡椒粉，用锅勺搅拌均匀。

⑫将煮好的汤盛出，装入碗中即成。

菠菜皮蛋汤

烹饪时间 / 2分钟　口味 / 鲜　功效 / 开胃消食　适合人群 / 一般人群

原料

菠菜100克，皮蛋1个，姜片少许

调料

盐2克，鸡粉2克，食用油适量

营养分析

皮蛋含有蛋白质、维生素、氨基酸和多种矿物质，其在腌渍的过程经过了强碱的作用，使蛋白质及脂质分解，变得更容易消化吸收。皮蛋风味独特，具有增进食欲的作用。

制作指导

在煮制皮蛋时，可加点儿陈醋，既能杀菌，又能中和皮蛋的一部分碱性，吃起来味道也会更好。

相宜相克

- ✓ 皮蛋+豆腐（养肝明目、清热健胃）
- ✓ 皮蛋+醋（开胃消食）
- ✗ 皮蛋+甲鱼（易产生不良反应）
- ✗ 皮蛋+李子（易产生不良反应）

做法：

1. 将洗净的菠菜切成段。
2. 皮蛋去壳，切成小块。
3. 锅中加适量清水烧开，加少许食用油。
4. 下入姜片，加盐、鸡粉，倒入皮蛋，拌匀。
5. 大火煮沸，放入菠菜，用锅铲搅拌匀，煮至食材熟软。
6. 将汤盛出装碗即成。

第五章

鲜美水产汤

我国自古就有“山珍海味”这个词，它用来形容让人垂涎三尺的各种珍贵佳肴，可见水产在人们的美食观中有举足轻重的地位。水产之所以受到人们的喜爱不仅因为滋味鲜美、肉质细腻，更在于其丰富的营养，食疗价值不可小视。而水产煲制而成的各种汤品不用多说，更是鲜香四溢。水产汤中的养分有陆上各种动物所少见的各种稀有成分，并且水产的蛋白质更利于人体吸收，脂肪含量却非常少，而水产汤通常补肾健脑。营养相当丰富又让人体更健康的水产汤让人们更加的喜爱它了。

白汤鲫鱼

烹饪时间 / 7分钟　口味 / 清淡　功效 / 提神健脑　适合人群 / 儿童

原料

鲫鱼400克，豆腐300克，胡萝卜片、姜片、葱段各少许

调料

盐、味精、白糖、料酒、胡椒粉、食用油各适量

营养分析

豆腐营养丰富，含有铁、钙、磷、镁等人体必需的多种营养元素，还含有糖类、植物油和丰富的优质蛋白，素有“植物肉”之美称。常食豆腐，可补中益气、清热润燥、生津止渴、清洁肠胃。老年人可多食用豆腐，以促进消化、减少便秘。

相宜相克

✅ 鲫鱼+黑木耳（润肤抗老）
✅ 鲫鱼+蘑菇（利尿美容）
✅ 鲫鱼+红豆（利水消肿）
✅ 鲫鱼+豆腐（预防更年期综合征）

❌ 鲫鱼+蜂蜜（对身体不利）
❌ 鲫鱼+葡萄（刺激性大）
❌ 鲫鱼+鸡肉（不利营养的吸收）
❌ 鲫鱼+猪肉（不利营养的吸收）

制作指导

把豆腐放在盐水中煮沸，放凉后再烹饪，不仅不容易煮碎，而且色泽也更美观。

做法：

①在宰杀处理干净的鲫鱼两侧刮上一字花刀。

②洗净的豆腐切小块。

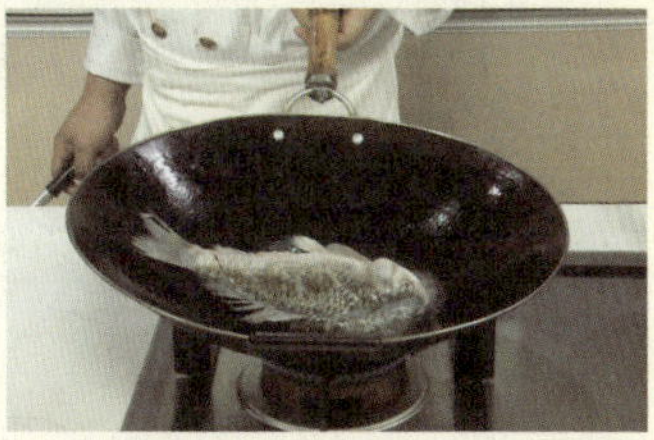

③锅注油放入鲫鱼，煎至两面呈金黄色。

④放入姜片、葱白，拌匀。

⑤淋入料酒，倒入适量清水。

⑥盖上盖，焖煮3分钟至沸。

⑦关火，将材料转入砂煲。

⑧把砂煲置于旺火上，炖煮至汤汁呈奶白色。

⑨揭开盖，加盐、味精、白糖调味，倒入豆腐。

⑩盖上盖，炖煮约2分钟至入味。

⑪揭盖撒上胡椒粉。

⑫放入胡萝卜片、葱叶，煮至熟，取下砂煲即成。

玉米煲鲫鱼汤

烹饪时间 / 30分钟　口味 / 鲜　功效 / 降压降糖　适合人群 / 一般人群

原料

玉米1根，净鲫鱼500克，葱段、姜片各25克

调料

盐、鸡粉、食用油各适量

·营养分析·

玉米含有不饱和脂肪酸，可帮助降低血液胆固醇浓度，并预防其沉积于血管壁。因此，玉米对冠心病、动脉粥样硬化、高血脂、高血压等都有一定的预防作用。

制作指导

此菜中倒入适量的淡奶，煲出的汤不仅美味，而且营养也更丰富。

相宜相克

- ✓ 玉米+花菜（健脾益胃、助消化）
- ✓ 玉米+大豆（营养更均衡）
- ✗ 玉米+田螺（易引起中毒）
- ✗ 玉米+红薯（易造成腹胀）

做法：

1. 玉米洗净斩成小块。
2. 炒锅注油烧热，放入姜片、葱段。
3. 放入鲫鱼，煎至两面断生，加适量清水，大火烧开。
4. 放入玉米拌匀，以中火煮至沸腾。
5. 加盐、鸡粉调味，拌煮至入味，然后去浮沫。
6. 将锅中材料转至砂煲，将砂煲置于火上，煲开后转小火煮20分钟，即成。

清蒸鲫鱼汤

烹饪时间 / 17分钟　口味 / 鲜　功效 / 益气补血　适合人群 / 孕产妇

原料

鲫鱼400克，姜片20克

鲫鱼

姜

调料

盐2克，米酒4毫升，鸡粉2克，食用油适量

·营养分析·

鲫鱼富含蛋白质、谷氨酸、天冬氨酸等营养元素，可补阴血，通血脉，补体虚，还有益气健脾、利水消肿、清热解毒、通络下乳、祛风湿病痛之功效，是产妇的催乳佳品。

制作指导

蒸鲫鱼时，可以加入少许芝麻油，能使成品味道更加鲜美。

相宜相克

✓ 鲫鱼+蘑菇（利尿美容）
✓ 鲫鱼+红豆（利水消肿）
✗ 鲫鱼+葡萄（刺激性大）
✗ 鲫鱼+芥菜（会引起水肿）

做法：

1. 将处理干净的鲫鱼装入碗中。
2. 放入适量盐、米酒，抹匀，放上姜片。
3. 再加入适量清水，把加工好的鲫鱼放入烧开的蒸锅中。
4. 盖上盖，用中火蒸15分钟。
5. 揭盖，把蒸好的鲫鱼取出。
6. 加入适量鸡粉，拌匀即可。

胡萝卜淮山鲫鱼汤

烹饪时间 / 31分钟　口味 / 鲜　功效 / 益气补血　适合人群 / 孕产妇

原料

胡萝卜100克，鲫鱼320克，淮山30克，姜片少许

调料

盐3克，鸡粉2克，料酒5毫升，胡椒粉、食用油各适量

·营养分析·

鲫鱼含有的蛋白质质优、氨基酸种类较全面，而且易于消化吸收，对肌肤的弹力纤维构成有良好的强化作用，尤其对因压力、睡眠不足等精神因素导致的早期皱纹，有很好的缓解作用。

姜

胡萝卜

鲫鱼

淮山

相宜相克

✓ 鲫鱼+蘑菇 （利尿美容）
✓ 鲫鱼+韭菜（补钙养颜）
✓ 鲫鱼+枸杞（润肤养颜）
✗ 鲫鱼+鸡肉（不利营养的吸收）
✗ 鲫鱼+芥菜（会引起水肿）

制作指导

鲫鱼汤未炖好时，最好不要放盐，否则会导致鱼肉的蛋白质凝固，汤则不易炖成奶白色。

做法:

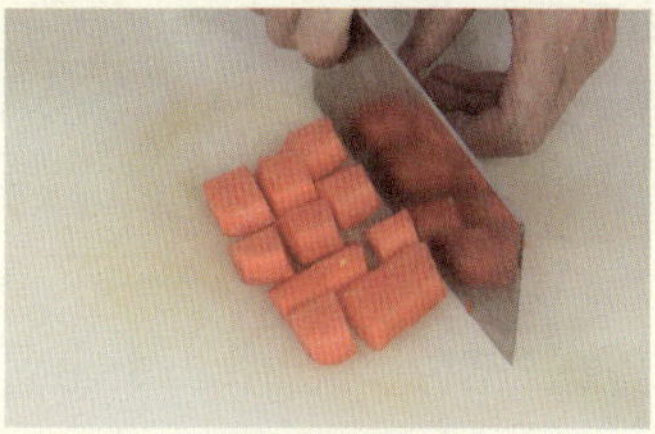

①将去皮洗净的胡萝卜对半切开，切成条，再切成小块。

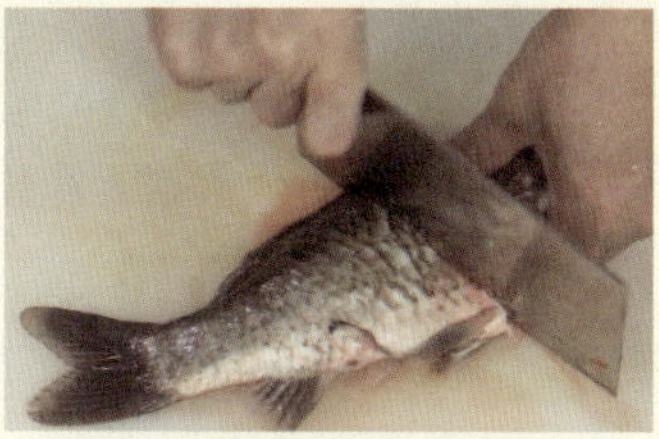

②处理干净的鲫鱼切成两段。

③锅中注入适量食用油烧热，放入鲫鱼块，煎片刻。

④将鲫鱼块翻面，再煎一会儿。

⑤淋入适量料酒，稍稍晃动锅以免煎煳，继续煎半分钟。

⑥把煎好的鲫鱼块盛出，备用。

⑦砂锅中注入适量清水烧开，放入淮山、姜片。

⑧倒入胡萝卜、鲫鱼。

⑨盖上盖，用小火炖30分钟至汤汁呈奶白色。

⑩揭开锅盖，放入盐、鸡粉。

⑪撒入少许胡椒粉，转大火，用锅勺拌匀。

⑫捞出浮沫，关火，把汤料盛入汤碗中即可。

鲫鱼花生木瓜汤

烹饪时间 / 32分钟　口味 / 鲜　功效 / 益气补血　适合人群 / 女性

原料

鲫鱼400克，木瓜150克，花生米70克，姜片15克

调料

盐3克，鸡粉2克，胡椒粉少许，食用油适量

·营养分析·

鲫鱼富含蛋白质，易于被人体吸收，其氨基酸含量也很高，对促进智力发育、降低胆固醇和血液黏稠度、预防心脑血管疾病具有显著作用。常食鲫鱼，还能通血脉、补体虚、益气健脾、利水消肿、清热解毒、通络下乳。

制作指导

鲫鱼入锅煎制前可先用料酒腌渍片刻，不仅可以去腥，还能使汤品更加鲜香。

相宜相克

- ✓ 鲫鱼+黑木耳（润肤抗老）
- ✓ 鲫鱼+蘑菇（利尿美容）
- ✗ 鲫鱼+蜂蜜（对身体不利）
- ✗ 鲫鱼+葡萄（刺激性大）

做法：

1. 洗净的木瓜去籽去皮，切长条，改切成小块。
2. 锅中注油烧热，放入姜片爆香，放入处理好的鲫鱼煎出焦香味，翻面再煎片刻盛出备用。
3. 砂锅注水烧开，放入花生米、鲫鱼.
4. 盖上盖，烧开后用小火炖20分钟。
5. 然后放入木瓜，用小火炖10分钟至食材熟透。
6. 放入鸡粉、盐、胡椒粉搅匀调味即成。

萝卜鲫鱼汤

烹饪时间 / 18分钟　口味 / 鲜　功效 / 开胃消食　适合人群 / 孕产妇

原料

鲫鱼1条，白萝卜250克，姜丝、葱花各少许

调料

盐5克，鸡粉3克，料酒、食用油、胡椒粉各适量

·营养分析·

鲫鱼富含蛋白质、脂肪、维生素和多种矿物质，可补阴血，通血脉，补体虚，还有益气健脾、利水消肿、清热解毒、通络下乳、祛风湿病痛之功效，还可以促进智力发育、降低胆固醇和血液黏稠度、预防心脑血管疾病。

制作指导

煮鲫鱼时火候要准，先旺后中，汤面始终保持沸腾的状态，至汤汁呈奶白色。

相宜相克

- ✓ 鲫鱼+黑木耳（润肤抗老）
- ✓ 鲫鱼+蘑菇（利尿美容）
- ✗ 鲫鱼+葡萄（刺激性大）
- ✗ 鲫鱼+鸡肉（不利营养吸收）

做法：

1. 将去皮洗净的白萝卜切片，改切成丝。
2. 用油起锅，倒入姜丝爆香，放入处理干净的鲫鱼略煎，转动炒锅。
3. 煎至焦黄时用锅铲翻面，再煎片刻。
4. 淋入料酒，加足量热水。
5. 加适量盐、鸡粉，大火煮15分钟后放入白萝卜丝，再加入适量胡椒粉。
6. 把锅中材料倒入砂锅中，砂锅置于旺火上，大火烧开，撒上葱花即成。

鲫鱼黄芪生姜汤

烹饪时间 / 42分钟　口味 / 鲜　功效 / 开胃消食　适合人群 / 孕产妇

原料

净鲫鱼400克，老姜片40克，黄芪5克

调料

盐、鸡粉各2克，米酒5毫升，食用油适量

·营养分析·

鲫鱼所含的蛋白质质优，易于消化吸收，有健脾利湿、和中开胃、活血通络、温中下气之功效，对脾胃虚弱有很好的食疗作用。此外，鲫鱼还含有大量的矿物质，产妇常食鲫鱼汤，可补虚通乳。

鲫鱼

黄芪

老姜

相宜相克

✅鲫鱼+黑木耳（润肤抗老）
✅鲫鱼+红豆（利水消肿）
✅鲫鱼+韭菜（补钙养颜）
✅鲫鱼+枸杞（润肤养颜）

❌鲫鱼+蜂蜜（易对身体不利）
❌鲫鱼+葡萄（刺激性大）
❌鲫鱼+芥菜（会引起水肿）
❌鲫鱼+鸡肉（不利营养的吸收）

制作指导

油锅中煎至焦煳的姜片要去除，以免煮汤时破坏鱼肉的鲜美。

做法:

①烧热炒锅，注入少许食用油烧热，下入姜片，爆香。

②放入鲫鱼，用小火煎一会儿至散发出香味。

③翻转鱼身，再煎一会儿至鲫鱼断生。

④关火后盛出鲫鱼，沥干油后放在盘中，备用。

⑤砂锅中注入1000毫升清水烧开，下入洗净的黄芪。

⑥盖上盖，用小火煮约20分钟至散发出药香味。

⑦揭开盖，倒入煎好的鲫鱼。

⑧淋入少许米酒提鲜。

⑨盖好盖子，用大火煮沸后转小火续煮约20分钟至食材熟透。

⑩取下盖子，调入盐、鸡粉。

⑪拌匀，用大火煮片刻至入味。

⑫关火后盛出煮好的汤料，放入汤碗中即成。

黄芪淮山鲫鱼汤

烹饪时间 / 23分钟　口味 / 鲜　功效 / 降压降糖　适合人群 / 高血压患者

原料

鲫鱼300克，黄芪、淮山、姜片各少许

调料

盐3克，鸡粉2克，胡椒粉3克，料酒7毫升，食用油少许

·营养分析·

鲫鱼所含的蛋白质质优、齐全、易于消化吸收，是肝肾疾病、心脑血管疾病患者的良好蛋白质来源。常食鲫鱼可增强抗病能力，肝炎、肾炎、高血压、心脏病、慢性支气管炎等疾病患者可经常食用。

制作指导

将鲫鱼去鳞剖腹洗净后，放入碗中，再倒入少许黄酒，不仅能除去鲫鱼的腥味，还能使鱼汤的滋味更鲜美。

相宜相克

- ✓ 鲫鱼+黑木耳（润肤抗老）
- ✓ 鲫鱼+蘑菇（利尿美容）
- ✗ 鲫鱼+蜂蜜（对身体不利）
- ✗ 鲫鱼+葡萄（刺激性大）

做法：

1. 用油起锅，放入姜片、处理好的鲫鱼，用中小火煎一会儿，翻面再煎一会儿，再翻面煎至两面断生。
2. 砂煲中注入适量清水，用大火煮沸，倒入煎熟的鲫鱼。
3. 放入洗净的黄芪、淮山，再淋入料酒。
4. 盖上盖，煮沸后用小火煮约20分钟至食材熟透。
5. 揭盖，加入盐、鸡粉。
6. 再撒上少许胡椒粉调味，盛入汤碗中即成。

豆腐香菇鲫鱼汤

烹饪时间 / 4分钟　口味 / 鲜　功效 / 保肝护肾　适合人群 / 一般人群

原料

鲫鱼300克，豆腐200克，水发香菇60克，姜片、葱花各少许

调料

盐、鸡粉各2克，胡椒粉3克，料酒、食用油各适量

营养分析

鲫鱼含有丰富的蛋白质，并含有大量的钙、磷、铁等矿物质，具有和中补虚、除湿利水、补虚羸、补中生气之功效。

制作指导

鲫鱼肉处理干净后，可以用适量的牛奶浸渍一会儿，既可除腥，又能增加鲜味。

相宜相克

- ✓ 鲫鱼+莼菜（增强免疫力）
- ✓ 鲫鱼+西红柿（营养丰富）
- ✗ 鲫鱼+猪肉（不利营养的吸收）
- ✗ 鲫鱼+芥菜（会引起水肿）

做法：

1. 洗净的豆腐切方块；洗净的香菇切片；洗净的鲫鱼切大块。
2. 热锅倒油，入姜片爆香，倒入鲫鱼块煎香。
3. 加入料酒、适量开水，煮沸后续煮约2分钟。
4. 倒入豆腐块、香菇片，拌煮片刻。
5. 再调入盐、鸡粉、胡椒粉，拌匀调味，去浮沫。
6. 转中火煮约1分钟至食材入味，撒上葱花，拌煮至断生，即成。

冬瓜鲫鱼汤

烹饪时间 / 7分钟　口味 / 清淡　功效 / 美容养颜　适合人群 / 女性

原料

冬瓜200克，净鲫鱼400克，姜片、香菜各少许

调料

盐、鸡粉、胡椒粉、食用油各适量

·营养分析·

冬瓜富含天冬氨酸、谷氨酸、精氨酸，这些都能使人体解除游离氨的毒害，是冬瓜具有利尿消肿功效的基础。此外，冬瓜籽所含的蛋白质和瓜氨酸可润泽皮肤，还能抑制黑色素的形成。

制作指导

冬瓜片切得薄一些，煮出来的汤汁更美味。

相宜相克

- ✓ 冬瓜+海带（降低血压）
- ✓ 冬瓜+芦笋（降低血脂）
- ✗ 冬瓜+羊肉（易导致腹痛）
- ✗ 冬瓜+羊肝（降低营养价值）

做法：

1. 把去皮洗净的冬瓜切薄片。
2. 锅中倒入适量清水，大火烧开，加入盐、鸡粉，调味。
3. 撒入姜片，放入冬瓜，再放入鲫鱼，倒入少许食用油。
4. 盖上盖，用中火煮至鲫鱼熟透。
5. 揭开盖，撒上胡椒粉，搅拌均匀调味。
6. 出锅盛入碗中，再撒上香菜即可。

当归白术鲤鱼汤

烹饪时间 / 27分钟　口味 / 鲜　功效 / 降压降糖　适合人群 / 高血压病患者

原料

鲤鱼400克，当归3克，白术6克，姜片5克

调料

盐3克，鸡粉2克，料酒5毫升，食用油适量

·营养分析·

鲤鱼含有蛋白质、氨基酸、维生素、不饱和脂肪酸等成分，能益气健脾，通气下乳，使血压维持正常，预防动脉硬化、高血压、冠心病，增强肝脏功能，适合食欲低下、工作太累和情绪低落的人食用。

制作指导

烹制鲤鱼时不用放味精，因为它本身就有很好的鲜味。鲤鱼用于通乳时，应少放盐。

相宜相克

- ✓ 鲤鱼+黑豆（利水消肿）
- ✓ 鲤鱼+黄瓜（补气养血）
- ✗ 鲤鱼+狗肉（易使人上火）
- ✗ 鲤鱼+青豆（破坏维生素B_1）

做法：

1. 热锅注油，下入适量姜片，爆香。
2. 放入处理干净的鲤鱼，煎制一会儿，将鲤鱼翻面，煎出焦香味，取出备用。
3. 锅中注水，放入处理好的白术、当归。
4. 盖上盖，烧开后改小火煮10分钟。
5. 揭盖，放入鲤鱼，加料酒、盐、鸡粉。
6. 再盖上盖，烧开后用小火炖15分钟至熟，盛出装碗即可。

酸汤鲈鱼

烹饪时间 / 11.5分钟　口味 / 鲜　功效 / 开胃消食　适合人群 / 女性

原料

鲈鱼500克，酸菜200克，姜片25克，红椒圈少许

调料

盐6克，料酒、醋、白糖、鸡粉、胡椒粉、食用油各适量

·营养分析·

鲈鱼含有多种维生素及微量元素，对人体十分有益。此外，鲈鱼的蛋白质含量也很丰富，有补益五脏、益筋骨、调和肠胃的作用。鲈鱼中铁的含量也很丰富，对缺铁性贫血有食疗作用。

相宜相克

✓鲈鱼+香菇（提高食欲、促进消化）
✓鲈鱼+南瓜（预防感冒）
✓鲈鱼+大葱（排毒、利尿）

✗鲈鱼+蛤蜊（导致铜、铁等元素的流失、降低营养价值）

制作指导

加盖后应转成小火，以免将鲈鱼煮散。

做法:

①把洗净的酸菜切碎。

②处理干净的鲈鱼撒上盐，涂抹均匀，腌渍约10分钟至入味。

③锅注油烧热，放入姜片爆香。

④放入鲈鱼，用小火煎约1分钟。

⑤淋入料酒。

⑥再注入适量清水。

⑦加入盐调味。

⑧盖上盖子，煮约5分钟至汤汁呈奶白色。

⑨揭开盖子，倒入酸菜和红椒圈。

⑩煮2分钟至沸腾。

⑪加醋、盐、白糖、鸡粉、胡椒粉调味。

⑫用汤勺撇掉浮沫，出锅即可。

锅仔鲈鱼煮萝卜

烹饪时间 / 8分钟　口味 / 鲜　功效 / 养心润肺　适合人群 / 女性

原料

鲈鱼500克，白萝卜300克，芹菜20克，姜丝、葱白、酸梅酱各少许

调料

盐、鸡粉、料酒各适量

·营养分析·

鲈鱼肉质白嫩、清香，没有腥味，肉为蒜瓣形，最宜清蒸、红烧或炖汤。秋末冬初时的鲈鱼特别肥美，鱼体内积累的营养物质也最丰富，所以是吃鲈鱼的最好时令。常食鲈鱼可补益五脏，益筋骨，调和肠胃。

制作指导

煎鲈鱼时，应高油温投入略炸，再转中小火浸炸，这样鱼皮不易破碎。煎的过程中还可以用锅铲稍稍按压鱼身，让鱼身里的水分充分炸干，这样炸出的鱼会外酥里嫩。

相宜相克

- 鲈鱼+香菇（提高食欲、促进消化）
- 鲈鱼+红枣（益气补血、增强人体免疫力）

做法：

1. 将去皮洗净的白萝卜切丝；宰杀好的鲈鱼加盐抹匀。
2. 锅中注入适量食用油，大火烧热，放入姜丝爆香。
3. 再放入鲈鱼，煎至两面呈焦黄。
4. 加入料酒和适量清水，加盖煮沸。
5. 揭盖，放入白萝卜，加盐、鸡粉，再加上盖，煮2分钟至熟。
6. 揭盖，放入已洗好的芹菜、葱白、姜丝、酸梅酱略煮，盛入干锅即成。

冬瓜红豆鲤鱼汤

烹饪时间 / 37分钟　口味 / 鲜　功效 / 益气补血　适合人群 / 女性

原料

鲤鱼600克，冬瓜450克，水发红豆70克，姜片少许

调料

盐3克，鸡粉2克，胡椒粉1克，料酒5毫升，食用油适量

·营养分析·

冬瓜含糖量低，含水量较高，能利水消肿，对糖尿病、冠心病、动脉硬化、高血压及肥胖病患者有良好的食疗作用。此外，冬瓜含钠量较低，是肾脏病、水肿病患者理想的蔬菜。

制作指导

煎制鱼块时，应适当地晃动锅，避免受热不匀将鱼块煎煳。

相宜相克

- ✓ 鲤鱼+白菜（防治水肿）
- ✓ 鲤鱼+黄瓜（补气养血）
- ✗ 鲤鱼+狗肉（易使人上火）
- ✗ 鲤鱼+青豆（破坏维生素B_1）

做法：

1. 洗好的冬瓜去除籽、皮，切成块；把处理干净的鲤鱼切成三段。
2. 锅注油烧热，放入鱼块，用小火煎1分钟至发出焦香味翻面，再煎半分钟至焦黄色，备用。
3. 砂锅注水烧开，倒入红豆、姜片小火炖30分钟。
4. 调成大火放入鱼块煮沸，放入冬瓜、料酒，用小火再炖15分钟。
5. 撇去浮沫，放入盐、鸡粉、胡椒粉拌匀调味。
6. 关火后端下砂锅即可。

木瓜鲈鱼汤

烹饪时间 / 28分钟　口味 / 鲜　功效 / 开胃消食　适合人群 / 肠胃病患者

原料

鲈鱼350克，木瓜300克，姜片少许

调料

盐4克，鸡粉2克，胡椒粉、料酒各适量

·营养分析·

木瓜富含氨基酸、钙、铁等营养物质，木瓜所含的番木瓜碱具有预防肿瘤的功效，并能帮助阻止人体致癌物质亚硝胺的合成。此外，木瓜含有的酵素会帮助分解肉类食物，降低胃肠的工作量，帮助消化。

制作指导

出锅前倒入适量牛奶并拌匀，可以使汤汁的味道更鲜美。

相宜相克

- ✓木瓜+生鱼（催奶润肤）
- ✓木瓜+莲子（促进新陈代谢）
- ✗木瓜+胡萝卜（影响钙的吸收、破坏维生素C、降低营养价值）

做法：

1. 去皮洗净的木瓜切开去瓤，再切成小块，装入盘中待用。
2. 锅注油烧热，加姜片爆香，放入鲈鱼煎片刻。
3. 将鱼翻面，煎至两面断生，盛出煎好的鲈鱼，待用。
4. 砂锅注水烧开加鲈鱼，淋料酒，加盖煮沸转小火煮15分钟。
5. 揭盖，放入木瓜、姜片，再加盖，煮约10分钟至食材熟软。
6. 揭盖，加入盐、鸡粉、胡椒粉拌匀调味后，盛入汤碗中即成。

姜丝鲈鱼汤

烹饪时间 / 4分钟　口味 / 鲜　功效 / 增强免疫　适合人群 / 一般人群

原料

鲈鱼肉300克，姜丝、葱花各少许

调料

盐4克，鸡粉4克，胡椒粉3克，三花植脂淡奶、水淀粉、食用油各适量

·营养分析·

鲈鱼富含蛋白质、维生素A、B族维生素、钙、镁、锌、硒等营养元素，具有补肝肾、益脾胃、化痰止咳之效，对肝肾不足的人有很好的补益作用。

制作指导

鲈鱼肉质鲜美，不宜用大火煮，否则很容易将肉片煮碎。

相宜相克

- ✓ 鲈鱼+姜（补虚养身、健脾开胃）
- ✓ 鲈鱼+胡萝卜（延缓衰老）
- ✗ 鲈鱼+奶酪（影响钙的吸收）

做法：

1. 把洗净的鲈鱼肉用斜刀切成薄片。
2. 把鱼肉放入碗中，加盐、鸡粉、胡椒粉，抓匀入味。
3. 倒入少许水淀粉，拌匀上浆。
4. 锅中注适量水烧开，放少许食用油，放入姜丝。
5. 加入少许盐、鸡粉，撒上胡椒粉。
6. 倒入鱼肉片，拌煮至沸后转中小火煮至熟透。
7. 倒入少许三花植脂淡奶，撒上葱花，搅匀去浮沫，即成。

姜丝鲢鱼豆腐汤

烹饪时间 / 6分钟　口味 / 鲜　功效 / 益气补血　适合人群 / 糖尿病患者

原料

鲢鱼肉150克，豆腐100克，姜丝、葱花各少许

调料

盐3克，鸡粉3克，胡椒粉、水淀粉、食用油各适量

·营养分析·

鲢鱼含灰分、维生素A、维生素D、硫胺素、核黄素、烟酸、钙、磷、铁等营养成分，有温中益气、祛除脾胃寒气、利水止咳的作用。其所含的蛋白质、氨基酸可降低胆固醇和血糖，对糖尿病患者有益。

相宜相克

✓鲢鱼+丝瓜（生血通乳）

✓鲢鱼+白萝卜（利水消肿）

✓鲢鱼+青椒（健脑益智）

⊗鲢鱼+西红柿（不利营养的吸收）

⊗鲢鱼+甘草（对身体不利）

制作指导

鲢鱼肉尽量切得薄一些，不仅易熟，还更易入味。

做法:

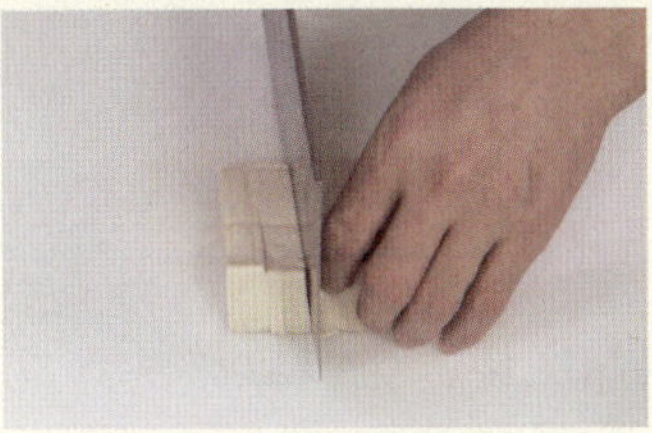

①把洗净的豆腐切成条，改切成小方块。

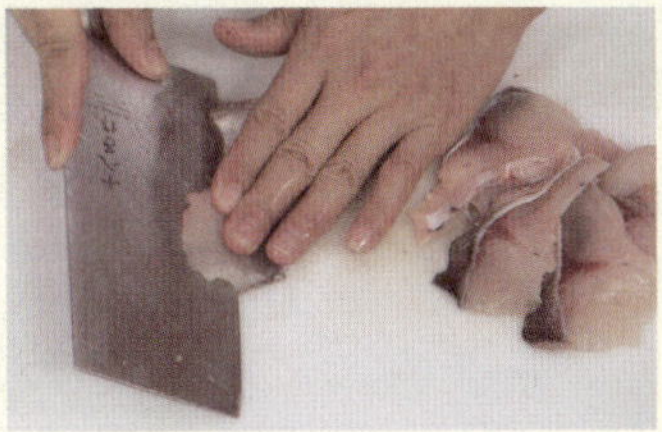

②洗好的鲢鱼肉切成片状。

③把鱼肉片装入碗中，放入少许盐、鸡粉、水淀粉，抓匀。

④注入少许食用油，腌渍10分钟至入味。

⑤用油起锅，放入姜丝，爆香。

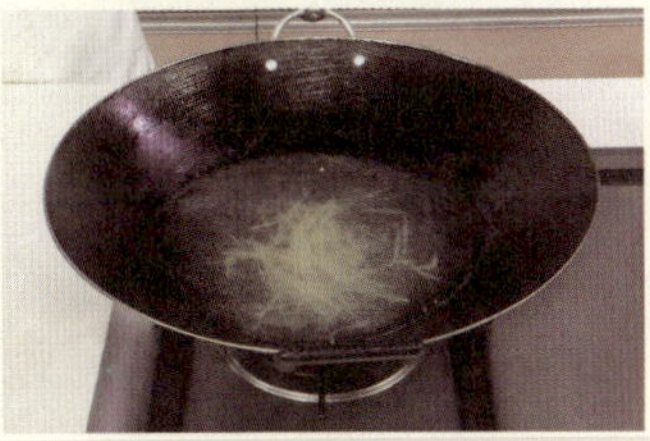

⑥向锅中倒入适量的清水。

⑦盖盖用大火煮沸。

⑧揭盖，加入适量盐、鸡粉，撒入适量胡椒粉。

⑨倒入豆腐块拌匀。

⑩盖上盖，煮2分钟至熟。

⑪揭盖，倒入鱼肉片，搅匀，煮2分钟，至其熟透。

⑫把煮好的汤料盛出，装入碗中，撒上葱花即成。

木瓜红枣生鱼汤

烹饪时间 / 45分钟　口味 / 鲜　功效 / 降低血脂　适合人群 / 老年人

原料

生鱼1条，红枣6克，陈皮3克，木瓜100克，生姜片少许

调料

盐、鸡粉、味精、料酒各适量

营养分析

木瓜中含有大量水分、木瓜蛋白酶、番木瓜碱、多种维生素等营养成分。其所含的木瓜蛋白酶、番木瓜碱等，对肝功能障碍及高血脂、高血压病具有一定的防治效果。

制作指导

煎鱼时，宜用中小火，边煎鱼边轻轻晃动锅子，这样鱼皮不易粘锅，且还能去除鱼的腥味，煲出的鱼汤味道也更鲜美。

相宜相克

- ✓ 木瓜+莲子（养心安神、健脾止泻）
- ✓ 木瓜+椰子（消除疲劳、健胃消食）
- ✗ 木瓜+ 胡萝卜（会破坏木瓜中的维生素C）

做法:

1. 木瓜去皮洗净切块；生鱼宰杀洗净切段，装盘备用。
2. 锅中倒入少许油，放入姜片爆香。
3. 倒入生鱼段，两面煎至焦香。
4. 加入料酒、清水，加盐煮沸，放入红枣、陈皮、生姜片、木瓜拌匀烧开。
5. 转到砂煲，小火炖40分钟至汤汁呈奶白色。
6. 加盐、鸡粉、味精调味，去浮沫即成。

冬瓜煲生鱼

烹饪时间 / **3分钟**　口味 / **鲜**　功效 / **瘦身排毒**　适合人群 / **一般人群**

原料

生鱼700克，冬瓜50克，姜片、胡萝卜片、葱段各少许

调料

料酒5毫升，盐5克，白糖3克，味精、胡椒粉、食用油各适量

·营养分析·

冬瓜维生素C含量较高，高血压、肾脏病、水肿等患者常食冬瓜，可达到消肿而不伤正气的作用。冬瓜还有良好的清热解暑功效，夏季常吃冬瓜，不但能解渴消暑还可使人免生疖疮。冬瓜还能养胃生津、清降胃火，使人食量减少，促使体内淀粉、糖转化为热能，而不变成脂肪，因此，冬瓜是肥胖者的理想蔬菜。

制作指导

冬瓜连皮一起煮汤，解热利尿的功效更明显。

相宜相克

- 冬瓜+海带（降低血压）
- 冬瓜+甲鱼（润肤、明目）
- 冬瓜+口蘑（利小便、降血压）
- 冬瓜+芦笋（降低血脂）

做法:

1. 把去皮洗净的冬瓜切小块，宰杀洗净的生鱼切成小段。
2. 热锅注油，入生鱼煎片刻，倒入料酒翻炒匀。
3. 注入适量清水，盖上盖，大火煮沸，揭盖，倒入冬瓜，拌匀。
4. 盖上锅盖，大火煮沸后转中火煮至材料熟透。
5. 揭开盖，放入姜片，拌匀，再加入盐、味精、白糖调味。
6. 撒上胡椒粉，拌煮至入味，捞去浮沫，撒入胡萝卜片、葱段，煮至断生，出锅装盘即成。

山药生鱼汤

烹饪时间 / 26分钟　口味 / 鲜　功效 / 瘦身排毒　适合人群 / 女性

原料

山药150克，生鱼700克，姜片15克，花椒5克，葱花少许

调料

鸡粉3克，胡椒粉、盐、料酒、食用油各适量

·营养分析·

生鱼肉含有大量的蛋白质、维生素和微量元素，可以补充人体所需要的营养，还易产生饱腹感，能控制食欲，有瘦身减肥的作用。此外，生鱼还含有丰富的硒元素，经常食用有抗衰老、养颜的功效，而且对肿瘤也有一定的防治作用。

制作指导

山药切好后可放入淡醋水中浸泡，以免氧化变黑。

相宜相克

- ✓ 生鱼+银耳（滋补身体）
- ✓ 生鱼+韭菜（辅助治疗脚气）
- ✗ 生鱼+西红柿（不利营养成分的吸收）
- ✗ 生鱼+咸菜（易引起消化道不适）

做法:

1. 去皮洗净的山药切成条；宰杀处理干净的生鱼切成四段。
2. 热锅注油烧热，放入生鱼段，炸约1分钟至生鱼呈金黄色。
3. 砂锅注水烧开，放入姜片、生鱼块、料酒、花椒。
4. 加盖，用小火炖10分钟，放入山药加盖，用小火炖15分钟。
5. 揭盖，放入适量盐、鸡粉、胡椒粉，拌匀调味。
6. 再撒入少许葱花，关火，将砂锅端出即成。

生鱼骨汤

烹饪时间 / **15分钟**　口味 / **鲜**　功效 / **增强免疫**　适合人群 / **老年人**

原料

生鱼骨400克，生菜50克，生姜片、芹菜各少许

调料

盐、鸡粉、味精、胡椒粉、食用油各适量

营养分析

生鱼骨含有丰富的钙和微量元素，经常食用可以预防骨质疏松，对于处于生长发育期的青少年和骨骼开始衰老的中老年人都非常有益处。

制作指导

煎鱼骨时，宜用中小火，可边煎鱼骨边轻轻晃动锅子，这样不易粘锅，煲出的鱼汤味道也更鲜美。

相宜相克

✓生鱼骨+黄瓜（有开胃消食、美容养颜的作用）

✓生鱼骨+胡萝卜（可补益脾胃）

做法：

1. 洗净的生鱼骨斩块；将生菜、芹菜洗好，芹菜切段。
2. 烧一锅热水备用。
3. 热锅注油把姜片煸香，倒入鱼骨、盐小火煎约2分钟。
4. 倒入开水，加盖煮约10分钟.
5. 加入盐、鸡粉、味精、胡椒粉、生菜、芹菜煮片刻。
6. 盛入汤碗中即可。

西洋菜生鱼汤

烹饪时间 / 10分钟　口味 / 鲜　功效 / 提神健脑　适合人群 / 儿童

原料

西洋菜150克，生鱼1条，红枣15克，姜片8克

调料

盐、味精、鸡粉、胡椒粉、料酒各适量

营养分析

西洋菜富含维生素C、蛋白质、纤维素、钙、磷、铁以及多种氨基酸、维生素，具有清燥润肺、化痰止咳、利尿等功效，被认为是一种极好的儿童食品。

制作指导

在用西洋菜煲汤的时候，要等水烧开了之后才能放入西洋菜，否则汤中会有苦涩味。

相宜相克

- 西洋菜+大蒜（增进食欲、促进消化）
- 西洋菜+山药（清热止咳）
- 西洋菜+蜜枣（清热、润肺）
- 西洋菜+猪骨（有效缓解口干、咽痛）

做法:

1. 将处理干净的生鱼切两段。
2. 热锅注油，倒入姜片煎至焦香，再放入生鱼煎至焦香。
3. 倒入少许料酒，加入适量清水。
4. 加盖，大火煮沸。揭盖，加入红枣、盐、味精、鸡粉、胡椒粉调味。
5. 放入洗好的西洋菜，煮至熟。
6. 出锅盛入碗中即可。

虫草花黄鱼汤

烹饪时间 / **8分钟**　口味 / **鲜**　功效 / **防癌抗癌**　适合人群 / **一般人群**

原料

水发虫草花50克，水发香菇30克，黄鱼200克，姜片少许

调料

盐3克，鸡粉2克，料酒、食用油各适量

营养分析　黄鱼富含蛋白质、脂肪、磷、铁、维生素及多种氨基酸，具有开胃益气、防癌抗癌、明目安神的功效，可辅助治疗久病体虚、少气乏力、头昏神倦、肢体浮肿。

制作指导

煎黄鱼时，先把锅烧热，再用油滑锅，当油烧至八成热再放入黄鱼，这样不易粘锅。

相宜相克

- ✓ 黄鱼+莼菜（润肺健脾、补气活血）
- ✓ 黄鱼+丝瓜（延缓衰老）
- ✗ 黄鱼+荞麦（易引起消化不良）

做法:

1. 将洗净的香菇去蒂，切成丝，装入盘中待用。
2. 锅中注油烧热，下姜片，入洗净的黄鱼，煎出焦香味。
3. 翻面，略煎片刻，淋入料酒，加适量清水。
4. 放入虫草花、香菇，加盐、鸡粉。
5. 盖上盖，以大火煮沸，再改小火煮至食材熟透。
6. 揭盖，盛出装碗即成。

黄鱼豆腐汤

烹饪时间 / 4分钟　口味 / 鲜　功效 / 清热解毒　适合人群 / 一般人群

原料

黄鱼450克，豆腐80克，生姜片、葱花各少许

调料

料酒、鸡粉、盐、味精、胡椒粉各适量

营养分析

中医认为，黄鱼有健脾开胃、安神止痢、益气填精之功效，而豆腐味甘性凉，两者同食，则清热解毒、开胃消食的功效。

制作指导

煎黄鱼时，先将锅烧至足够热，倒入食用油后再立即将鱼放进去煎，这样既保证了鱼的鲜度，鱼皮也不会在煎制过程中受损。

相宜相克

- ✓ 豆腐+鱼（补钙）
- ✓ 豆腐+韭菜（治便秘）
- ✗ 豆腐+蜂蜜（腹泻）
- ✗ 豆腐+红糖（不利人体吸收）

做法：

1. 洗净的豆腐切方块。
2. 锅中注油，烧热，放入处理干净的黄鱼，用锅铲翻面，煎至两面焦黄。
3. 淋入料酒，加入适量清水。
4. 加盖，用大火煮至汤汁呈奶白色。
5. 揭开锅盖，放入豆腐，加入姜片。
6. 再加入鸡粉、盐、味精调味，撒入胡椒粉，拌匀，再撒上葱花，盛入碗中即成。

雪菜黄鱼汤

烹饪时间 / 12分钟　口味 / 鲜　功效 / 增强免疫　适合人群 / 老年人

原料

黄鱼450克，雪菜150克，冬笋片50克，胡萝卜片25克，姜片、葱段各适量

调料

盐3克，味精2克，白糖4克，料酒6毫升，胡椒粉、食用油各适量

营养分析

黄鱼富含蛋白质、微量元素和维生素，对人体有很好的补益作用，体质虚弱者和中老年人常食黄鱼有很好的食疗效果。

制作指导

煎制黄鱼时，应不时晃动炒锅，使鱼身均匀受热。

相宜相克

- ✓ 黄鱼+莼菜（增强免疫力）
- ✓ 黄鱼+荠菜（强健身体）
- ✗ 黄鱼+荞麦（易引起消化不良）

做法：

1. 处理干净的黄鱼打上一字花刀。
2. 锅注油烧热放入黄鱼，煎半分钟翻面，继续煎半分钟。
3. 加姜片、葱白，煎香，倒入适量清水，加盖烧开，转小火煮8分钟。
4. 放入笋、胡萝卜、雪菜。
5. 加盐、味精、白糖、料酒拌匀，撒入少许胡椒粉。
6. 再放入葱叶，盛入碗中即可。

清汤黄骨鱼

烹饪时间 / 9分钟　口味 / 鲜　功效 / 增强免疫　适合人群 / 一般人群

原料

黄骨鱼200克，竹笋150克，姜片、葱花各少许

调料

盐3克，鸡粉2克，胡椒粉少许，料酒5毫升，食用油适量

·营养分析·

黄骨鱼富含多种维生素、蛋白质、铜等营养成分，铜是人体健康不可缺少的微量元素，对于血液、中枢神经、免疫系统和骨骼组织等有重要影响。

相宜相克

✅竹笋+莴笋（辅助治疗肺热痰火）

✅竹笋+猪腰（补肾利尿）

❎竹笋+羊肉（易导致腹痛）

制作指导

煮黄骨鱼时，可加入少许白醋，以去除鱼的腥味。

做法:

①洗净的竹笋切成片。

②锅中倒入适量清水烧开。

③放入竹笋片，煮约2.5分钟至七成熟，捞出备用。

④烧热炒锅，倒入适量食用油，放入姜片爆香。

⑤放入处理干净的黄骨鱼，煎出焦香味。

⑥转动炒锅，将黄骨鱼翻面，略煎。

⑦淋入适量料酒。

⑧倒入适量清水，放入笋片。

⑨盖上盖，大火烧开后转小火焖5分钟至熟。

⑩揭盖，放入适量盐、鸡粉、胡椒粉。

⑪用锅勺掠去浮沫，拌匀。

⑫把汤装入汤碗中，撒上葱花即可。

山药黄骨鱼汤

烹饪时间 / 8分钟　口味 / 鲜　功效 / 益气补血　适合人群 / 孕产妇

原料

黄骨鱼300克，山药150克，姜片、葱花各少许

调料

盐3克，鸡粉2克，胡椒粉少许，料酒5毫升，食用油适量

·营养分析·

黄骨鱼富含蛋白质、维生素及钙、铁、钠等营养元素，具有维持钾钠平衡、消除水肿、增强免疫力、补气血、清热除火等功效。产妇食用黄骨鱼，能通乳汁、补身体、促康复。

制作指导

锅中的食用油烧至冒青烟时，再下入黄骨鱼煎制，可防止鱼粘锅。

相宜相克

- ✓ 山药+红枣（补血养颜）
- ✓ 山药+羊肉（补脾健胃）
- ✗ 山药+菠菜（降低营养价值）
- ✗ 山药+海鲜（增加肠内毒素的吸收）

做法：

1. 将去皮洗净的山药对半切开，用斜刀切段，改切成片。
2. 山药片放入装有清水的碗中。
3. 烧热炒锅注油，入姜片爆香，放入处理干净的黄骨鱼，煎香，转动炒锅，将鱼翻面，淋入适量料酒。
4. 倒入适量清水，放入山药片，盖上盖，用大火烧开，转小火焖4分钟至熟。
5. 揭盖，调入适量盐、鸡粉拌匀，掠去浮沫，撒上少许胡椒粉。
6. 盛入汤碗中，最后撒上葱花即可。

枸杞叶福寿鱼

烹饪时间 / 9分钟　口味 / 鲜　功效 / 清热解毒　适合人群 / 糖尿病患者

原料

福寿鱼500克，枸杞叶30克，姜丝、葱花各少许

调料

盐3克，鸡粉2克，料酒4毫升，食用油适量

·营养分析·

枸杞叶含有甜菜碱、胡萝卜素、抗坏血酸、谷氨酸、钙、锌、硒、维生素B_2、维生素C等营养成分，有补虚益精、清热明目的功效，能促进血液循环，防止血压、血糖升高，适合糖尿病患者食用。

制作指导

煎福寿鱼时，要控制好火候，以免煎煳，影响汤汁口感。

相宜相克

- ✓ 福寿鱼+醋（除湿）
- ✓ 福寿鱼+白菜（预防水肿）
- ✗ 福寿鱼+狗肉（易使人上火）
- ✗ 福寿鱼+紫苏（妨碍药效发挥）

做法：

1. 用油起锅，放入处理干净的福寿鱼，煎出焦香味，翻面，煎至焦黄色。
2. 淋入少许料酒，再倒入适量开水。
3. 放入姜丝，加入适量盐、鸡粉。
4. 盖上盖，用小火焖5分钟至鱼肉熟透。
5. 揭盖，放入洗净的枸杞叶，拌匀煮沸。
6. 把煮好的汤料盛出，装入碗中，撒上葱花即可。

枸杞黄芪草鱼汤

烹饪时间 / 4分钟　口味 / 鲜　功效 / 养心润肺　适合人群 / 一般人群

原料

草鱼肉200克，枸杞7克，黄芪10克，姜片、葱花各少许

调料

盐4克，鸡粉4克，水淀粉4毫升，食用油适量

·营养分析·

草鱼所含的蛋白质不但数量高，而且质量佳，消化吸收率可达96%，并能供给人体必需的氨基酸、矿物质、维生素。草鱼所含的脂肪多为不饱和脂肪酸，能很好地帮助降低胆固醇，可以预防动脉硬化、冠心病。

制作指导

在煮鱼的过程中，要尽量减少翻动，为防煳锅可以将锅端起轻轻晃动，这样鱼不易碎。

相宜相克

✓ 枸杞+鱼（健腰强体、缓解疲劳）
✓ 枸杞+葡萄（补血）
✗ 枸杞+绿茶（降低营养价值）

做法：

1. 洗净的草鱼肉用斜刀切成片。
2. 切好的鱼片装入碗中，加入适量盐、鸡粉、水淀粉，拌匀。
3. 倒入适量食用油，腌渍5分钟入味。
4. 锅中倒入适量清水烧开，放入洗净的黄芪、枸杞、姜片。
5. 加入适量盐、鸡粉，放入适量食用油，放入鱼片拌匀，煮约2分钟至熟。
6. 把汤料盛入汤碗中，撒上少许葱花即可。

黄瓜泥鳅汤

烹饪时间 / **3分钟**　口味 / **鲜**　功效 / **降压降糖**　适合人群 / **老年人**

原料

泥鳅70克，黄瓜200克，口蘑、香菇、香菜段、姜丝各少许

调料

盐3克，鸡粉2克，胡椒粉、芝麻油、食用油各适量

营养分析

泥鳅营养丰富，富含蛋白质、氨基酸、不饱和脂肪酸和卵磷脂，对心脑血管疾病、糖尿病有一定的辅助治疗作用。泥鳅还可以醒酒，对于醉酒的男士来说泥鳅汤是一剂不错的醒酒良方。

制作指导

黄瓜含有丰富的维生素C，维生素C遇热易分解，所以黄瓜不宜煮太久，以免维生素C流失过多。

相宜相克

- ✓ 黄瓜+乌龟（健脾利气）
- ✓ 黄瓜+大蒜（排毒瘦身）
- ✗ 黄瓜+橘子（破坏维生素C）
- ✗ 黄瓜+菠菜（降低营养价值）

做法：

1. 将洗净的黄瓜去皮，切成条形，去除瓜瓤，再斜切成小块。
2. 洗净的口蘑、香菇均切成片，备用。
3. 热锅注油，倒入适量清水，烧开后下入姜丝，再放入口蘑、香菇，拌匀。
4. 加入盐、鸡粉调味，撒少许胡椒粉，拌煮约1分钟至沸腾。
5. 放入洗净的泥鳅煮至入味，倒入黄瓜，大火煮熟。
6. 淋入少许芝麻油搅匀，盛碗中，撒上香菜段即可。

虾米泥鳅汤

烹饪时间 / 5.5分钟　口味 / 鲜　功效 / 增强免疫　适合人群 / 一般人群

原料

泥鳅300克，莴笋120克，虾米50克，姜丝、葱花各少许

调料

盐3克，鸡粉、胡椒粉各2克，料酒、食用油各适量

·营养分析·

泥鳅的蛋白质含量高，脂肪含量较低，属于高蛋白低脂肪食品，具有补中益气、益肾助阳、祛湿止泻、暖脾胃、止虚汗之功效。此外，泥鳅还含有不饱和脂肪酸，能预防血管老化，防止心血管疾病的发生。

制作指导

泥鳅买回来后最好用清水养2小时左右，还可以加入少许盐，以使其吐尽脏物。

相宜相克

- ✓ 泥鳅+豆腐（增强免疫力）
- ✓ 泥鳅+荷叶（利于消渴）
- ✗ 泥鳅+茼蒿（降低营养）
- ✗ 泥鳅+蟹（易对身体不利）

做法：

1. 去皮洗净的莴笋切成段，再改切成细丝。
2. 锅中水烧开，倒入泥鳅汆煮后，放入盘中处理干净，待用。
3. 用油起锅，放入姜丝、虾米，炒匀炒透。
4. 加入料酒、清水，加盖大火煮约2分钟至沸。
5. 揭盖，倒入泥鳅、莴笋丝，加入盐、鸡粉、胡椒粉，拌匀。
6. 煮约1分钟至入味，掠去浮沫盛出，撒上葱花即成。

丝瓜煮泥鳅

烹饪时间 / 6分钟　口味 / 鲜　功效 / 美容养颜　适合人群 / 女性

原料

丝瓜250克，净泥鳅200克，姜丝20克，胡萝卜片少许

调料

盐3克，白糖、胡椒粉、食用油各适量

营养分析

丝瓜含预防皮肤老化的维生素B_1、增白皮肤的维生素C等成分，能帮助保护皮肤，淡化斑块，使皮肤洁白、细嫩，是不可多得的美容佳品。丝瓜独有的干扰素诱生剂，可起到刺激机体产生干扰素、抗病毒、防癌抗癌的作用。

制作指导

烹制丝瓜时应尽量保持其清淡的口感，油和盐要少用。

相宜相克

- ✓ 丝瓜+青豆（防治口臭、便秘）
- ✓ 丝瓜+鸭肉（清热滋阴）
- ✗ 丝瓜+菠菜（易引起腹泻）
- ✗ 丝瓜+芦荟（易引起腹痛、腹泻）

做法：

1. 将去皮洗净的丝瓜切成片，装在盘中待用。
2. 热锅注油，入姜丝，炒香，注入适量清水，煮至水沸。
3. 放入泥鳅，煮至断生。
4. 加入适量盐、白糖，煮至沸，捞去浮沫。
5. 倒入丝瓜、胡萝卜片，拌煮约2分钟至材料熟透。
6. 撒上胡椒粉调味，盛出装入碗中即可。

宋嫂鱼羹

烹饪时间 / 3.5分钟　口味 / 鲜　功效 / 益气补血　适合人群 / 孕产妇

原料

鳜鱼600克，鸡蛋黄2个，熟竹笋45克，生姜15克，葱结、水发香菇各少许，高汤适量

调料

盐4克，料酒3毫升，鸡粉、味精、香醋、水淀粉、食用油各适量

营养分析

鳜鱼肉质细嫩、厚实、少刺，营养丰富，含有丰富的蛋白质、脂肪、钙、磷、铁等营养物质，儿童常食，有提神的作用。

相宜相克

✔ 鳜鱼+白菜（增强造血功能）

✔ 鳜鱼+马蹄（凉血解毒、利尿通便）

✘ 鳜鱼+茶（不利身体健康）

制作指导

鳜鱼蒸制时间不可太久，以免蒸得过老，影响其鲜美的口感。

做法:

①将宰杀处理干净的鳜鱼切下头，然后剔除脊骨、腩骨。

②洗净的竹笋切成丝；洗净的香菇去蒂，切成丝，备用。

③洗净的生姜切丝；洗净的葱细丝。

④鳜鱼放入垫有葱结的盘中，加入料酒、盐。

⑤把鱼肉放入蒸锅，蒸15分钟至熟，取出。

⑥挑去鱼皮，用刀将鱼肉压成肉泥，装入盘中备用。

⑦锅中注水烧开，放入竹笋、盐、香菇，焯煮片刻捞出备用。

⑧用油起锅，放入姜丝、竹笋、香菇，煸炒香。

⑨加入料酒、高汤、清水、盐、鸡粉、味精拌炒至入味。

⑩倒入鱼肉泥，煮约1分钟后转小火，加入适量水淀粉调匀。

⑪转大火，倒入蛋黄搅匀，撒入少许葱丝。

⑫淋入少许香醋，快速搅拌匀，盛出装盘即可。

薏米鳝鱼汤

烹饪时间 / 36分钟　口味 / 鲜　功效 / 增强免疫　适合人群 / 糖尿病患者

原料

鳝鱼120克，水发薏米65克，姜片少许

调料

盐3克，鸡粉3克，料酒3毫升

·营养分析·

鳝鱼含有维生素A，可以增强视力，对夜盲症和视力减退有食疗作用，还有预防呼吸系统感染的作用。糖尿病患者适量食用鳝鱼，能强壮骨骼，增强机体免疫力。

制作指导

可以用适量面粉搓洗鳝鱼，以去除其表面的黏性液质，这样就不会影响汤汁的口感。

相宜相克

- ✓ 鳝鱼+青椒（降低血糖）
- ✓ 鳝鱼+金针菇（补中益血）
- ✗ 鳝鱼+狗肉（温热助火）
- ✗ 鳝鱼+黄瓜（降低营养）

做法：

1. 将处理干净的鳝鱼切成小块。
2. 把鳝鱼装入碗中，加少许盐、鸡粉、料酒，抓匀，腌渍10分钟至入味。
3. 汤锅中注入适量清水，用大火烧开，放入洗好的薏米，搅匀。
4. 盖上盖，烧开后用小火煮20分钟，至薏米熟软。
5. 揭盖放入鳝鱼，搅匀，再加入少许姜片。
6. 盖上盖，用小火续煮15分钟，至食材熟烂，放入盐、鸡粉，拌匀调味。
7. 将煮好的粥盛出，装入碗中即可。

火腿冬笋鳝鱼汤

烹饪时间 / 5分钟　口味 / 鲜　功效 / 降压降糖　适合人群 / 糖尿病者

原料

鳝鱼肉200克，火腿70克，芥蓝75克，冬笋50克，姜片、葱花各少许

调料

盐3克，鸡粉2克，食用油适量

营养分析

鳝鱼含有维生素A、卵磷脂，有保护视力、补气养血、温阳健脾、滋补肝肾、祛风通络等作用。此外，鳝鱼还含有降低血糖的物质，适合糖尿病患者食用。

制作指导

芥蓝的根部较硬，切段时最好将其切开，这样才更容易煮熟透。

相宜相克

- ✓ 鳝鱼+青椒（降低血糖）
- ✓ 鳝鱼+木瓜（营养更全面）
- ✗ 鳝鱼+狗肉（温热助火）
- ✗ 鳝鱼+菠菜（易导致腹泻）

做法：

1. 洗净去皮冬笋切片；火腿切片；洗净芥蓝切段；洗好的鳝鱼肉切成小块。
2. 锅中注入适量清水烧开，加入少许盐，放入冬笋片，搅动几下。
3. 煮沸后倒入切好的鳝鱼肉，搅拌匀，煮约半分钟，捞出沥干水分。
4. 用油起锅，放入姜片爆香，倒入火腿片炒出香味，注水，倒入汆水的食材。
5. 加入适量鸡粉、盐，搅匀调味，盖盖，烧开后用小火煮约3分钟至食材熟。
6. 取下盖子，捞出浮沫，倒入切好的芥蓝搅拌煮至其熟软。
7. 关火后盛出煮好的鳝鱼汤，装入汤碗中，撒上葱花即成。

山药鳝鱼汤

烹饪时间 / 7.5分钟　口味 / 鲜　功效 / 益气补血　适合人群 / 女性

原料

净鳝鱼300克，山药200克，姜片、枸杞、葱花各少许

调料

盐3克，鸡粉2克，胡椒粉、料酒、食用油各适量

·营养分析·

山药含有淀粉酶、多酚氧化酶等物质，有利于脾胃消化，是平补脾胃的药食两用佳品。此外，山药含有大量的黏液蛋白、维生素及微量元素，能有效阻止血脂在血管壁的沉积，预防心血管疾病，有益志安神、延年益寿、益气补血的功效。

相宜相克

✅鳝鱼+藕（可以保持体内酸碱平衡）
✅鳝鱼+青椒（降低血糖）
✅鳝鱼+蘑菇（抗衰老）

❎鳝鱼+南瓜（会影响营养的吸收）
❎鳝鱼+狗肉（温热助火）

制作指导

鳝鱼表皮有黏液，切的时候很容易滑刀，可用少许面粉抹匀鳝鱼，再清洗干净，切的时候就不易滑刀了。

做法：

①把去皮洗净的山药切开，斜切成段，再改切成薄片

②鳝鱼骨斩成小件，鳝鱼肉打上花刀，再切成片。

③锅中倒入适量清水烧开，淋入少许料酒。

④放入鳝鱼肉、鳝鱼骨，汆去血渍，捞出沥干水分，待用。

⑤用油起锅，下入姜片爆香。

⑥放入汆煮好的鳝鱼肉和鳝鱼骨，炒匀。

⑦淋入少许料酒，注入适量清水。

⑧放入山药片拌匀，再撒上洗净的枸杞。

⑨盖上盖，煮沸后用中火煲煮约5分钟至食材熟透。

⑩揭盖，掠去浮沫。

⑪加入盐、鸡粉、胡椒粉拌匀至入味。

⑫盛出煮好的鳝鱼汤即可。

黄芪鳝鱼汤

烹饪时间 / 8.5分钟　口味 / 鲜　功效 / 增强免疫　适合人群 / 一般人群

原料

鳝鱼肉300克，黄芪25克，姜片、葱段各少许

调料

盐、鸡粉各2克，胡椒粉、料酒、食用油各少许

·营养分析·

鳝鱼含有丰富的维生素A、维生素B_1、维生素B_2、烟酸等成分。常食鳝鱼可以增强视力，预防夜盲症和视力减退，辅助治疗糖尿病并发的眼部疾病。

制作指导

鳝鱼最好现宰现用。因为不新鲜的鳝鱼会产生少许有毒物质，易对人体造成危害。

相宜相克

- ✓ 鳝鱼+金针菇（补中益血）
- ✓ 鳝鱼+松子（美容养颜）
- ✗ 鳝鱼+银杏（易对身体不利）
- ✗ 鳝鱼+黄瓜（降低营养）

做法：

1. 把洗净的鳝鱼肉切上花刀并切成片，装盘待用。
2. 锅中注水烧开，淋上少许料酒，放入鳝鱼，煮去血渍，捞出沥干，装盘。
3. 用油起锅，倒入姜片、葱段，大火爆香。
4. 放入鳝鱼，炒匀，淋上少许料酒。
5. 注入适量清水，下入黄芪，加盐、鸡粉。
6. 煲1小时，去浮沫，撒上少许胡椒粉即成。

乌鸡甲鱼汤

烹饪时间 / 80分钟　口味 / 鲜　功效 / 增强免疫　适合人群 / 女性

原料

甲鱼1只，乌鸡500克，猪瘦肉丁50克，党参5克，红枣6克，枸杞3克，姜片8克

调料

盐、鸡粉、料酒、味精各适量

·营养分析·

乌鸡富含蛋白质、B族维生素及多种氨基酸和微量元素，食之能帮助强筋健骨、延缓衰老；甲鱼是上等的中草药材，具有极高的药用价值，是滋阴补肾的佳品，有滋阴壮阳、补血补肝和延年益寿的功能。

制作指导

炖汤时，掺入的汤量应与原料的用量吻合，汤要一次性加足，否则汤味不纯。

相宜相克

- ✓ 乌鸡+三七（增强免疫力）
- ✓ 乌鸡+红枣（补血养颜）
- ✗ 乌鸡+竹荪（加速维生素C的氧化作用、导致营养流失）

做法：

1. 将甲鱼宰杀洗净，切去爪尖，改刀斩块，加入沸水锅中汆至断生后捞出。
2. 再倒入乌鸡块煮沸，捞去浮沫，汆至断生后捞出。
3. 用油起锅，放入姜片、甲鱼块翻炒片刻，淋入料酒烧开。
4. 倒入瘦肉丁、清水煮沸，放入药材、鸡粉、盐、味精。
5. 取砂煲，倒入乌鸡、甲鱼和汤汁，放入甲鱼壳。
6. 加盖，小火慢炖1小时即可。

淮山枸杞甲鱼汤

烹饪时间 / 42分钟　口味 / 鲜　功效 / 保肝护肾　适合人群 / 男性

原料

甲鱼肉350克，淮山30克，枸杞10克，陈皮5克，姜片少许

调料

盐3克，鸡粉2克，胡椒粉少许，料酒15毫升

·营养分析·

甲鱼富含动物胶、铜、维生素D等成分，具有清热养阴、平肝熄风、软坚散结的食疗作用，对身虚体弱、肝脾肿大等症有很好的辅助治疗效果。

甲鱼

淮山

枸杞

姜

陈皮

相宜相克

✅甲鱼+枸杞（补肾强精、延年益寿）

✅甲鱼+生姜（滋阴补肾、填精补髓）

✅甲鱼+冬瓜（有助于减肥）

❌甲鱼+猪肉（可能引起腹痛）

❌甲鱼+橘子（影响蛋白质的吸收）

❌甲鱼+鸭蛋（可能引起腹痛）

制作指导

甲鱼汆水捞出后，要刮去肉质上的黑膜。这种物质不仅味道苦涩，而且还含有较多的毒素，不利于人体健康。

做法：

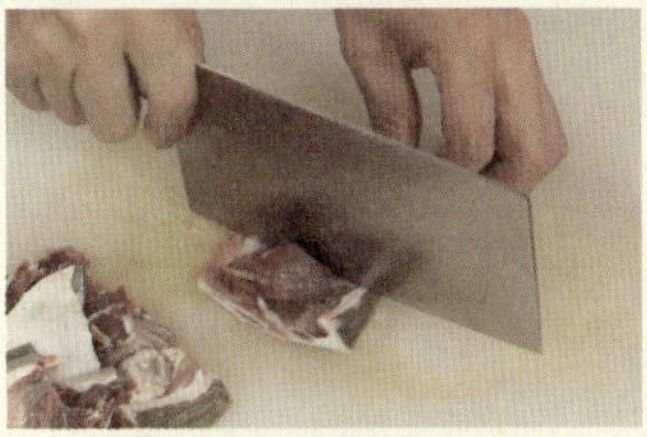

①把洗净的甲鱼肉斩成小块。

②锅中注水烧热，放入甲鱼肉煮沸，淋入少许料酒。

③掠去浮沫，捞出甲鱼，沥干水分，待用。

④砂锅中注水烧开，放入洗净的陈皮、淮山，撒上枸杞。

⑤下入汆煮好的甲鱼肉，放入姜片拌匀。

⑥淋入料酒提味。

⑦再盖上盖子煮沸。

⑧用小火煮约40分钟至食材熟透。

⑨取下盖子，加入盐、鸡粉，撒上胡椒粉。

⑩拌匀，续煮片刻至入味。

⑪关火后，盛出煮好的汤。

⑫装在碗中即成。

茯苓甲鱼汤

烹饪时间 / 42分钟　口味 / 鲜　功效 / 益气补血　适合人群 / 女性

原料

甲鱼肉300克，茯苓15克，泡发枸杞、黄芪各8克，陈皮4克，姜片少许

调料

盐、鸡粉各2克，胡椒粉少许，料酒8毫升

·营养分析·

甲鱼是一种高蛋白、低脂肪的食物，它还富含有多种维生素和微量元素，能增强身体的抗病能力、调节人体的内分泌功能，还有促进大脑发育、增长智力的作用。

制作指导

此道汤品属于药膳汤，所以盐和鸡粉都不宜多放，以免降低药效。

相宜相克

- ✓ 甲鱼+大米（缓解阴虚痨热）
- ✓ 甲鱼+蜂蜜（保护心脏）
- ✗ 甲鱼+鸡蛋（易对人体不利）
- ✗ 甲鱼+芥菜（易生恶疮）

做法：

1. 将甲鱼肉洗净斩小块。
2. 锅中加适量清水烧热，倒入甲鱼肉，大火煮沸，掠去浮沫，捞出沥干水分。
3. 砂锅中加适量清水烧开，放入姜片、茯苓、黄芪、陈皮，再放入泡发好的枸杞。
4. 倒入甲鱼肉，淋入料酒。
5. 煮沸后用小火续煮约40分钟至食材熟透。
6. 揭盖，放入盐、鸡粉，撒上胡椒粉，煮至入味，盛入碗中即成。

红衫鱼番茄汤

烹饪时间 / 6分钟　口味 / 鲜　功效 / 养心润肺　适合人群 / 糖尿病患者

原料

红杉鱼190克，西红柿160克，姜片、葱花各少许

调料

盐2克，鸡粉2克，料酒、食用油各适量

营养分析

西红柿含有钙、磷、铁、胡萝卜素、B族维生素和维生素C，有生津止渴、养心润肺的作用。此外，它还有苹果酸、柠檬酸等有机酸，能降低胆固醇含量，对高血压、高血脂、糖尿病很有益处。

制作指导

煎红衫鱼时，可不时晃动锅，使其受热均匀，避免煎煳，影响成品口感。

相宜相克

- ✓ 西红柿+芹菜（降血压、健胃消食）
- ✓ 西红柿+蜂蜜（补血养颜）
- ✗ 西红柿+虾（对身体不利）
- ✗ 西红柿+螃蟹（易引起腹痛、腹泻）

做法：

1. 将洗净的西红柿对半切开，去蒂，再切成小块。
2. 锅中倒油，放入姜片爆香，放入处理好的红衫鱼，煎半分钟，至散出香味。
3. 将红杉鱼翻面，继续煎一会儿，至其呈焦黄色。
4. 淋入少许料酒，注入适量清水，盖上盖，用大火煮至汤汁呈奶白色。
5. 揭开盖，加入适量盐、鸡粉，倒入西红柿，搅匀。
6. 再盖上锅盖，用中火续煮3分钟，至食材熟透，撒入葱花，搅拌均匀。
7. 关火，将煮好的汤料盛出，装入碗中即可。

清炖鹰龟

烹饪时间 / 135分钟　口味 / 鲜　功效 / 益气补血　适合人群 / 女性

原料

乌龟700克，猪瘦肉70克，枸杞少许，金华火腿片10克，葱结、姜片各10克，高汤、猪骨汁各适量

调料

冰糖25克，盐4克，味精、黄酒各适量

营养分析

猪瘦肉的蛋白质和胆固醇含量高，还含维生素B_1和锌，有滋养脏腑、滑润肌肤、补中益气、养血、滋阴养胃之功效。

相宜相克

✓ 猪瘦肉+红薯（降低胆固醇）
✓ 猪瘦肉+白菜（开胃消食）
✓ 猪瘦肉+莴笋（补脾益气）

✗ 猪瘦肉+田螺（容易伤肠胃）
✗ 猪瘦肉+驴肉（易导致腹泻）
✗ 猪瘦肉+菊花（易对身体不利）

制作指导

将汆煮好的瘦肉和龟肉捞出后，最后用冷开水洗净，可减少营养物质的流失。

做法:

①锅中水烧开，放入乌龟，煮2～3分钟捞出。

②用刀将乌龟壳和腹下的鳞片刮去，剁去脚趾和尾。

③去除龟壳、内脏，洗净，斩块装碗。

④另起锅，注水烧热，倒入龟肉、瘦肉。

⑤汆去血水，掠去浮沫，捞出洗净。

⑥再取一净锅，注入适量高汤。

⑦加猪骨汁、盐、味精、黄酒。

⑧拌煮至沸，制成汤汁备用。

⑨将龟肉、瘦肉放入炖盅，再放入火腿片、姜片、葱结。

⑩撒上冰糖，再盖上龟壳，压紧实。

⑪放入洗净的枸杞，再倒入煮好的汤汁。

⑫把炖盅放入蒸锅盖盖，用旺火蒸2小时至熟透，取出即可。

香露河鳗

烹饪时间 / 32分钟　口味 / 鲜　功效 / 提神健脑　适合人群 / 儿童

原料

河鳗150克，大蒜、姜片、葱结各少许，高汤适量

调料

盐3克，料酒3毫升，食用油适量

·营养分析·

鳗鱼富含的磷脂对人体组织器官的生长发育、神经系统功能的维持具有重大的作用。磷脂作为滋补强壮剂，对儿童的智力发育，成人的脑功能尤为重要。中医认为，鳗鱼有补虚损、祛风明目、活血通络、解毒消炎的功效。

制作指导

将鳗鱼放入热水中汆片刻更能把鱼身上的黏液去除干净。

相宜相克

- ✓ 河鳗+百合（补虚健脾）
- ✓ 河鳗+山药（养心安神）
- ✗ 河鳗+荞麦（不易消化）
- ✗ 河鳗+干梅（引起腹泻）

做法：

1. 锅中注水烧热，放入河鳗，汆烫片刻捞出，刮去表面黏液掏去内脏。
2. 河鳗切等长小段，不要切断鱼脊骨。
3. 热锅注油烧热，放入大蒜炸片刻，将大蒜捞出备用。
4. 锅中加入适量高汤、盐、料酒、姜片、葱结煮开。
5. 汤汁倒入装有河鳗的大碗中，用保鲜膜包裹好，放入蒸锅中。
6. 加盖蒸30分钟揭盖，将蒸好的河鳗取出，除去保鲜膜即可。

鱼片豆腐汤

烹饪时间 / **4分钟**　口味 / **清淡**　功效 / **提神健脑**　适合人群 / **儿童**

原料

净草鱼400克，豆腐300克，葱花、姜片、香菜段、三花植脂淡奶各适量

调料

盐、味精、鸡粉、胡椒粉、水淀粉、食用油各适量

营养分析

草鱼所含的硒元素具有抗衰老、养颜、提神的功效，而且对肿瘤也有一定的预防作用。

制作指导

豆腐放入冷水浸泡一会儿，再切成小块，切的时候就不容易破碎了。

相宜相克

- ✓ 草鱼+莼菜（健脾和胃、利水消肿）
- ✓ 草鱼+鸡蛋（温补强身）
- ✗ 草鱼+西红柿（降低营养价值）
- ✗ 草鱼+甘草（易引起中毒）

做法：

1. 豆腐洗净切小方块；草鱼肉斜切成薄片。
2. 鱼片装碗，加盐、味精抓匀，淋入水淀粉抓匀，腌渍至入味。
3. 锅中注水烧开，放入豆腐，加少许油。
4. 放入姜片，加盐、鸡粉调味，加适量三花植脂淡奶拌匀。
5. 放入鱼肉片，煮熟，撒上胡椒粉。
6. 将材料盛出装碗，撒上香菜段、葱花即成。

金针菇鱼片汤

烹饪时间 / 3.5分钟　口味 / 鲜　功效 / 提神健脑　适合人群 / 儿童

原料

金针菇100克，草鱼肉200克，姜片、葱花各少许

调料

盐5克，鸡粉4克，胡椒粉1克，料酒7毫升，水淀粉4毫升，食用油适量

·营养分析·

金针菇所含的人体必需的氨基酸成分较全，其中赖氨酸和精氨酸含量尤其丰富，且含锌量比较高，对增强智力尤其是对儿童的身高和智力发育有良好的作用。此外，金针菇能有效地增强机体的生物活性，促进体内新陈代谢，有利于食物中各种营养素的吸收和利用，对生长发育也大有益处。

制作指导

金针菇的肉质细嫩，烹饪金针菇的火候不宜过大，否则易破坏其营养物质，用中火煮熟最适宜。

相宜相克

✓草鱼+胡椒粉（明目）

✓草鱼+豆腐（增强免疫力）

✗草鱼+甘草（易引起中毒）

做法:

1. 将金针菇切去老茎；将草鱼用斜刀切成片。
2. 鱼片装入碗中，放盐、鸡粉、料酒，拌匀。
3. 加入水淀粉，拌匀，再加入食用油，腌渍5分钟。
4. 锅留底油，倒入姜片爆香，放入金针菇拌炒匀，淋入料酒，煸香。
5. 加适量清水，再下入盐、鸡粉、胡椒粉，煮沸。
6. 放入鱼片，煮熟，撒上葱花即成。

酸菜鱼片汤

烹饪时间 / 4分钟　口味 / 鲜　功效 / 增强免疫　适合人群 / 一般人群

原料

草鱼肉200克，酸菜150克，姜丝20克，葱花少许

调料

盐3克，鸡粉2克，胡椒粉少许，水淀粉4毫升，食用油适量

营养分析

草鱼富含蛋白质、脂肪、钙、磷、铁、维生素等，具有暖胃、平肝、祛风、活痹、降压等功能。此外，常食草鱼还能增强免疫力、延缓衰老。

制作指导

鱼的表皮有一层黏液非常滑，所以切起来不太容易，若在切鱼时，将手放在盐水中浸泡一会儿，切起来就不会打滑了。

相宜相克

- ✓ 草鱼+冬瓜（祛风、清热、平肝）
- ✓ 草鱼+黑木耳（补虚利尿）
- ✗ 草鱼+茼蒿（易引起消化不良）
- ✗ 草鱼+咸菜（易生成有毒物质）

做法:

1. 洗净的酸菜切成段；洗好的草鱼肉用斜刀切成片。
2. 鱼片装入碗中，加入盐、鸡粉、胡椒粉、水淀粉拌匀。
3. 倒入食用油，腌渍5分钟至入味。
4. 锅中注水烧开，放入适量食用油、酸菜，略煮片刻后放入姜丝。
5. 加盖煮1分钟后揭盖，放入鱼片拌匀，煮约1分钟至熟。
6. 放入葱花，再加入适量盐、鸡粉调味，把汤料盛出，装入汤碗中即可。

苦瓜鱼片汤

烹饪时间 / 6分钟　口味 / 鲜　功效 / 保肝护肾　适合人群 / 糖尿病患者

原料

苦瓜100克，鲈鱼肉110克，胡萝卜40克，鸡腿菇70克，姜片、葱花各少许

调料

盐3克，鸡粉2克，胡椒粉少许，水淀粉、食用油各适量

营养分析

鲈鱼含有蛋白质、维生素和钙、磷、铁等多种营养成，具有补肝肾、益脾胃、化痰止咳的功效。其所含的铜能维持神经系统的正常功能，并促进人体新陈代谢，糖尿病患者可适量食用。

相宜相克

✓ 鲈鱼+姜（补虚养身、健脾开胃）
✓ 鲈鱼+胡萝卜（延缓衰老）
✓ 鲈鱼+南瓜（预防感冒）

✗ 鲈鱼+奶酪（影响钙的吸收）
✗ 鲈鱼+蛤蜊（导致铜、铁等元素的流失）

制作指导

鱼肉宜用斜刀切片，这样鱼片不易散，但不宜切得过厚或过薄。

做法:

①将洗净的鸡腿菇切成片。

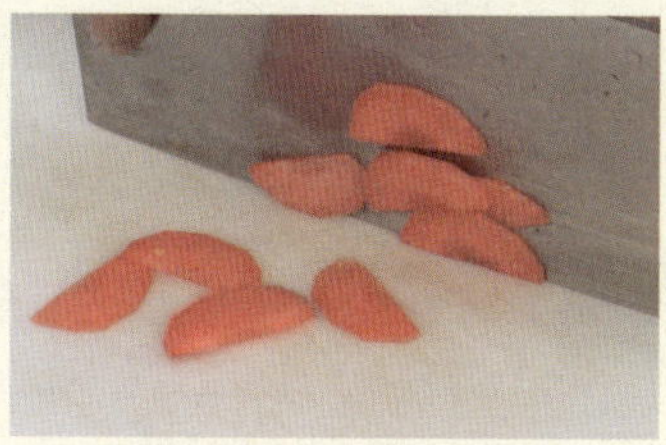

②去皮洗净的胡萝卜切成片。

③洗好的苦瓜对半切开，去籽，切成片。

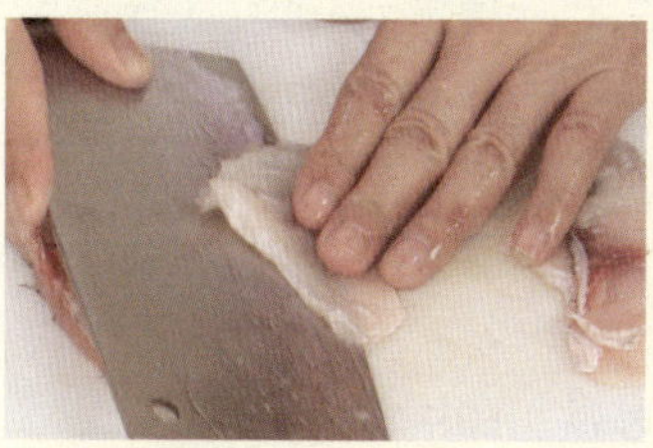

④洗净的鱼肉切成片。

⑤把鱼片装入碗中，放入少许盐、鸡粉、胡椒粉，抓匀。

⑥放入水淀粉抓匀，注入适量食用油，腌渍10分钟至入味。

⑦用油起锅，放入姜片，爆香。

⑧倒入切好的苦瓜片、胡萝卜、鸡腿菇，炒匀。

⑨加入适量清水，盖上盖，用大火烧开，煮3分钟至熟。

⑩揭盖，放入适量盐、鸡粉。

⑪倒入腌好的鱼片，搅匀，煮1分钟，至鱼片熟透。

⑫盛出煮好的鱼汤，装入碗中，放入葱花即可。

润肺鱼片汤

烹饪时间 / 8分钟　口味 / 鲜　功效 / 开胃消食　适合人群 / 一般人群

原料

马蹄肉60克，鲜百合45克，无花果35克，草鱼肉200克，姜丝、葱花各少许

调料

盐4克，鸡粉2克，胡椒粉2克，水淀粉4毫升，食用油适量

营养分析

草鱼含有丰富的不饱和脂肪酸，对血液循环有利，是心血管病人的良好食物。草鱼还含有丰富的硒元素，经常食用有抗衰老、养颜的功效。对于身体瘦弱、食欲不振的人来说，草鱼肉嫩而不腻，还能开胃、滋补身体。

制作指导

草鱼肉味鲜美，烹调时不用放味精调味，以免影响到草鱼肉原有的鲜嫩口感。

相宜相克

- ✓ 马蹄+鱼肉（清热解毒、养肝明目）
- ✓ 马蹄+核桃仁（有利于消化）
- ✗ 马蹄+牛肉（易伤脾胃）

做法：

1. 洗好的草鱼肉用斜刀切片；洗净的马蹄切成片。
2. 将鱼片装入碗中加入适量盐、鸡粉、胡椒粉拌匀，淋入适量水淀粉拌匀。
3. 倒入适量食用油，腌渍5分钟至入味。
4. 锅中倒水烧开，放入食用油、洗净的无花果、鲜百合、马蹄片、盐、鸡粉。
5. 盖上盖，用大火烧开后，转小火煮5分钟材料熟。
6. 揭盖，放入姜丝、鱼片拌匀煮沸。
7. 放入胡椒粉拌匀，捞去浮沫撒上葱花即可。

鱼头豆腐汤

烹饪时间 / 28分钟　口味 / 鲜　功效 / 增强免疫　适合人群 / 一般人群

原料

鲢鱼头600克，豆腐400克，冬笋片35克，姜片20克，蒜苗段25克，水发香菇片少许

调料

盐3克，白糖3克，料酒5毫升，生抽、胡椒粉、熟猪油、高汤、食用油各适量

营养分析

豆腐的蛋白质含量高，而且属于完全蛋白，不仅含有人体必需的8种氨基酸，而且比例也接近人体需要，营养价值较高，是老人、孕妇、产妇的理想食品，也非常适合脑力工作者、经常加夜班者食用。

制作指导

炖制此汤时，可用热水代替高汤，而且加水时要一次性加足，这样炖好的汤不会腥，口感也很鲜美。

相宜相克

- ✓ 豆腐+蛤蜊（润肤、补血）
- ✓ 豆腐+羊肉（清热泻火、除烦止渴）
- ✗ 豆腐+蜂蜜（易导致腹泻）
- ✗ 豆腐+木耳菜（易破坏营养素）

做法：

1. 鱼头洗净，斩成两半；洗好的豆腐切成片。
2. 锅中注入适量清水烧开，放入豆腐、笋片、香菇，焯煮1分钟，捞出。
3. 另起锅，注入适量食用油，烧热，放入姜片、鱼头，两面煎至焦黄色。
4. 加入料酒，倒入高汤，转大火煮沸，将锅中汤料倒入砂煲中，置于旺火上。
5. 煮开后转小火炖至汤汁呈奶白色。
6. 加入盐、白糖，放入豆腐、笋片、香菇，煮沸后放入蒜苗段，加入生抽、熟猪油、胡椒粉，略煮片刻即成。

木瓜炖鱼头

烹饪时间 / 17分钟　口味 / 鲜　功效 / 开胃消食　适合人群 / 孕产妇

原料

鱼头350克，木瓜300克，姜片30克

调料

盐3克，鸡粉2克，胡椒粉1克，米酒5毫升，食用油适量

·营养分析·

木瓜所含的番木瓜碱具有抗肿瘤的功效，并能阻止人体致癌物质亚硝胺的合成。此外，木瓜含有的酵素能帮助分解肉食，减低胃肠的工作量，并可预防消化系统癌变。

姜

木瓜

鱼头

相宜相克

✅木瓜+莲子（促进新陈代谢）
✅木瓜+椰子（能有效消除疲劳）
✅木瓜+鱼（养阴、补虚、通乳）

❎木瓜 + 南瓜（降低营养价值）
❎木瓜+胡萝卜（破坏木瓜中的维生素C）

制作指导

要选择果皮完整、颜色亮丽、无损伤的新鲜木瓜。

做法:

①将去皮洗净的木瓜切条，改切成丁。

②把切好的木瓜装入盘中待用。

③用油起锅，放入洗净的鱼头，煎出焦香味。

④把煎好的鱼头盛出，装入盘中，备用。

⑤砂锅中注入适量清水，用大火烧开，加姜片。

⑥放入煎好的鱼头，再加入适量米酒。

⑦盖上盖，用小火炖15分钟至鱼头熟透。

⑧揭盖，放入切好的木瓜。

⑨盖盖用大火煮沸。

⑩揭盖，放入盐、鸡粉、胡椒粉调味。

⑪用锅勺搅匀。

⑫把炖好的汤料盛出，装入汤碗中即可。

天麻鱼头汤

烹饪时间 / **11分钟**　口味 / **鲜**　功效 / **提神健脑**　适合人群 / **一般人群**

原料

鳙鱼头450克，姜片20克，天麻5克，枸杞2克

调料

盐、鸡粉各适量

营养分析

天麻具有很高的营养价值，富含蛋白质、氨基酸、碳水化合物、糖类、铁等营养物质，具有增强记忆力、保护视力、延年益寿等功效，是老少皆宜的保健药材。

制作指导

煎鱼头时，用油量不宜太多，以免成品过于油腻，影响口感。

相宜相克

- 鱼头+豆腐（增强免疫）
- 鱼头+西葫芦（健脑）
- 鱼头+豆腐皮（开胃消食、增强免疫力）
- 鱼头+白萝卜（健脾胃）

做法：

1. 锅注油烧热，放入姜片爆香，放入洗净的鱼头，煎至焦黄，盛盘。
2. 取干净的砂煲，倒入开水，放入天麻，再放入姜片和鱼头。
3. 加入少许盐，用大火煲开，再加入少许鸡粉。
4. 盖上锅盖，转中火再炖40分钟。
5. 揭开锅盖，放入枸杞，继续用中火炖煮片刻。
6. 关火，端下砂煲即成。

西红柿鱼丸汤

烹饪时间 / 4分钟　口味 / 鲜　功效 / 防癌抗癌　适合人群 / 女性

原料

西红柿120克，鱼丸170克，姜片、葱花各适量

调料

盐、鸡粉各2克，芝麻油3毫升，食用油适量

·营养分析·

西红柿含有较多的番茄红素，具有独特的抗氧化能力，能清除自由基，保护细胞，能帮助阻止癌变进程。常吃西红柿还具有抗衰老的作用，使皮肤保持白皙。

制作指导

制作此汤时，若想要味道浓郁些，可添加一些番茄酱调味。

相宜相克

- ✓ 西红柿+芹菜（降血压、健胃消食）
- ✓ 西红柿+山楂（降低血压）
- ✗ 西红柿+南瓜（降低营养价值）
- ✗ 西红柿+螃蟹（易引起腹痛、腹泻）

做法：

1. 将洗净的西红柿切成块，装盘备用。
2. 锅注水烧开，倒入食用油、盐、鸡粉、鱼丸。
3. 略煮后放入姜片，煮至沸腾。
4. 加入西红柿块，煮3分钟至食材熟透。
5. 淋入适量芝麻油，搅拌均匀。
6. 把煮好的汤料盛出，装入汤碗中，放入葱花即可。

鱼丸苋菜汤

烹饪时间 /5分钟　口味 / 鲜　功效 / 增强免疫　适合人群 / 一般人群

原料

鱼丸150克，苋菜100克，姜片少许

调料

盐3克，鸡粉3克，芝麻油3克，胡椒粉、食用油各适量

·营养分析·

苋菜富含易被人体吸收的铁和钙，而且不含草酸，对儿童的牙齿和骨骼的生长可起到促进作用。夏季常食红苋菜，具有清热解毒、消除咽喉红肿和辅助治疗肠炎的效果。

鱼丸

姜

苋菜

相宜相克

✅苋菜+蛋（滋阴润燥）
✅苋菜+鸡、猪肝（增强免疫力）

❌苋菜+菠菜（降低营养价值）
❌苋菜+牛奶（影响钙的吸收）
❌苋菜+甲鱼（不易消化）

制作指导

苋菜的茎很长，炒时很容易结成团，因此苋菜入锅后，可用筷子拌煮，就很容易将结团的苋菜拨散。

做法:

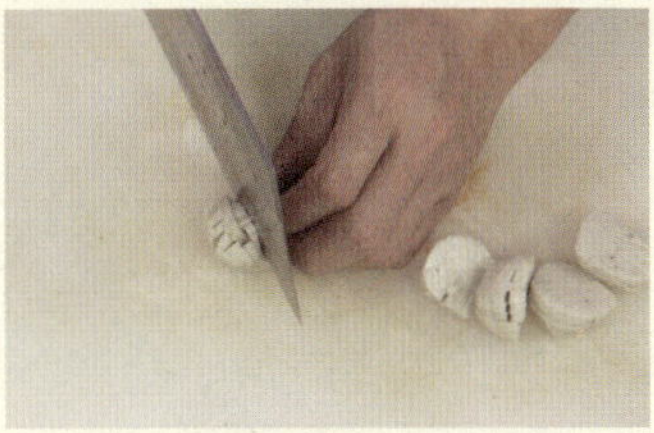
①鱼丸切上网格花刀，切成两半。

②把切好的鱼丸装入盘中备用。

③锅中倒入适量食用油烧热，放入姜片，爆香。

④倒入800毫升清水。

⑤烧开后倒入鱼丸。

⑥盖上锅盖，烧开后再煮1分钟至鱼丸煮开花。

⑦揭开锅盖，放入盐、鸡粉。

⑧再撒入少许胡椒粉调味。

⑨放入洗好的苋菜，用锅铲拌煮1分30秒至熟。

⑩淋入适量芝麻油。

⑪搅均拌匀。

⑫把煮好的汤盛出，装入汤碗中即可。

双菇鱼丸汤

烹饪时间 / 6分钟　口味 / 鲜　功效 / 增强免疫力　适合人群 / 孕产妇

原料

鸡腿菇片、草菇片各35克，鱼丸120克，姜片、香菜、胡萝卜片各少许，高汤适量

调料

盐、鸡粉、白糖、葱油、食用油各适量

·营养分析·

鸡腿菇营养丰富，含有丰富的蛋白质、碳水化合物、钙、磷及多种维生素，能增强免疫力、安神除烦，体弱或病后需要调养的人尤其适合食用。

制作指导

烹制此菜肴时，可先将鸡腿菇和草菇放入开水锅中，焯烫片刻以去除草酸和杂质。

相宜相克

- ✓ 鸡腿菇+牛肉（健脾养胃）
- ✓ 鸡腿菇+猪肉（增强营养）
- ✗ 鸡腿菇+酒（易引起呕吐）

做法:

1. 锅中倒入适量高汤，放入姜片、胡萝卜片，煮沸。
2. 倒入鸡腿菇片、草菇片、鱼丸，拌匀。
3. 把汤煮约3分钟至食材熟。
4. 加盐、鸡粉、白糖，拌匀调味。
5. 用汤勺捞去浮沫，淋入少许葱油，拌匀。
6. 出锅盛入碗中，放入洗好的香菜即可。

鱼丸紫菜煲

烹饪时间 / **5分钟**　口味 / **鲜**　功效 / **清热解毒**　适合人群 / **一般人群**

原料

鱼丸180克，水发紫菜150克，姜片10克，葱花5克，枸杞少许

调料

盐2克，鸡粉、味精、食用油各适量

·营养分析·

紫菜含有多种人体必需的营养成分。其蛋白质含量相当高，维生素和碘、钙、铁等营养元素含量也很丰富，具有化痰软坚、清热利水、补肾养心的功效。尤其适宜咳嗽、高血压、肺病初期者食用。

制作指导

泡发紫菜时，应换1～2次水，以彻底清除紫菜中掺杂的杂质。

相宜相克

- ✓ 紫菜+决明子（治高血压）
- ✓ 紫菜+白萝卜（清心开胃）
- ✗ 紫菜+花菜（影响钙的吸收）
- ✗ 紫菜+柿子（不利消化）

做法:

1. 锅中注水烧开，倒入洗好的鱼丸，汆烫片刻后捞出鱼丸。
2. 另起锅，注入适量水烧开，倒入鱼丸，加盐、鸡粉、味精、食用油。
3. 放入洗好的紫菜，煮2～3分钟至熟透。
4. 放入洗好的枸杞、姜片，拌匀，煮片刻。
5. 将锅中的材料盛入砂煲，然后放置在炉灶上，用小火煲开。
6. 揭盖，撒入葱花，关火，取下砂煲即可。

萝卜鱼丸汤

烹饪时间 / 4分钟　口味 / 鲜　功效 / 开胃消食　适合人群 / 婴幼儿

原料

白萝卜150克，鱼丸100克，芹菜40克，姜末少许

调料

盐2克，鸡粉少许，食用油适量

·营养分析·

白萝卜是一种常见的蔬菜，生食、熟食均可。它富含芥子油、淀粉酶和粗纤维，具有促进消化、增进食欲、加快胃肠蠕动的作用。幼儿食用白萝卜，对小儿咳嗽等症状有缓解的作用。

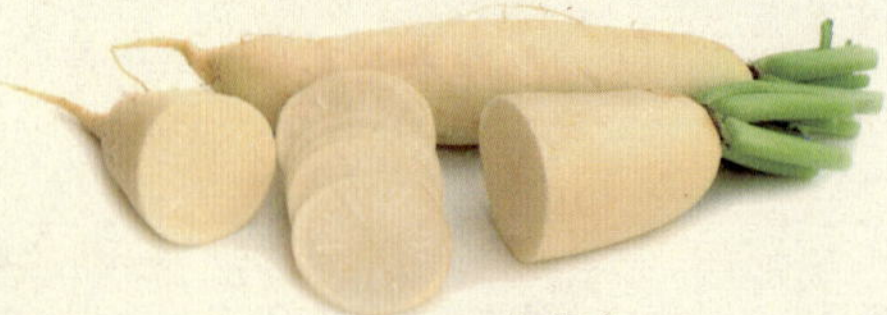

白萝卜

姜

芹菜

鱼丸

相宜相克

✅白萝卜+紫菜（清肺热、防治咳嗽）

✅白萝卜+牛肉（补五脏、益气血）

✅白萝卜+金针菇（可防治消化不良）

❌白萝卜+黄瓜（破坏维生素C）

❌白萝卜+人参（功效相悖）

❌白萝卜+黑木耳（易引发皮炎）

制作指导

注入的清水以没过食材为佳，不可过多，以免稀释了鱼丸的鲜味。

做法:

①将洗净的芹菜切成粒。

②去皮洗净的白萝卜切成片，再切成细丝。

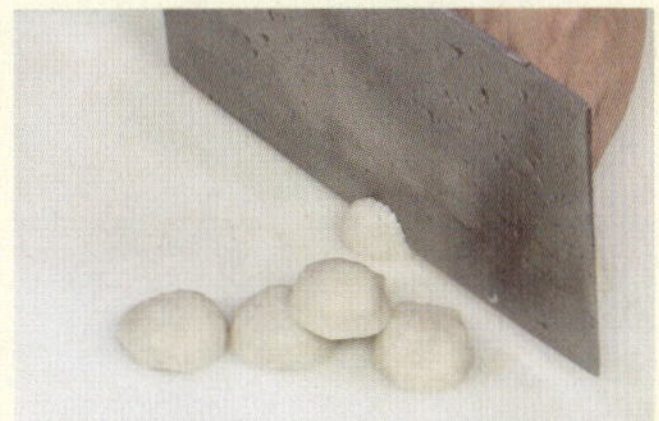

③洗净的鱼丸对半切开，再切上网格花刀。

④把切好的食材分别装在盘中，待用。

⑤起油锅，下姜末，用大火爆香，倒入萝卜丝，翻炒几下。

⑥注入适量清水，下入切好的鱼丸。

⑦再调入盐、鸡粉，搅拌匀，用中火烧开。

⑧盖上盖子，用中小火续煮约2分钟至全部食材熟透。

⑨取下盖子，撒上芹菜粒。

⑩搅拌均匀，再煮片刻至其断生。

⑪关火后盛出煮好的鱼丸汤。

⑫放在碗中即成。

清肺鱼骨汤

烹饪时间 / 33分钟　口味 / 鲜　功效 / 养心润肺　适合人群 / 老年人

原料

鱼骨400克，马蹄肉80克，无花果30克，百合20克，姜片10克

调料

盐3克，鸡粉2克，料酒5毫升，胡椒粉少许，食用油适量

营养分析

鱼骨里含有丰富的钙质和微量元素，经常吃可以防止骨质疏松，对于处于生长期的青少年和骨骼开始衰老的中老年人来讲，都非常有益。而且，经过适当软化处理的鱼骨，营养成分都成为水溶性物质，很容易被人体吸收。所以，多吃鱼骨对身体有益无害。

制作指导

煮鱼骨汤时要加足量水，用小火慢煮，但不是煮得时间越久就越好，太久了营养物质会被破坏掉。

相宜相克

- ✓ 马蹄+海蜇皮（清热祛痰、降低血压）
- ✓ 马蹄+核桃仁（有利于消化）
- ✗ 马蹄+牛肉（易伤脾胃）
- ✗ 马蹄+茶（易产生便秘）

做法：

1. 将洗净的马蹄切成小块；再把洗净的鱼骨斩成块。
2. 锅注油烧热加姜片爆香，倒鱼骨煎1分钟翻面直至焦黄色。
3. 砂锅注水烧开，加百合、无花果、马蹄块大火煮15分钟。
4. 倒入鱼骨、料酒，盖上盖，转小火再煮15分钟。
5. 揭盖，加入盐、鸡粉拌匀调味，煮1分钟至入味。
6. 撒上少许胡椒粉搅拌均匀盛出，装入碗中即可。

冬笋鱼骨汤

烹饪时间 / **35分钟**　口味 / **鲜**　功效 / **开胃消食**　适合人群 / **老年人**

原料

冬笋200克，鳜鱼鱼骨180克，姜片15克，香菜段少许

调料

盐2克，鸡粉2克，料酒5毫升，食用油适量

营养分析

鳜鱼鱼骨含有蛋白质、钙、镁及少量维生素，其味鲜，极易消化。对儿童、老人及体弱者、脾胃消化功能不佳的人来说，用鳜鱼鱼骨做汤饮用，既能补虚，又可促进消化。

制作指导

冬笋入锅煮制前，可先放入热水锅中焯煮一下，以去除部分苦涩味。

相宜相克

- ✓ 竹笋+鸡肉（暖胃益气、补精填髓）
- ✓ 竹笋+猪腰（补肾利尿）
- ✗ 竹笋+红糖（对身体不利）
- ✗ 竹笋+羊肉（易导致腹痛）

做法：

1. 将洗好的冬笋切成段，改切成片；洗好的鱼骨斩成块，备用。
2. 锅中注油烧热，放入姜片，爆香，放入鱼骨，煎约1分钟至散发出焦香味。
3. 淋入料酒，倒入适量清水，加盖，烧开后转小火煮30分钟至汤汁呈奶白色。
4. 揭盖，捞出浮沫后放入笋片，煮3分钟至食材熟透。
5. 调入适量鸡粉、盐拌匀调味。
6. 煮好的汤料盛入碗中，放入香菜段即成。

沙参鱼尾汤

烹饪时间 / 12分钟　口味 / 鲜　功效 / 提神健脑　适合人群 / 一般人群

原料

生鱼尾150克，沙参15克，桂圆肉10克，姜片少许

调料

盐4克，鸡粉2克，料酒5毫升，食用油适量

·营养分析·

桂圆含有葡萄糖、维生素、蔗糖等营养物质，有补血安神、健脑益智、补养心脾的功效，对失眠、心悸、神经衰弱、记忆力减退、贫血有较好的食疗效果。

制作指导

沙参先用清水浸泡1小时再烹饪，其功效会发挥得更好。

相宜相克

- 沙参+鸭肉（滋阴清肺、养胃生津）
- 沙参+猪肉（催乳）
- 沙参+鸡蛋（缓解牙痛）

做法：

1. 锅中倒入适量食用油烧热，下入姜片爆香。
2. 放入鱼尾，煎出焦香味。
3. 倒入适量清水，放入洗净的沙参、桂圆。
4. 加入适量盐、料酒，盖上盖，烧开后用小火煮10分钟至熟。
5. 揭盖，加入适量盐、鸡粉调味。
6. 用锅勺捞去浮沫，把汤料盛出，装入汤碗中即可。

鱼骨白菜汤

烹饪时间 / 7分钟　口味 / 鲜　功效 / 增强免疫　适合人群 / 儿童

原料

鱼骨300克，大白菜200克，姜片、葱花各少许

调料

盐3克，鸡粉2克，料酒、胡椒粉、食用油各适量

·营养分析·

鱼骨里含有丰富的钙质和微量元素，经常食用可以预防骨质疏松，对于处于生长期的青少年和骨骼开始衰老的中老年人都非常有益。鱼骨的营养成分在汤里都成为水溶性物质，很容易被人体吸收。

制作指导

煮汤时加少许醋，可使汤汁更鲜香，还有助于软化鱼骨。

相宜相克

✓ 鱼骨+白菜（提供丰富的蛋白质、碳水化合物、维生素C等多种营养成分）

✓ 鱼骨+茼蒿（健脾消肿、消热解毒）

做法：

1. 洗净的大白菜去心切段；洗好的鱼骨切段，装盘。
2. 用油起锅，下姜片爆香。
3. 倒入鱼骨煎至焦香，加少许料酒炒匀，注入适量清水。
4. 加盖，中火焖约5分钟至汤汁呈奶白色，倒入大白菜，拌匀，煮熟。
5. 揭盖，加入盐、鸡粉、胡椒粉，炒匀。
6. 小火略煮片刻至入味，盛入碗中，撒上葱花即可。

鱿鱼冬笋汤

烹饪时间 / **7.5分钟**　口味 / **鲜**　功效 / **降低血脂**　适合人群 / **高血脂病患者**

原料

鱿鱼150克，冬笋150克，胡萝卜80克，姜片、葱花各少许

调料

盐3克，鸡粉3克，胡椒粉少许，水淀粉4毫升，料酒9毫升，食用油适量

营养分析

鱿鱼含不饱和脂肪酸、牛磺酸，可减少血管壁内所累积的胆固醇，对于预防血管硬化、胆结石的形成都颇具效力。

姜

鱿鱼

胡萝卜

葱

冬笋

相宜相克

✓鱿鱼+银耳（延年益寿）

✓鱿鱼+猪蹄（补气养血）

✓鱿鱼+虾（抵抗寒冷）

✗鱿鱼+茶叶（影响蛋白质的吸收）

✗鱿鱼+石榴（会影响蛋白质的吸收，且不利消化）

制作指导

制作此汤时，应选用新鲜的鱿鱼，因为冷冻太久的鱿鱼表皮特别腥，口感不佳。

做法:

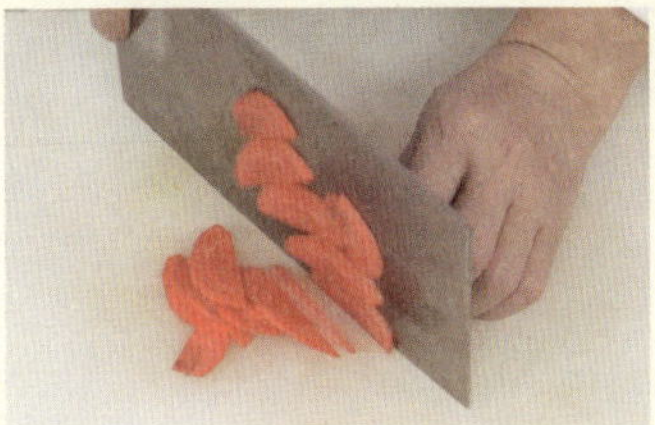

①洗净的冬笋切成片；去皮洗净的胡萝卜切成片。

②在洗好的鱿鱼内侧打上网格花刀，切成片；鱿鱼须切开。

③把鱿鱼装入碗中，放入适量盐、料酒、鸡粉拌匀。

④加入少许胡椒粉、水淀粉拌匀，腌渍5分钟至入味。

⑤锅中倒入适量清水烧开，倒入笋片煮半分钟。

⑥放入切好的胡萝卜片，再煮片刻，捞出备用。

⑦锅中注油烧热，倒入姜片爆香，倒入鱿鱼翻炒匀。

⑧淋入料酒炒香，倒入清水拌匀，放入笋片和胡萝卜片。

⑨盖上盖，用大火烧开后转小火煮5分钟至熟。

⑩揭盖，加入适量盐、鸡粉，调味。

⑪放入葱花，拌匀。

⑫把汤料盛出，装入汤碗中即可。

海底椰鱿鱼汤

烹饪时间 / 17分钟　口味 / 鲜　功效 / 美容养颜　适合人群 / 女性

原料

鱿鱼肉120克，海底椰30克，姜丝、葱花各少许

调料

盐4克，鸡粉4克，胡椒粉、水淀粉、食用油各适量

营养分析

鱿鱼含有丰富的钙、磷、铁等营养元素，对骨骼发育和造血十分有益，可预防贫血。此外，鱿鱼还含有十分丰富的硒、碘、锰、铜等微量元素，可帮助降低血中的胆固醇含量，缓解疲劳，恢复视力，还有帮助改善肝脏功能的效果。

制作指导

煮海底椰时可以适当多煮一会儿，以使其药性更好地溶于汤汁中。

相宜相克

- ✓ 海底椰+黄瓜（营养全面丰富）
- ✓ 海底椰+银耳（延年益寿）
- ✗ 海底椰+茄子（对人体有害）
- ✗ 海底椰+鸭蛋（引起身体不适）

做法：

1. 鱿鱼洗净打上花刀，切成片入碗，加少许盐、鸡粉、水淀粉，拌至入味，加少许油，腌渍10分钟。
2. 砂锅加适量清水烧开，下洗净的海底椰。
3. 盖上盖，用小火煮约15分钟至散发清香味。
4. 揭盖，撒上姜丝，加盐、鸡粉，淋入少许油。
5. 倒入鱿鱼片拌匀，大火煮至鱿鱼片卷起。
6. 撒上胡椒粉，搅拌几下，煮至入味，关火盛出入碗，撒上葱花即成。

墨鱼猪肚汤

烹饪时间 / 42.5分钟　口味 / 鲜　功效 / 开胃消食　适合人群 / 肠胃病患者

原料

墨鱼200克，猪肚100克，杏仁、姜片、葱花各少许

调料

盐3克，鸡粉2克，胡椒粉、料酒各少许

营养分析

墨鱼富含蛋白质、维生素及钙、磷、铁等营养成分，是一种高蛋白、低脂肪的滋补佳品，也是女性塑造体型和保养肌肤的理想食品。

制作指导

干制的墨鱼最好用冷水泡发，再用温水洗净，这样更容易去除杂质。

相宜相克

- ✓ 墨鱼+核桃仁（辅助治疗女子闭经）
- ✓ 墨鱼+木瓜（补肝肾）
- ✗ 墨鱼+碱（不利于营养物质的吸收）
- ✗ 墨鱼+茄子（可能引起身体不适）

做法：

1. 把洗净的猪肚切开，改成小块。
2. 锅中注入适量清水烧开，倒入猪肚，去除异味，捞出沥干水分待用。
3. 砂煲置于火上，倒入适量清水烧开，下入姜片和洗净的杏仁。
4. 放入洗净、切好的墨鱼、猪肚。
5. 淋上少许料酒，煮沸后用中小火煲煮约40分钟至熟软。
6. 加盐、鸡粉、胡椒粉调味，撒上葱花即成。

墨鱼猪骨汤

烹饪时间 / 63分钟　口味 / 鲜　功效 / 益气补血　适合人群 / 孕产妇

原料

水发墨鱼250克，猪骨200克，姜片10克

调料

盐3克，鸡粉2克，胡椒粉少许，料酒5毫升

·营养分析·

墨鱼含有蛋白质、碳水化合物、多种维生素和钙、磷、铁等矿物质，具有壮阳健身、益血补肾、健胃理气、安胎、利产、催乳的功效。尤其适宜女性在经、孕、产、哺乳各期食用。

猪骨

水发墨鱼

姜

相宜相克

✅墨鱼+木瓜（补肝肾）

✅墨鱼+白糖（防治哮喘）

❎墨鱼+碱（不利于营养物质的吸收）

制作指导

猪骨入锅煮后，中途应捞出浮沫，以保证猪骨纯正的口感。

做法:

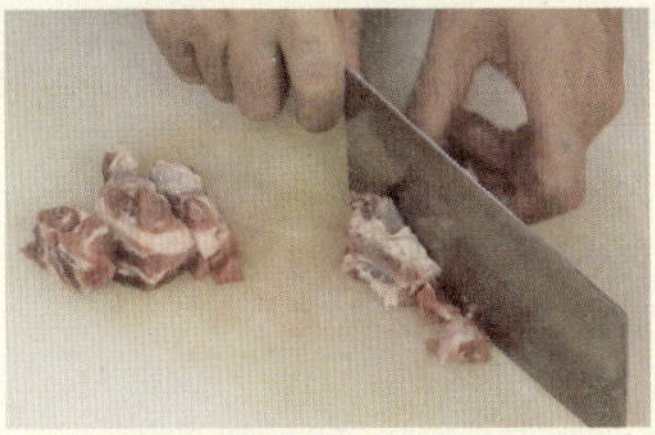

①洗净的猪骨斩块。

②锅中倒水烧开，倒入猪骨，煮1分30秒，汆去血水。

③把汆好的猪骨捞出，装入盘中备用。

④砂锅中倒入约600毫升清水，烧开，倒入猪骨。

⑤放入备好的姜片、墨鱼。

⑥淋入适量料酒。

⑦用锅勺稍稍搅动墨鱼，使其被水淹没。

⑧盖上锅盖，转小火煮1小时至食材熟软。

⑨揭开锅盖，加入盐、鸡粉。

⑩撒入胡椒粉。

⑪拌匀调味。

⑫把煮好的汤盛出，装入汤碗中即可。

花生墨鱼煲猪蹄

烹饪时间 / 62分钟　口味 / 鲜　功效 / 益气补血　适合人群 / 孕产妇

原料

猪蹄400克，水发墨鱼干80克，水发花生米150克，姜片35克

猪蹄

水发花生米

姜　水发墨鱼干

调料

盐3克，鸡粉2克，白醋4毫升，黄酒10毫升，食用油适量

·营养分析·

花生含有维生素、卵磷脂、钙、铁等营养元素，具有健脾和胃、清喉补气、通乳、利肾去水、降压止血之功效。病后体虚者、术后恢复期病人及孕妇、产妇进食花生均有补养效果。

制作指导

猪蹄入锅前可以用竹签在猪蹄上扎孔，这样能缩短炖煮的时间。

相宜相克

✓花生+红枣（健脾、止血）

✓花生+醋（增食欲、降血压）

✗花生+蕨菜（易导致腹泻、消化不良）

✗花生+肉桂（降低营养）

做法：

1. 锅中注水烧开，倒入剁好的猪蹄，加入适量白醋，搅拌匀。
2. 用大火加热，汆煮1分30秒，去除血水，捞去浮沫，捞出备用。
3. 砂锅中注入适量清水，大火烧开，倒入猪蹄、花生、墨鱼干。
4. 放入少许姜片，倒入适量黄酒。
5. 盖上盖，用小火炖1小时至食材熟烂。
6. 揭盖，捞去汤中浮沫，放入适量盐、鸡粉，拌匀调味即可。

八爪鱼猪肚汤

烹饪时间 / 17分钟　口味 / 鲜　功效 / 益气补血　适合人群 / 一般人群

原料

八爪鱼300克，熟猪肚200克，姜片、枸杞各5克，葱花少许

调料

盐3克，鸡粉2克，料酒10毫升，胡椒粉、食用油各适量

营养分析

猪肚含有蛋白质、脂肪、钙、磷、铁、维生素等成分，有补虚损、健脾胃的功效，用于辅助治疗脾虚腹泻、消渴等。

制作指导

熟猪肚切好后，可以用开水泡软，这样能缩短煮汤的时间。

相宜相克

- ✓ 猪肚+莲子（补脾健胃）
- ✓ 猪肚+金针菇（开胃消食）
- ✗ 猪肚+杨梅（易引起中毒）
- ✗ 猪肚+芦荟（易引起腹泻）

做法：

1. 八爪鱼收拾干净切小块；猪肚洗净切条。
2. 锅中加适量清水烧开，入八爪鱼，加料酒，煮约1分钟，捞出备用。
3. 用油起锅，入姜片爆香；入八爪鱼，翻炒；入猪肚，炒匀。
4. 淋入料酒，炒香，加适量清水。
5. 盖上盖烧开，小火煮15分钟。
6. 揭盖，加盐、鸡粉、枸杞、胡椒粉，撒上葱花，拌匀出锅即可。

萝卜西红柿带鱼汤

烹饪时间 / 10分钟　口味 / 鲜　功效 / 防癌抗癌　适合人群 / 一般人群

原料

鲜带鱼350克，西红柿150克，白萝卜180克，姜片、葱花各少许

调料

盐5克，鸡粉5克，胡椒粉3克，料酒15毫升，芝麻油、食用油各适量

·营养分析·

带鱼的脂肪多是不饱和脂肪酸，对于营养不良、毛发枯黄等都有食疗作用，而且还能帮助降低血脂，防癌抗癌。

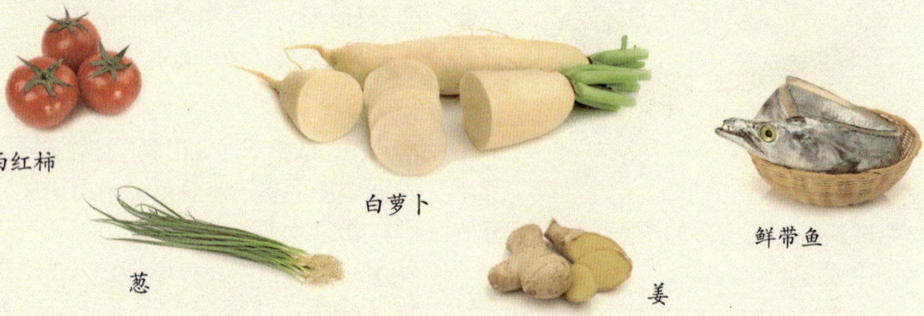

相宜相克

✅带鱼+豆腐（营养更全面）
✅带鱼+苦瓜（保护肝脏）
✅带鱼+木瓜（补气养血）
❎带鱼+南瓜（易对身体不利）

制作指导

煎带鱼时最好选用小火，以免将其肉质煎老，出的汤也就不鲜美了。

做法:

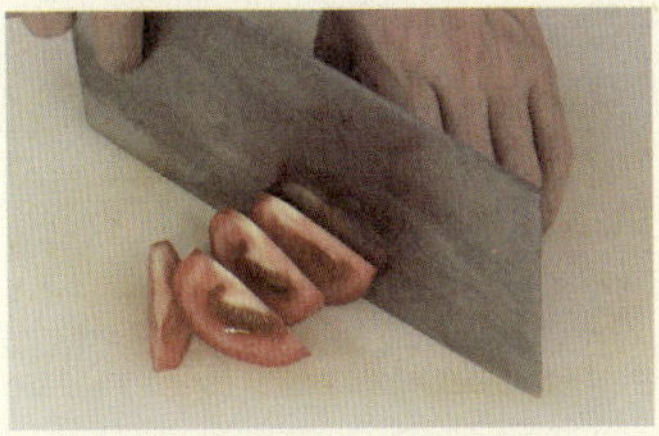
①洗净的西红柿对半切开，再切成小瓣。

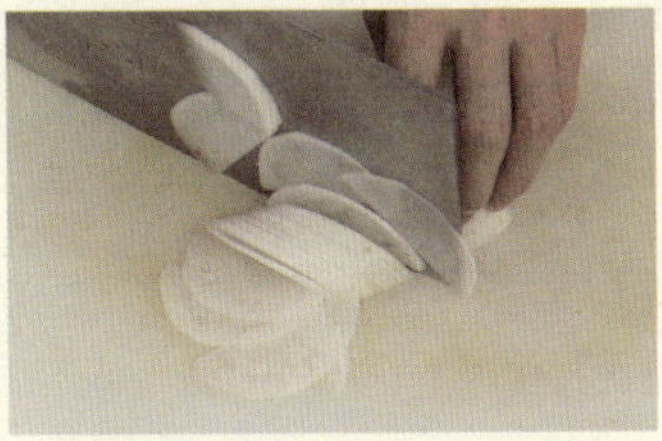
②去皮洗好的白萝卜对半切开，改切成薄片。

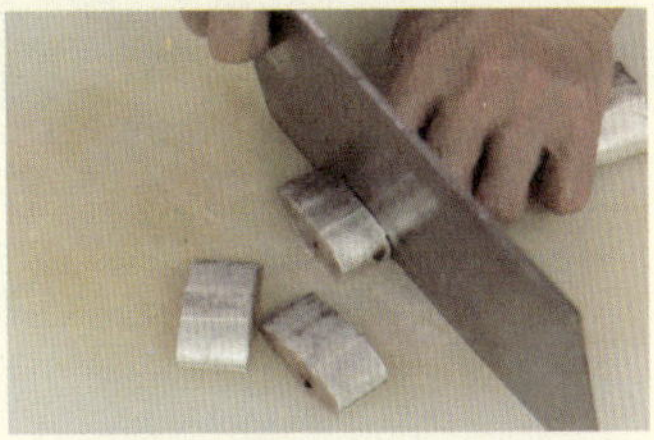
③洗净的带鱼肉切成小块。

④把带鱼放入碗中，加盐、鸡粉、料酒拌匀，腌渍约15分钟。

⑤用油起锅，下入姜片爆香，放入鱼块，煎出焦香味。

⑥翻动鱼块，煎至两面断生，淋入料酒，注入清水。

⑦盖上盖，用大火煮约3分钟至汤汁沸腾。

⑧揭开盖，倒入西红柿、萝卜片、盐、鸡粉，拌匀。

⑨盖好锅盖，用小火煮约5分钟至入味。

⑩取下盖子，撒上胡椒粉。

⑪再淋入少许芝麻油，拌匀。

⑫关火后盛出煮好的带鱼汤，撒上葱花即成。

带鱼汤

烹饪时间 / 22分钟　口味 / 鲜　功效 / 增强免疫　适合人群 / 一般人群

原料

鲜带鱼300克，香菜段25克，姜片适量

调料

盐3克，鸡粉2克，料酒5毫升，食用油适量

·营养分析·

带鱼含有丰富的镁元素，对心血管系统有很好的保护作用，有利于预防高血压，具有养肝补血、泽肤养发的功效。病后体虚、产后乳汁不足者食用带鱼有一定的补益作用。

制作指导

带鱼入锅前，油一定要烧热，若油温太低，煎制时易破皮，影响美观。

相宜相克

✓ 带鱼+木瓜（补气养血）

✓ 带鱼+牛奶（健脑补肾、滋补强身）

✗ 带鱼+菠菜（不利于营养物质的吸收）

做法：

1. 锅中注油烧热，下入姜片，爆香。
2. 放入洗净切块的带鱼，中火煎1分钟，翻面，继续煎1分钟至带鱼呈金黄色。
3. 倒入适量清水，加盖，烧开后转小火煮20分钟。
4. 揭盖，捞去浮沫后搅拌一会儿，以免锅中食材粘锅。
5. 淋入适量料酒，拌匀，略煮片刻。再加入盐、鸡粉，拌匀至入味。
6. 放入香菜段，略煮，把煮好的汤料盛入汤碗中即可。

马蹄木耳煲带鱼

烹饪时间 / 27分钟　口味 / 鲜　功效 / 生津止渴　适合人群 / 糖尿病患者

原料

马蹄肉100克，水发木耳30克，带鱼110克，姜片、葱花各少许

调料

盐2克，鸡粉2克，料酒、胡椒粉、食用油各适量

·营养分析·

马蹄含有蛋白质、钙、磷、铁、维生素A、维生素B_1、维生素B_2、维生素C，还含有具有降低血糖和血压的有效成分荸荠英，能清热润肺、生津消滞、疏肝明目，糖尿病患者可以常食。

制作指导

带鱼入锅煎之前，可以加料酒腌渍片刻，能更好地去腥提味。

相宜相克

- ✓ 马蹄+海蜇皮（清热祛痰、降低血压）
- ✓ 马蹄+梨（清利咽喉）
- ✗ 马蹄+牛肉（易伤脾胃）
- ✗ 马蹄+羊肉（易伤脾胃）

做法：

1. 将马蹄肉切成小块；洗好的木耳切成小块；洗净的带鱼切成小块。
2. 煎锅注油烧热，放入带鱼块，煎出香味，将带鱼翻面，煎至焦黄色盛出。
3. 砂锅中注水烧开，倒入马蹄肉、木耳，盖上盖，烧开后用小火炖15分钟至熟。
4. 揭盖，放入姜片，淋入适量料酒，放入煎好的带鱼，加入盐。
5. 盖上锅盖，用小火炖10分钟后揭开盖，加入适量鸡粉、胡椒粉搅拌均匀。
6. 关火，把炖好的汤料盛入碗中，撒上葱花即成。

银鱼豆腐竹笋汤

烹饪时间 / **3.5分钟**　口味 / **鲜**　功效 / **补钙**　适合人群 / **儿童**

原料

竹笋100克，豆腐90克，口蘑80克，银鱼干20克，姜片、葱花各少许

调料

盐、鸡粉各2克，料酒4毫升，食用油少许

·营养分析·

竹笋含有氨基酸、钙、磷、铁、胡萝卜素及多种维生素，具有低脂肪、低糖、多纤维的特点。儿童食用竹笋，不仅能促进肠道蠕动，帮助消化，去积食，还有补钙的作用。

豆腐

银鱼干

竹笋

口蘑

葱

姜

相宜相克

✓ 竹笋+鸡肉（暖胃益气、补精填髓）
✓ 竹笋+莴笋（辅助治疗肺热痰火）
✓ 竹笋+鲫鱼（辅助治疗小儿麻痹）
✗ 竹笋+红糖（对身体不利）
✗ 竹笋+羊肉（易导致腹痛）
✗ 竹笋+羊肝（对身体不利）

制作指导

煮此汤时盖上锅盖，不仅可以缩短烹煮的时间，还能使口蘑的味道更鲜嫩。

做法：

①洗净的豆腐切开，再切成小方块。

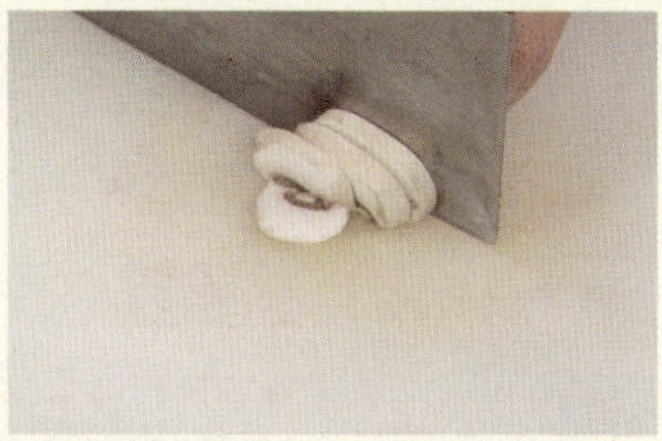
②洗好的口蘑切块。

③洗净去皮的竹笋切成薄片。

④锅中注水烧开，加入盐，放入竹笋、口蘑拌匀，煮约半分钟。

⑤再倒入豆腐块，轻轻搅拌，续煮约半分钟。

⑥全部食材断生后捞出，沥干水分，放在盘中，待用。

⑦用油起锅，放入姜片，用大火爆香。

⑧倒入洗净的银鱼干，再淋上料酒，炒匀、炒香。

⑨注入适量清水，加入盐、鸡粉，轻轻搅拌匀。

⑩再倒入焯煮过的食材，搅动几下，使食材浸在汤汁中。

⑪用中火续煮约2分钟至全部食材熟透。

⑫关火后盛出放在汤碗中，撒上葱花即成。

银鱼枸杞苦瓜汤

烹饪时间 / 5.5分钟　口味 / 鲜　功效 / 瘦身排毒　适合人群 / 女性

原料

苦瓜100克，水发银鱼150克，枸杞10克，姜丝少许

调料

盐5克，鸡粉2克，胡椒粉3克，食用油少许

营养分析

苦瓜富含蛋白质、纤维素、矿物质、维生素C等成分，可帮助除邪热、解劳乏、清心、聪耳明目、轻身，常食还能使人肌肤红润有光泽，精力充沛，不易衰老。常食苦瓜，还有一定的降血糖、抗肿瘤、抗病毒、抗菌、增强免疫力等作用。

制作指导

用盐水浸泡苦瓜后，要立即用清水冲洗干净，以免使苦瓜的口感变差。

相宜相克

- ✓ 苦瓜+辣椒（排毒瘦身）
- ✓ 苦瓜+茄子（延缓衰老）
- ✗ 苦瓜+豆腐（易形成结石）
- ✗ 苦瓜+南瓜（破坏维生素C）

做法：

1. 洗净的苦瓜去瓤，斜刀切成薄片。
2. 苦瓜放入碗中，加入少许盐、清水，拌匀，再洗净沥干备用。
3. 用油起锅，下姜丝，煸炒香。
4. 倒入洗净的银鱼炒匀，加入苦瓜，快速炒至断生。
5. 注入适量清水拌匀，放入洗净的枸杞盖上盖，煮沸后用中火煮约3分钟。
6. 取下锅盖掠去浮沫，加入盐、鸡粉、胡椒粉拌匀调味，盛出即成。

鲜虾雪菜汤

烹饪时间 / 2分钟　口味 / 鲜　功效 / 增强免疫　适合人群 / 一般人群

原料

虾仁40克，雪菜180克，葱花少许

调料

盐3克，鸡粉3克，水淀粉、芝麻油、食用油各适量

·营养分析·

虾仁营养丰富，其钙的含量为各种动植物食品之冠。虾仁的蛋白质含量也相当高，还富含钾、碘等矿物质及维生素A等营养成分，具有补肾壮阳、增强免疫力等功效，对身体虚弱及病后需要调养的人有补益作用。

制作指导

虾仁不宜煮制过久，且最好用大火煮制，以保证虾仁的弹性和鲜嫩口感。

相宜相克

- 虾仁+燕麦（有利牛磺酸的合成）
- 虾仁+白菜（增强机体免疫力）
- 虾仁+西蓝花（补脾和胃、补肾固精）

做法:

1. 将洗净的虾仁切成两片。
2. 虾仁装入碗中，加入少许盐、鸡粉、水淀粉抓匀，腌渍5分钟备用。
3. 锅中注水烧开，加入食用油、雪菜、盐、鸡粉。
4. 放入腌渍好的虾仁，拌匀煮沸。
5. 淋入少许芝麻油搅拌均匀。
6. 将煮好的汤盛出，装入碗中，再撒上少许葱花即成。

冬瓜鲜虾汤

烹饪时间 / 32分钟　口味 / 鲜　功效 / 美容养颜　适合人群 / 孕产妇

原料

冬瓜300克，净虾仁60克，瘦肉80克，鲜香菇40克，姜片少许

调料

盐、鸡粉各少许

·营养分析·

冬瓜富含蛋白质、钙、磷、铁、钾、维生素B_2、烟酸及丙醇二酸等，脂肪含量极低，水分充足，对于防止皮肤枯燥具有重要意义。产妇常食冬瓜可以补充肌肤所需的水分，保持肌肤的弹性。

冬瓜

香菇

瘦肉

虾仁

姜

相宜相克

✅冬瓜+海带（降低血压）　✅冬瓜+甲鱼（润肤、明目）
✅冬瓜+芦笋（降低血脂）　✅冬瓜+口蘑（利小便、降血压）

制作指导

冬瓜最好切得大小均等，这样不仅菜品美观，而且煮熟的口感也很好。

做法:

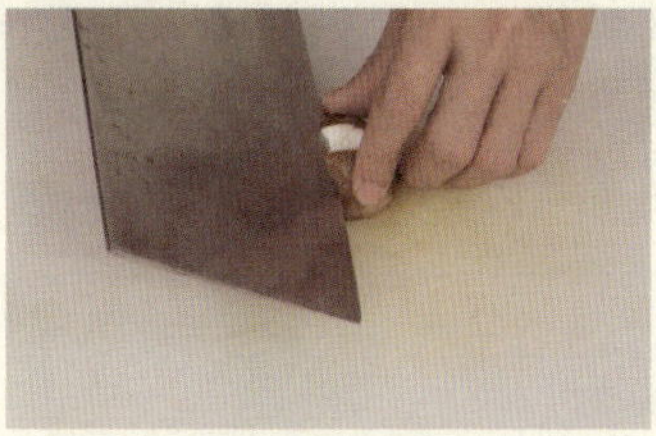
①洗净的香菇去蒂，再打上十字花刀。

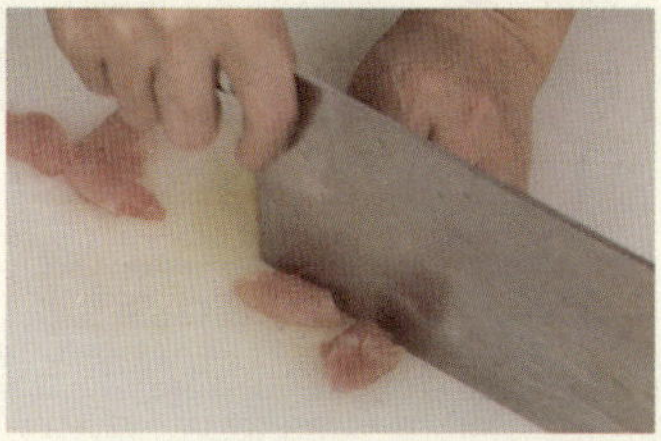
②洗好的瘦肉切片，再切成小块备用。

③洗净的冬瓜切小瓣。

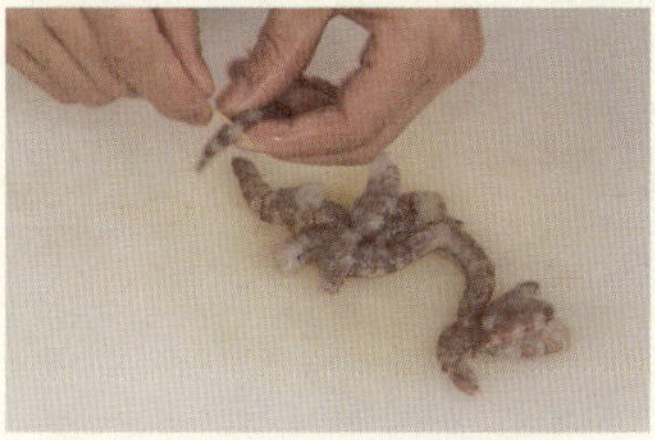
④用牙签从虾仁的尾部穿透，挑去虾线，备用。

⑤砂锅中注水烧开，倒入切好的冬瓜，撒上姜片。

⑥加入瘦肉块、香菇，搅拌。

⑦盖上盖子，煮沸后用小火煲煮约20分钟至食材变软。

⑧揭开盖，倒入备好的虾仁，轻轻搅拌至虾身弯曲。

⑨再盖好盖子，用小火续煮约10分钟至全部食材熟透。

⑩取下盖子，加入盐、鸡粉。

⑪拌匀调味，掠去浮沫，再煮片刻至入味。

⑫关火后盛出煮好的冬瓜汤，放在汤碗中即可。

虾仁豆腐汤

烹饪时间 / 4分钟　口味 / 鲜　功效 / 益气补血　适合人群 / 孕产妇

原料

虾仁60克，豆腐200克，姜丝、葱花各少许

调料

盐4克，鸡粉3克，胡椒粉少许，水淀粉3毫升，芝麻油2毫升，食用油适量

·营养分析·

虾仁含有丰富的蛋白质、钾、碘、镁、维生素A等成分，且其肉质松软，易消化，尤其适合身体虚弱以及病后需要调养的人食用。虾的通乳作用较强，并且富含磷、钙，对孕产妇有良好的补益作用。

制作指导

虾仁在锅内煮制的时间不宜过久，以免肉质老化而不滑嫩。

相宜相克

- ✓ 虾仁+燕麦（有利牛磺酸的合成）
- ✓ 虾仁+海带（补钙、防癌）
- ✗ 虾仁+西瓜（降低免疫力）
- ✗ 虾仁+茶（易引起结石）

做法:

1. 洗净的豆腐切成方块；洗好的虾仁对半切开，去除沙线。
2. 虾仁倒入碗中，加入少许盐、鸡粉、胡椒粉、水淀粉拌匀。
3. 倒入食用油，腌渍5分钟至入味。
4. 锅中注水烧开，放入食用油、盐、鸡粉、姜丝、豆腐，煮约5分钟至熟。
5. 倒入虾仁拌匀，再煮1分钟至虾仁熟。
6. 加入芝麻油、葱花，拌匀盛出即可。

韭菜虾仁汤

烹饪时间 / 2.5分钟　口味 / 鲜　功效 / 开胃消食　适合人群 / 肠胃病

原料

韭菜120克，虾仁80克

调料

盐3克，鸡粉3克，食用油适量

·营养分析·

韭菜含有挥发性精油及硫化物等特殊成分，能散发出一种独特的辛香气味，有助于疏调肝气、增进食欲、促进消化。

制作指导

虾仁入锅后可烹入少许料酒同炒，以去除虾的腥味。

相宜相克

- ✓ 韭菜+黄豆芽（排毒瘦身）
- ✓ 韭菜+鸡蛋（补肾、止痛）
- ✗ 韭菜+菠菜（易引起腹泻）
- ✗ 韭菜+白酒（容易上火）

做法：

1. 把洗净的韭菜切成段。
2. 用牙签穿入虾仁的背部，将虾线挑除。
3. 锅中倒入适量食用油烧热，放入韭菜，拌炒片刻。
4. 倒入备好的虾仁，翻炒均匀，注入约500毫升清水。
5. 放入鸡粉、盐，用锅铲拌匀，大火煮至沸腾。
6. 用锅勺将汤中的浮沫捞出，再搅拌一会儿即可。

南瓜虾皮汤

烹饪时间 / 4分钟　口味 / 清淡　功效 / 增强免疫　适合人群 / 儿童

原料

南瓜250克，泡发虾皮25克，葱末、姜末、香菜各10克

调料

盐3克，料酒、味精、鸡粉、芝麻油、食用油各适量

营养分析

虾皮非常适宜儿童食用，含有丰富的钙、磷、铁、烟酸等营养物质。

姜

葱

虾皮

南瓜

香菜

相宜相克

✓ 南瓜+牛肉（补脾健胃）
✓ 南瓜+莲子（降低血压）
✓ 南瓜+芦荟（美白肌肤）

✗ 南瓜+油菜（破坏维生素C）
✗ 南瓜+羊肉（易引发腹胀、便秘）
✗ 南瓜+小白菜（破坏营养物质）

制作指导

煲汤前将南瓜放入油锅中过油后再煮，易煮熟且成品外观较好。

做法:

①把去皮洗好的南瓜切段，再改切成小片。

②洗净的香菜切末。

③炒锅倒入适量食用油，烧至三成热，放入南瓜。

④滑油片刻，捞出沥油备用。

⑤锅底留少许油，倒入姜末、葱末，煸炒出香味。

⑥倒入虾皮，淋入少许料酒，炒匀。

⑦注入适量清水，再倒入南瓜。

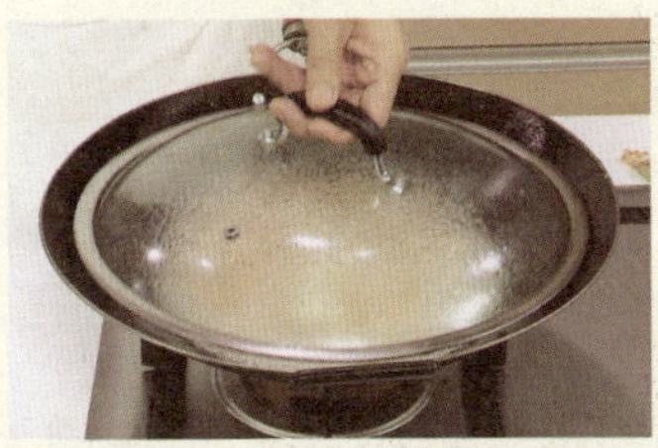

⑧盖上盖，大火烧开，煮约2分钟至材料熟透。

⑨转小火，揭盖，掠去浮沫。

⑩加盐、味精、鸡粉、芝麻油调味。

⑪倒入香菜末，煮至断生。

⑫出锅盛入盘中即成。

虾丸紫菜汤

烹饪时间 / 4分钟　口味 / 鲜　功效 / 增强免疫　适合人群 / 儿童

原料

虾丸100克，水发紫菜90克，姜片、葱花各少许

调料

盐3克，鸡粉2克，料酒、胡椒粉、食用油各适量

·营养分析·

紫菜富含蛋白质、维生素以及碘、钙、铁、磷、锌等多种营养元素，有利尿、消水肿、保护肝脏等功效，可以辅助治疗甲状腺肿大，使头发润泽发亮，还能使儿童、老人的骨骼、牙齿更强健。

制作指导

在汤汁中加少许芝麻油，味道会更加鲜美。

相宜相克

- ✓ 紫菜+决明子（防治高血压）
- ✓ 紫菜+白萝卜（清心开胃）
- ✗ 紫菜+花菜（影响钙的吸收）
- ✗ 紫菜+柿子（不利消化）

做法：

1. 炒锅置火上，加入适量食用油，烧至四五成热。
2. 淋入少许料酒，再注入适量清水，大火烧开。
3. 加入盐、鸡粉、胡椒粉，拌匀调味。
4. 倒入虾丸，拌匀，转中火煮至熟。
5. 再倒入紫菜和姜片，拌煮至汤汁沸腾。
6. 将汤盛入碗中，撒上葱花即可。

虾丸丝瓜汤

烹饪时间 / 3分钟　口味 / 清淡　功效 / 清热解毒　适合人群 / 女性

原料

虾丸200克，丝瓜70克，姜丝10克，胡萝卜片少许

调料

盐3克，味精1克，胡椒粉、鸡粉、白糖、料酒、芝麻油、高汤各适量

营养分析

丝瓜含蛋白质、碳水化合物、粗纤维、维生素等。其所含的维生素B_1和维生素C，有淡化雀斑、减少皱纹和增白的作用。

制作指导

丝瓜的味道清甜，煮时不宜加酱油等口味较重的调料，以免抢味。

相宜相克

- ✓ 丝瓜+青豆（防治口臭、便秘）
- ✓ 丝瓜+菊花（清热养颜、净肤除斑）
- ✗ 丝瓜+菠菜（易引起腹泻）
- ✗ 丝瓜+芦荟（易引起腹痛、腹泻）

做法：

1. 丝瓜洗净去皮切长条，改切成小块。
2. 锅中加适量高汤，大火烧热，下虾丸和姜丝。
3. 大火烧开，加入盐、味精、鸡粉、白糖、料酒，拌匀调味。
4. 倒入丝瓜、胡萝卜片。
5. 撒上少许胡椒粉，转中火，拌煮至熟。
6. 淋上少许芝麻油，即成。

山药蟹肉汤

烹饪时间 / 5分钟　口味 / 鲜　功效 / 益气补血　适合人群 / 一般人群

原料

山药300克，花蟹2只，姜片、葱花各少许

调料

盐3克，鸡粉2克，胡椒粉、芝麻油、食用油各适量

·营养分析·

山药含有大量的黏液蛋白、维生素及微量元素，能帮助阻止血脂在血管壁的沉积，预防心血管疾病，有益智安神、延年益寿、益气补血的功效。

制作指导

煮制此汤时加入少许食醋，不仅能使山药保持洁白的外观，而且成品的味道也更鲜美。

相宜相克

- ✓ 山药+芝麻（预防骨质疏松）
- ✓ 山药+红枣（补血养颜）
- ✗ 山药+菠菜（降低营养价值）
- ✗ 山药+海鲜（增加肠内毒素的吸收）

做法：

1. 去皮洗净的山药切成片；花蟹切开去鳃，再切成小块。
2. 锅注水烧开，放入姜片、食用油、山药，拌匀煮沸。
3. 放入花蟹拌匀。
4. 盖上盖，用中火煮3分钟至食材熟透。
5. 揭开盖，加入适量盐、鸡粉、胡椒粉、芝麻油拌匀调味。
6. 盛入汤碗中，撒上少许葱花即可。

花蟹冬瓜汤

烹饪时间 / 4.5分钟　口味 / 鲜　功效 / 保肝益肾　适合人群 / 男性

原料

花蟹2只，冬瓜400克，姜片、葱花各少许

调料

盐3克，鸡粉2克，胡椒粉1克，食用油适量

营养分析

花蟹含有人体所需的优质蛋白质、维生素、钙、磷、锌、铁等营养元素，具有一定的清热散结、通脉滋阴、补肝肾、生精髓、壮筋骨之功效。

制作指导

煮制此汤时，可以多放点儿姜片，这样可以驱寒杀菌。

相宜相克

- ✓ 螃蟹+醋（开胃消食）
- ✓ 螃蟹+黄酒（开胃消食）
- ✗ 螃蟹+香瓜（导致腹泻）
- ✗ 螃蟹+土豆（可能形成结石）

做法：

1. 将洗净的冬瓜去皮去籽，切成片。
2. 处理干净的花蟹切开，去掉鳃，改切成小块。
3. 锅中注入清水烧开，倒入食用油、冬瓜片、花蟹、姜片，搅拌匀。
4. 盖上盖子，烧开后转中火煮约10分钟至食材熟透。
5. 揭开锅盖，加入盐、鸡粉、胡椒粉，拌匀调味。
6. 把煮好的汤料盛出，撒上少许葱花即可。

蛤蜊豆腐汤

烹饪时间 / 2.5分钟　口味 / 鲜　功效 / 降低血脂　适合人群 / 高血脂病患者

原料

蛤蜊350克，豆腐150克，姜丝、葱花各少许

调料

盐2克，鸡粉2克，三花植脂淡奶5毫升，胡椒粉少许，食用油适量

·营养分析·

蛤蜊是一种清补的营养食品，它的蛋白质含量多而脂肪含量少，适合血脂偏高或高胆固醇者食用。此外，蛤蜊还含有多种矿物质，可滋阴润燥。

葱

蛤蜊

豆腐

姜

相宜相克

- ✅ 豆腐+鱼（补钙）
- ✅ 豆腐+姜（润肺止咳）
- ✅ 豆腐+西红柿（补脾健胃）
- ❎ 豆腐+蜂蜜（易导致腹泻）
- ❎ 豆腐+鸡蛋（影响蛋白质的吸收）

制作指导

烹调蛤蜊前，可先将其在淡盐水中浸泡约1小时，使其吐出泥沙。

做法:

①洗净的豆腐切方块。

②锅中倒水烧开，放入处理干净的蛤蜊，煮约3分钟至壳打开。

③把汆好的蛤蜊捞出，备用。

④用清水将蛤蜊清洗干净。

⑤锅中倒入适量清水烧开，淋入适量食用油。

⑥放入姜丝、豆腐、蛤蜊拌匀。

⑦盖上盖，用大火加热煮沸。

⑧揭盖，加入适量盐、鸡粉、胡椒粉，拌匀调味。

⑨倒入适量淡奶。

⑩用锅勺搅拌匀。

⑪盛出装入汤碗中。

⑫最后撒上葱花即可。

蛤蜊菌菇汤

烹饪时间 / 2分钟　口味 / 鲜　功效 / 益气补血　适合人群 / 女性

原料

蛤蜊250克，白玉菇150克，鲜香菇25克，葱花、姜片各少许

调料

盐3克，鸡粉2克，胡椒粉适量

·营养分析·

蛤蜊有很高的营养价值，其含有丰富的蛋白质、脂肪和多种矿物质，具有滋阴补血、软坚化痰的作用，可滋阴润燥，能用于辅助治疗五脏阴虚消渴、纳汗、干咳、失眠、目干等病症。

制作指导

蛤蜊中的泥肠不宜食用，切开后应去除。

相宜相克

- ✓ 蛤蜊+豆腐（补气养血、美容养颜）
- ✓ 蛤蜊+韭菜（补肾降糖）
- ✗ 蛤蜊+马蹄（降低营养价值）
- ✗ 蛤蜊+田螺（易引起麻痹性中毒）

做法：

1. 洗净的白玉菇去根部，切成段；洗好的香菇切小块；蛤蜊洗净备用。
2. 锅中注入适量清水烧开，放入姜片。
3. 倒入蛤蜊、白玉菇、香菇，拌匀，用大火加热煮沸。
4. 加入适量盐、鸡粉、胡椒粉，拌匀调味。
5. 将煮好的汤盛入碗中。
6. 再撒上少许葱花即成。

酸菜蛤蜊汤

烹饪时间 / 5分钟　口味 / 鲜　功效 / 清热解毒　适合人群 / 孕产妇

原料

酸菜150克，蛤蜊400克，姜片、葱花各少许

调料

盐3克，鸡粉2克，料酒、芝麻油、胡椒粉、食用油各适量

营养分析

蛤蜊含有蛋白质、脂肪和多种矿物质，具有很高的营养价值，有滋阴、润燥、清热、软坚的作用，能用于五脏阴虚消渴、干咳、失眠等病症的调理和治疗。

制作指导

蛤蜊中的泥肠不宜食用，清洗时要去除，而且蛤蜊要煮熟透才能食用。

相宜相克

- ✓ 蛤蜊+豆腐（补气养血、美容养颜）
- ✓ 蛤蜊+韭菜（补肾降糖）
- ✗ 蛤蜊+马蹄（降低营养价值）
- ✗ 蛤蜊+啤酒（易引发痛风）

做法：

1. 洗净的酸菜切成条，改切成丁；把蛤蜊切开，放入清水中洗净，装盘备用。
2. 锅中注入适量清水烧开，加入料酒，下入姜片，倒入蛤蜊，放入酸菜。
3. 加入食用油、盐、鸡粉，搅拌匀。
4. 盖上盖，烧开后用大火煮3分钟。
5. 揭盖，捞去汤中浮沫，撒上胡椒粉，淋入芝麻油，用锅勺搅拌均匀。
6. 把汤料盛出，装入汤碗中，撒上葱花即可。

蛤蜊小白菜汤

烹饪时间 / 2.5分钟　口味 / 鲜　功效 / 降低血脂　适合人群 / 一般人群

原料

水发粉丝100克，蛤蜊350克，小白菜100克，姜片少许

调料

盐3克，鸡粉2克，胡椒粉少许，三花植脂淡奶3毫升，料酒5毫升，食用油适量

营养分析

蛤蜊可滋阴润燥，能用于五脏阴虚消渴、纳汗、干咳、失眠、目干等病症的调理。因其脂肪含量低，蛋白质含量高，还特别适宜于血脂偏高者食用。

小白菜

水发粉丝

蛤蜊

姜

相宜相克

✅蛤蜊+豆腐（补气养血、美容养颜）

✅蛤蜊+绿豆芽（清热解暑、利水消肿）

❌蛤蜊+啤酒（易引发痛风）

制作指导

烹调蛤蜊前，将其在淡盐水中浸泡约1小时，检查一下它们的壳是否仍然紧闭，如果紧闭就不能食用。

做法：

①洗净的小白菜切成两段。

②将泡发好的粉丝切成段。

③锅中倒入适量清水烧开，放入处理干净的蛤蜊。

④盖上盖，煮约2分钟后揭盖，拌煮至蛤蜊壳打开。

⑤把汆好的蛤蜊捞出，用清水将蛤蜊清洗干净。

⑥锅中倒入适量食用油烧热，放入适量姜片，爆香。

⑦倒入汆好的蛤蜊，淋入适量料酒，炒香。

⑧倒入适量清水，盖上锅盖，烧开。

⑨揭开锅盖，放入粉丝，调入适量盐、鸡粉、胡椒粉，拌匀。

⑩加入淡奶拌匀。

⑪放入切好的小白菜，拌匀，煮至熟。

⑫把汤料盛出，装碗即可。

蛤蜊苦瓜汤

烹饪时间 / 4分钟　口味 / 鲜　功效 / 清热解毒　适合人群 / 一般人群

原料

蛤蜊600克，苦瓜250克，姜片、葱白各少许

调料

盐3克，味精3克，鸡粉3克，食用油、胡椒粉、三花植脂淡奶各适量

·营养分析·

苦瓜含丰富的蛋白质、脂肪、碳水化合物、多种维生素及钙、磷、铁等矿物质，长期食用能解疲乏、清热祛暑、明目解毒、益气壮阳、降压降糖，还有助于加速伤口愈合，使皮肤细嫩柔滑。

制作指导

清洗蛤蜊时，放少许盐，有利于蛤蜊清洗干净。

相宜相克

- ✓ 苦瓜+辣椒（排毒瘦身）
- ✓ 苦瓜+茄子（延缓衰老）
- ✗ 苦瓜+豆腐（易形成结石）
- ✗ 苦瓜+黄瓜（降低营养价值）

做法：

1. 洗净的苦瓜切开去瓤籽，切成丁。
2. 锅注水烧开，倒入蛤蜊拌匀，壳煮开后捞出，清洗干净。
3. 用油起锅，倒入姜片、葱白爆香，倒入蛤蜊炒匀，加约800毫升清水。
4. 加盖，煮约1分钟至沸腾。
5. 揭盖，倒入苦瓜，煮约1分钟，加入盐、味精、鸡粉、胡椒粉，拌匀调味。
6. 加入适量三花植脂淡奶，加盖，煮片刻，盛出装入盘中即可。

原味蛏子汤

烹饪时间 / 12分钟　口味 / 鲜　功效 / 益气补血　适合人群 / 一般人群

原料

蛏子500克，冬瓜300克，姜片、葱花各少许

调料

盐3克，鸡粉2克，胡椒粉1克，食用油适量

·营养分析·

蛏子肉滋味鲜美，营养价值高，其含有丰富的蛋白质、钙、铁、硒、维生素A等营养元素，具有益气补虚的功能，可用于辅助治疗产后虚寒、烦热痢疾等症。

制作指导

要选用新鲜的蛏子，掰开后如果发现有异味，不要食用。

相宜相克

✓ 蛏子+西瓜（辅助治疗中暑、血痢）

✗ 蛏子+酒（易引发痛风）

做法：

1. 洗净的冬瓜去皮去籽，切成片。
2. 将蛏子掰开，去掉杂物，洗净装盘。
3. 锅中注水烧开，倒入冬瓜，下入姜片，再倒入少许食用油，倒入蛏子。
4. 盖上盖子，烧开后转小火煮10分钟至食材熟透。
5. 揭盖，加入盐、鸡粉、胡椒粉，用锅勺拌匀调味。
6. 将煮好的汤盛出，装入碗中，撒上少许葱花即可。

海鲜豆腐汤

烹饪时间 / 4分钟　口味 / 鲜　功效 / 增强免疫　适合人群 / 一般人群

原料

虾仁100克，鱿鱼200克，豆腐300克，生菜叶、芹菜段、姜片、葱花各少许

调料

盐3克，胡椒粉、料酒、味精、鸡粉各少许

营养分析

虾仁肉质松软，易消化，含有丰富的蛋白质、钾、碘、镁、磷及维生素A等成分，具有补肾壮阳、健胃和增强免疫力等功效，尤其适宜身体虚弱及病后需要调养的人食用。

芹菜

豆腐

生菜

虾仁

葱

姜

鱿鱼

相宜相克

✓鱿鱼+银耳（延年益寿）
✓鱿鱼+猪蹄（补气养血）
✓鱿鱼+木耳（排毒、造血）

✗鱿鱼+鸭蛋（易引起身体不适）
✗鱿鱼+茶叶（会影响蛋白质的吸收）
✗鱿鱼+柠檬（会影响蛋白质的吸收）

制作指导

烹饪鱿鱼时，不要急于出锅，应将其煮熟煮透。若未煮透就食用，会导致肠运动失调。

做法:

①洗净的鱿鱼打上十字花刀，再切成片。

②洗好的虾仁从背部切开。

③洗净的豆腐切成块；洗净的生菜叶去梗留取菜叶备用。

④切好的虾仁、鱿鱼装入盘中，加入适量料酒、盐抓匀，腌渍片刻。

⑤锅中倒入适量清水烧开，倒入虾仁和鱿鱼，汆烫片刻捞出。

⑥另起锅，注油烧热，下入姜片，爆香。

⑦倒入适量清水，盖上盖，用大火将水烧开。

⑧揭开锅盖，放入豆腐块。

⑨烧开后调入盐、味精、鸡粉。

⑩倒入虾仁、鱿鱼，拌匀，煮约1分钟。

⑪放入芹菜、生菜、葱花略煮。

⑫再撒入胡椒粉拌匀，再煮一会儿至入味即成。

白萝卜蛏子汤

烹饪时间 / 4.5分钟　口味 / 鲜　功效 / 益气补血　适合人群 / 一般人群

原料

白萝卜180克，蛏子220克，姜片、葱花各少许

调料

盐3克，鸡粉2克，胡椒粉少许，食用油适量

营养分析

蛏子肉滋味鲜美，含有丰富的蛋白质、钙、铁、硒、维生素A等营养元素，具有益气补虚的功能。蛏子肉性寒，味甘、咸，可用于辅助治疗产后虚寒、烦热痢疾等。

制作指导

蛏子在入锅煮之前，可以先用盐水或者加入醋浸泡，使蛏子将杂质吐出来。

相宜相克

✓ 蛏子+黄酒（防治产后虚损、少乳）

✗ 蛏子+酒（易引发痛风）

做法：

1. 白萝卜洗净去皮切片，改切成丝，装入盘中待用。
2. 锅中注油烧热，入姜片爆香，倒入白萝卜翻炒匀，注入适量清水。
3. 盖上盖，用大火加热煮沸。
4. 揭盖，放入洗净的蛏子，搅拌匀。
5. 加入盐、鸡粉、胡椒粉，拌匀调味，煮约2分钟至熟。
6. 把煮好的汤盛出，装入汤碗中，撒上葱花即可。

白菜牡蛎粉丝汤

烹饪时间 / **5分钟**　口味 / **鲜**　功效 / **开胃消食**　适合人群 / **肠胃病患者**

原料

大白菜180克，水发粉丝200克，牡蛎肉150克，姜丝、葱花各少许

调料

盐3克，鸡粉2克，胡椒粉、料酒、食用油各适量

营养分析

白菜含丰富的粗纤维，不但能起到润肠、促进排毒的作用，还能刺激肠胃蠕动、帮助消化，对预防肠癌有良好的作用。

制作指导

煮制此汤时，淋入少许芝麻油，能使汤料更加美味。

相宜相克

- ✓ 白菜+猪肝（保肝护肾）
- ✓ 白菜+鲤鱼（改善妊娠水肿）
- ✗ 白菜+黄瓜（降低营养价值）
- ✗ 白菜+羊肝（破坏维生素C）

做法：

1. 将洗净的大白菜切成丝；洗好的粉丝切成段。
2. 锅注水烧开，加油、姜片、料酒、牡蛎肉、大白菜拌匀。
3. 烧开后用中火煮3分钟，放入盐、鸡粉、胡椒粉，拌匀调味。
4. 倒入粉丝，用大火煮沸。
5. 盛入碗中，再撒上少许葱花即可。

扇贝白玉菇豆腐汤

烹饪时间 / 7分钟　口味 / 鲜　功效 / 益气补血　适合人群 / 女性

原料

扇贝300克，白玉菇100克，豆腐150克，姜片、葱花各少许

调料

盐3克，鸡粉2克，料酒4毫升，胡椒粉1克，芝麻油2毫升，食用油适量

营养分析

扇贝含丰富的蛋白质、膳食纤维、维生素A、矿物质等，有助于下气调中、利五脏，有平肝、清热、滋阴补肾的功效。

豆腐

扇贝

白玉菇

葱

姜

相宜相克

✓ 白玉菇+豆腐（降压降脂）

✓ 白玉菇+虾仁（补肾壮阳）

⊗ 白玉菇+鹌鹑（易面生黑斑）

制作指导

烹饪扇贝前，一定要用刷子把扇贝的壳仔细地刷干净，还要把壳边缘类似胡须的贝脚去掉。

做法:

①将洗好的豆腐切成长条，再改切成小块。

②洗净的白玉菇切去老茎，再切成段。

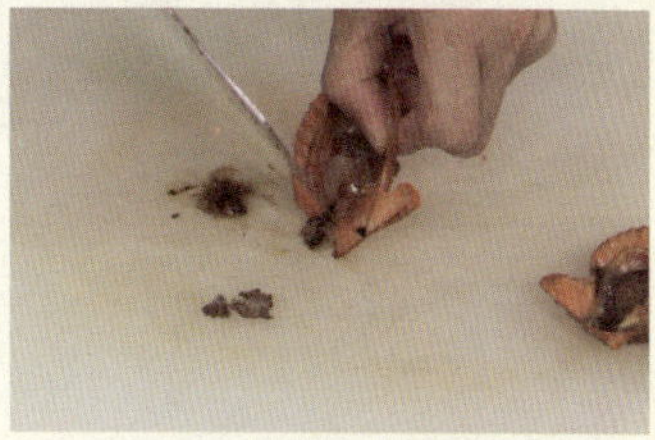

③打开扇贝，去除内脏和污物。

④把扇贝放入装有清水的碗中，清洗干净，装盘待用。

⑤锅中注入适量清水烧开，倒入豆腐，煮约1分钟捞出。

⑥另起锅，注入适量清水烧开，放入姜丝，加入少许食用油。

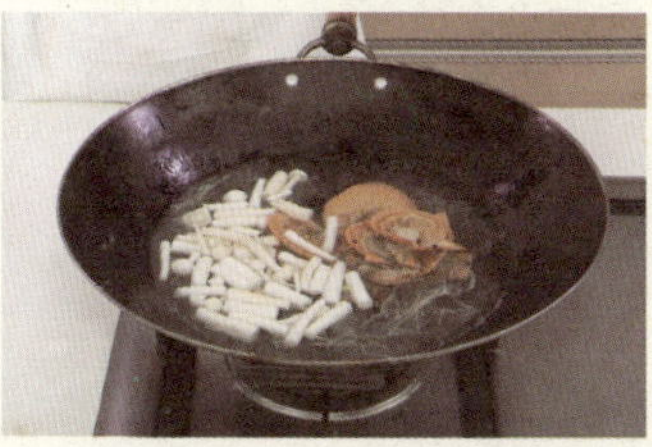

⑦倒入扇贝，放入白玉菇拌匀。

⑧下入焯过水的豆腐。

⑨加入适量盐、鸡粉、料酒。

⑩盖上盖子，烧开后转小火煮5分钟至材料熟透。

⑪揭盖，撒入胡椒粉，淋入芝麻油搅匀。

⑫将煮好的汤料盛出，再撒上葱花即成。

牡蛎白萝卜汤

烹饪时间 / 6.5分钟　口味 / 鲜　功效 / 开胃消食　适合人群 / 一般人群

原料

牡蛎肉100克，白萝卜170克，姜丝、葱花各少许

调料

盐3克，鸡粉2克，料酒、胡椒粉、芝麻油、食用油各适量

·营养分析·

白萝卜含有芥子油、淀粉酶和粗纤维，具有促进消化、增进食欲、加快胃肠蠕动和止咳的作用。中医认为，白萝卜性凉，味辛、甘，入肺、胃经，可以辅助治疗多种疾病。

制作指导

牡蛎入锅煮之前，可将其放入淡盐水中浸泡，以使其吐净泥沙。

相宜相克

- ✓ 白萝卜+紫菜（清肺热、防治咳嗽）
- ✓ 白萝卜+肉（补五脏、益气血）
- ✗ 白萝卜+黄瓜（破坏维生素C）
- ✗ 白萝卜+人参（功效相悖）

做法：

1. 洗净的白萝卜去皮，切成片，改切成丝装入盘中备用。
2. 锅中倒入清水烧开，加入食用油，放入姜丝，倒入白萝卜丝。
3. 放入洗净的牡蛎肉搅拌匀，淋入少许料酒。
4. 盖上锅盖，用大火烧开后转中火煮5分钟至食材熟透。
5. 揭开锅盖，加入盐、鸡粉、胡椒粉、芝麻油，拌匀调味。
6. 把煮好的汤盛出，装入汤碗中，再撒入葱花即可。

节瓜扇贝汤

烹饪时间 / 3.5分钟　口味 / 鲜　功效 / 清热解毒　适合人群 / 一般人群

原料

节瓜100克，扇贝350克，姜丝、葱花各少许

调料

料酒4毫升，盐3克，鸡粉2克，胡椒粉1克，芝麻油2毫升，食用油适量

·营养分析·

节瓜含水量高，经常食用可起到延缓皮肤衰老的作用。此外，它还含有维生素B_1和维生素B_2，有清热、祛暑、解毒、消肿等功效，是炎热夏季的理想蔬菜，可辅助治疗肾脏病、水肿病、糖尿病等。

制作指导

节瓜含水量高，爽脆可口，不宜煮制过久，以免影响其口感。

相宜相克

- ✓ 节瓜+乌龟（健脾利气）
- ✓ 节瓜+鱿鱼（增强免疫力）
- ✗ 节瓜+橘子（破坏维生素C）
- ✗ 节瓜+西红柿（破坏维生素C）

做法：

1. 将洗净的节瓜去皮，切成片。
2. 将扇贝掰开，去除内脏和杂质，洗净装入盘中备用。
3. 锅中注水烧开，加入食用油、姜丝、节瓜、扇贝，搅拌匀。
4. 再淋入少许料酒，盖上盖，烧开后转中火煮2分钟至食材熟透。
5. 揭盖，加入盐、鸡粉、胡椒粉、芝麻油拌匀调味。
6. 盛入碗中，撒上葱花点缀即可。

干贝冬瓜竹荪汤

烹饪时间 / 6分钟　口味 / 鲜　功效 / 清热解毒　适合人群 / 一般人群

原料

水发竹荪20克，冬瓜200克，水发干贝15克，姜片、葱花各少许

调料

盐3克，味精1克，鸡粉2克，料酒、胡椒粉、白糖、食用油各适量

·营养分析·

冬瓜含有蛋白质、碳水化合物、维生素A、B族维生素、维生素C及钙、铁、镁、磷等矿物质，具有润肺生津、化痰止渴、利尿消肿、清热祛暑的功效。冬瓜的膳食纤维含量很高，能刺激肠道蠕动，加速排出肠道里积存的致癌物质。

冬瓜

水发干贝

水发竹荪

姜

葱

相宜相克

✅冬瓜+海带（降低血压）

✅冬瓜+芦笋（降低血脂）

✅冬瓜+甲鱼（润肤、明目）

✅冬瓜+鸡肉（排毒养颜）

❌冬瓜+醋（降低营养价值）

❌冬瓜+红豆（身体脱水）

制作指导

冬瓜不宜炒制太久，以免影响成品口感和外观。

做法:

①冬瓜去皮洗净，切成片。

②洗净的竹荪切段。

③用油起锅，倒入姜片爆香。

④放入洗好的干贝，炒香。

⑤倒入冬瓜片炒匀。

⑥加入料酒和清水。

⑦加盖煮约3分钟。

⑧放入洗净的竹荪。

⑨加盖煮约1分钟。

⑩加盐、鸡粉、味精、胡椒粉调味。

⑪再用小火慢煮片刻，至入味。

⑫将汤盛出，撒上葱花即可。

菠菜干贝浓汤

烹饪时间 / **10分钟**　口味 / **清淡**　功效 / **益气补血**　适合人群 / **女性**

原料

菠菜200克，鸡蛋1个，水发干贝30克，姜片少许，牛奶适量

调料

盐、味精、料酒各适量

营养分析

菠菜含水分、碳水化合物、蛋白质、脂肪、膳食纤维、胡萝卜素、钾、钠、钙、磷、铣、镁等营养元素，有润燥滑肠、清热除烦、洁肤抗老的功效。

制作指导

在鸡蛋上轻轻敲出一个小孔，比较容易倒出蛋清。

相宜相克

- ✓ 菠菜+猪肝（防治贫血）
- ✓ 菠菜+鸡血（保肝护肾）
- ✗ 菠菜+黄豆（损害牙齿）
- ✗ 菠菜+鳝鱼（引起腹泻）

做法：

1. 将蛋清打入碗中。
2. 起油锅，放入姜片，爆香，倒入处理好的干贝，炒匀。
3. 加入料酒和适量清水，加盖大火煮沸。
4. 揭盖，加入盐、味精，拌匀调味。
5. 放入洗净的菠菜煮沸，再加入牛奶煮沸。
6. 加入蛋清调匀，略煮片刻，盛出即可。

冬笋海味汤

烹饪时间 / 4.5分钟　口味 / 鲜　功效 / 开胃消食　适合人群 / 老年人

原料

冬笋120克，净鱿鱼180克，姜丝少许，虾米、油菜各适量

调料

盐3克，鸡粉、料酒、胡椒粉、芝麻油各适量

营养分析

冬笋富含蛋白质、氨基酸、维生素、糖类以及钙、铁、磷等矿物质，有清热化痰、益气和胃、治消渴、利水道、帮助消化、去积食、防便秘等功效。

制作指导

冬笋可先焯水，然后放入清水中清洗，以去其涩味。

相宜相克

- ✓ 冬笋+猪腰（补肾利尿）
- ✓ 冬笋+鸡肉（暖胃益气、补精填髓）
- ✗ 冬笋+羊肉（易导致腹痛）
- ✗ 冬笋+豆腐（易形成结石）

做法：

1. 鱿鱼剥去外皮，切上十字花刀，切成片；洗净的冬笋切成片。
2. 锅中加入适量清水，放入姜丝，倒入笋片、虾米搅匀烧开。
3. 倒入鱿鱼片，加盐、鸡粉，拌匀略煮。
4. 加少许料酒拌匀，放入洗净的油菜拌匀。
5. 加少许胡椒粉拌匀，淋入少许芝麻油，搅拌均匀。
6. 盛出装碗即可。

干贝豆腐汤

烹饪时间 / 6.5分钟　口味 / 鲜　功效 / 益气补血　适合人群 / 孕产妇

原料

豆腐300克，鲜香菇40克，青豆100克，彩椒65克，金华火腿30克，干贝35克，葱花少许

调料

盐、鸡粉各2克，黑芝麻油3毫升，米酒5毫升，食用油适量

·营养分析·

豆腐营养丰富，含有铁、钙、磷、镁和其他人体必需的多种微量元素，还含有糖类、植物油和丰富的优质蛋白，素有“植物肉”之美称。产妇食用豆腐，有补血、补充身体所需的营养物质的作用。

相宜相克

- ✔ 豆腐+韭菜（防治便秘）
- ✔ 豆腐+姜（润肺止咳）
- ✔ 豆腐+蛤蜊（润肤、补血）
- ✘ 豆腐+蜂蜜（易导致腹泻）
- ✘ 豆腐+红糖（不利于人体吸收）
- ✘ 豆腐+空心菜（易破坏营养素）

制作指导

青豆表皮的白色薄膜很有营养，清洗时不宜去掉，以免降低食用价值。

做法：

①洗净的香菇切丝；洗好的彩椒切块。

②洗净的金华火腿切细丝；洗好的豆腐切成小方块。

③用油起锅，倒入洗净的干贝、火腿丝、香菇丝。

④淋入米酒，快速翻炒几下。

⑤倒入洗好的青豆、彩椒，翻炒至青豆色泽翠绿。

⑥注适量清水，盖盖，烧开后用中火续煮约2分钟。

⑦揭开盖，倒入豆腐块，调入盐、鸡粉，搅拌匀。

⑧盖好盖子，用中小火续煮约2分钟至全部食材熟透。

⑨取下锅盖，搅动几下，再淋上少许黑芝麻油。

⑩拌煮至汤汁散发出清香味。

⑪关火后盛出煮好的豆腐汤。

⑫放在汤碗中，撒上葱花即成。

香菇海蜇汤

烹饪时间 / 5分钟　口味 / 鲜　功效 / 防癌抗癌　适合人群 / 一般人群

原料

水发海蜇丝170克，鲜香菇60克，姜片、葱花各少许

调料

盐2克，鸡粉、食用油各少许

营养分析

海蜇含有丰富的蛋白质、钙、碘及多种维生素，有清热解毒、降压消肿之功效，对哮喘、头风、风湿性关节炎、高血压、溃疡均有很好的食疗作用。

制作指导

若选用新鲜的海蜇，浸泡时要加少许食盐，腌渍一会儿，以去除其毒性。

相宜相克

- 海蜇+马蹄（止咳润燥）
- 海蜇+黑木耳（润肠、美白）
- 海蜇+猪肉（防治支气管哮喘）
- 海蜇+豆腐（改善气血不足）

做法：

1. 海蜇丝洗净切小段；香菇洗净切小块。
2. 锅中加适量清水，大火烧开，加少许食用油、盐。
3. 放入姜片，撒上鸡粉。
4. 倒入海蜇丝、香菇，搅拌匀，使其分散开来。
5. 盖上锅盖，煮沸后改中火煮至熟软。
6. 揭盖，盛出装入碗中，撒上葱花即可。

第六章

滋补甜汤

中华美食当中的甜汤，花样之多，食法之讲究，在世界上，恐怕是首屈一指。在众多的甜汤当中，又以广府甜汤和潮州甜汤比较著名。甜汤又称糖水、糖品，其食材易取，口味偏甜，做法简单，营养丰富，是男女老少皆十分喜爱的一类汤，且一年四季皆适合食用。无论是用来滋补全家，还是拿来待客，小小的甜汤都能入得了厅堂。养生学家认为，不同人群根据自身体质状况，常喝各种甜汤，可改善人体免疫系统，起到补血益心、健脑益智、美容瘦身、养心安神、益脾止泻等功效。本章精心总结了众多甜汤，对每一种汤都做了详细的讲解，相信在做法和营养功效上可以帮助更多的读者进行选择。

枸杞银耳汤

烹饪时间 / 7分钟　口味 / 甜　功效 / 美容养颜　适合人群 / 女性

原料

水发银耳100克，枸杞7克

调料

白糖35克，食粉少许

·营养分析·

银耳所含膳食纤维可助胃肠蠕动，减少脂肪吸收，达到减肥的效果。经常食用银耳可以祛除脸部黄褐斑、雀斑，从而起到美容养颜的功效。

制作指导

银耳宜用开水泡发，泡发后应去掉未发开的部分，且淡黄色部分不能食用，也应去除干净。

相宜相克

✓ 银耳+莲子（滋阴润肺）
✓ 银耳+木瓜（美容美体）
✗ 银耳+菠菜（破坏维生素C）
✗ 银耳+蛋黄（不利消化）

做法：

1. 将洗净的银耳先切去老茎，再撕成小片。
2. 将银耳浸泡在清水中备用。
3. 锅中倒入适量清水，撒上少许食粉，大火烧开。
4. 倒入洗好的银耳煮约3分钟至熟，捞出，沥干备用。
5. 另起锅，注水烧开，倒入银耳，加入白糖煮沸。
6. 放入枸杞拌匀，出锅即可。

木瓜炖银耳

烹饪时间 / 20分钟　口味 / 甜　功效 / 养心润肺　适合人群 / 一般人群

原料

木瓜300克，水发银耳100克

水发银耳

木瓜

调料

白糖适量

·营养分析·

木瓜含有大量水分、碳水化合物、木瓜蛋白酶、番木瓜碱、脂肪、多种维生素及人体必需的氨基酸。其所含的木瓜蛋白酶、番木瓜碱等，能消除体内过氧化物等毒素，净化血液，有养心润肺的功效。

制作指导

清洗木瓜时，先用清水浸泡一会儿，再在温水里用软毛的刷子轻轻刷去表面污渍。

相宜相克

- ✓ 银耳+莲子（滋阴润肺）
- ✓ 银耳+木瓜（美容美体）
- ✗ 银耳+菠菜（破坏维生素C）
- ✗ 银耳+动物肝脏（不利于消化）

做法：

1. 把去皮洗净的木瓜切成小块。
2. 洗净的银耳切成小朵，浸泡在清水中备用。
3. 锅中注入清水烧热，倒入木瓜。
4. 再倒入银耳拌匀，加入白糖调味拌匀。
5. 用小火炖约20分钟至材料熟透。
6. 出锅盛出即可。

银耳雪梨汤

烹饪时间 / **20分钟**　口味 / **甜**　功效 / **养心润肺**　适合人群 / **男性**

原料

雪梨200克，水发银耳150克

调料

白糖35克，食粉少许

·营养分析·

银耳富含天然特性胶质，有滋阴的作用，长期食用可以润肤，并有祛除脸部黄褐斑、雀斑的功效。特别指出，银耳还具有极佳的养心润肺的功效。

制作指导

银耳放入汤锅中煮沸时，可以加入少许粗盐，不仅能去除其异味，也可以使其口感更滑嫩。

相宜相克

✓ 银耳+莲子（滋阴润肺）
✓ 银耳+冰糖（滋补身体）
✗ 银耳+动物肝脏（不利于消化）

做法：

1. 银耳洗净切小朵。
2. 雪梨洗净去皮、核，切成小块。
3. 锅中加适量清水，撒少许食粉，放入银耳煮沸，捞出沥干备用。
4. 另起锅加适量清水烧热，放入雪梨、沥干的银耳。
5. 加白糖拌至白糖溶化。
6. 用小火煮15分钟至银耳熟透，出锅装碗即可。

药膳银耳汤

烹饪时间 / 32分钟　口味 / 清甜　功效 / 养心润肺　适合人群 / 老年人

原料

水发银耳100克，油菜20克，党参、当归各少许

调料

白糖适量

· 营养分析 ·

银耳营养价值很高，含有人体必需的多种氨基酸及钙、磷、铁、钾、钠、镁、硫等矿物质，具有补肾、润肺、生津、止咳、清热、养胃、补气、壮身、补脑、提神的功效。

制作指导

银耳的泡发时间可以适当长一些，这样可以减少煲煮的时间。

相宜相克

✓ 银耳+百合（滋阴润肺）

✗ 银耳+菠菜（破坏维生素C）

做法：

1. 洗净的油菜切去根部，对半切开，剥去老叶。
2. 洗净的银耳切成小朵，备用。
3. 砂煲注水烧开，放入洗净的当归、党参、银耳。
4. 加盖，煮沸后用小火续煮约30分钟。
5. 揭盖，倒入白糖、油菜，拌煮至熟，拣出煮熟的油菜，待用。
6. 关火，盛出砂煲中的银耳汤，摆上煮熟的油菜即可。

莲子红枣花生汤

烹饪时间 / 82分钟　口味 / 甜　功效 / 养心润肺　适合人群 / 一般人群

原料

莲子50克，红枣40克，花生30克

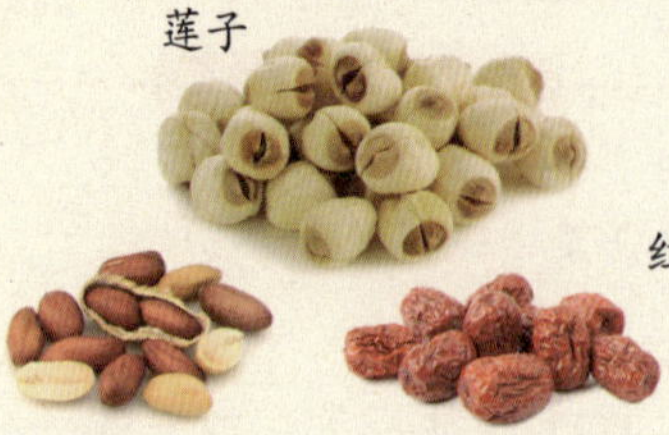

调料

白糖适量

营养分析

红枣含有蛋白质、脂肪、糖类、有机酸、维生素A、维生素C、钙、多种氨基酸等丰富的营养成分，有补中益气、养血安神、缓和药性的功效。花生中钙含量极高，钙是构成人体骨骼的主要成分，多食花生可促进人体的生长发育。

制作指导

炖制此汤时，白糖不宜过早放入锅中煮，白糖煮制时间太长，就会改变汤原来的食疗功效。

相宜相克

- ✓ 红枣+人参（气血双补）
- ✓ 红枣+甘草（补血润燥、养心安神）
- ✗ 红枣+黄瓜（破坏维生素C）
- ✗ 红枣+虾米（易引起身体不适）

做法：

1. 锅中注水烧开，倒入洗好的莲子、花生，加盖，焖煮15分钟至熟透。
2. 揭盖，加入洗净的红枣，加入白糖搅匀，慢火煮沸。
3. 将锅中的材料盛入汤盅。
4. 将汤盅放入预热好的蒸锅中。
5. 加上盖子，用慢火蒸约1小时至莲子、花生完全熟透。
6. 取出蒸好的莲子红枣花生汤即可。

莲子百合汤

烹饪时间 / 35分钟　口味 / 甜　功效 / 养心润肺　适合人群 / 一般人群

原料

鲜百合35克，水发莲子50克

调料

白糖适量

营养分析

百合除含有蛋白质、脂肪、还原糖、淀粉外，还含有钙、磷、铁、B族维生素、维生素C等营养素，具有养心安神、润肺止咳的功效，对病后虚弱的人非常有益。

制作指导

炖汤时用小火慢慢炖，炖制的时间应足够长，使其熟透。

相宜相克

- 百合+杏仁（止咳平喘）
- 百合+菖蒲（可防治失眠）
- 百合+鸡蛋（提神健脑）
- 百合+桂圆（滋阴补血）

做法：

1. 将洗净的莲子用牙签将莲子心挑去，备用。
2. 锅中注水烧开，倒入莲子。
3. 加盖，焖煮至熟透。
4. 加入白糖拌匀，再加入洗净的百合煮沸。
5. 将莲子、百合盛入汤盅，放入已预热好的蒸锅。
6. 加盖，用慢火蒸约30分钟，汤制成取出即可。

银耳红枣汤

烹饪时间 / 25分钟　口味 / 甜　功效 / 美容养颜　适合人群 / 女性

原料

水发银耳100克，红枣40克

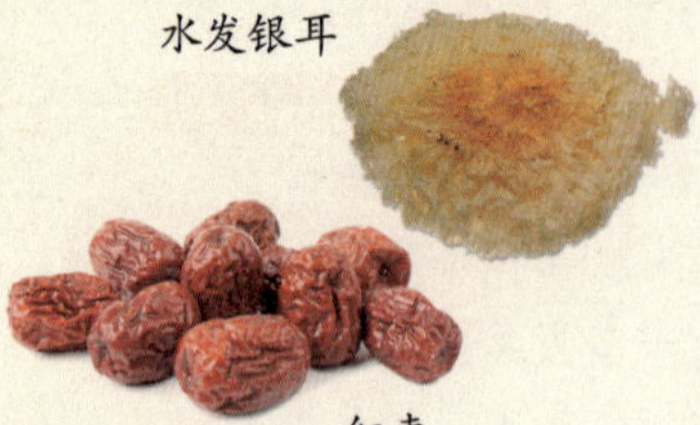

调料

白糖适量

营养分析

红枣含糖分、蛋白质、碳水化合物等，有益气补血、健脾和胃、祛风之功效。红枣还含有抗疲劳的物质，能增强人的耐力。红枣所含的黄酮类化合物有镇静的作用，还能减轻毒性物质对肝脏的损害。

制作指导

红枣入锅后不宜煮的时间太长，否则红枣太绵软，影响汤的外观和口感。

相宜相克

✓ 红枣+鸡蛋（益气养血）

✓ 红枣+生姜（增强补血）

✗ 红枣+螃蟹（易导致寒热病）

✗ 红枣+黄瓜（破坏维生素C）

做法:

1. 将洗好的银耳切去根部，再切成小碎片。
2. 锅中注入适量清水烧热，倒入银耳煮约3分钟至沸腾，捞出过凉水。
3. 另起锅注水，倒入洗净的红枣，放入汆过水的银耳煮开。
4. 继续煮10分钟至食材软烂。
5. 放入适量白糖，再煮片刻至入味。
6. 装入碗中即成。

桂圆山药红枣汤

烹饪时间 / 18分钟　口味 / 甜　功效 / 增强免疫　适合人群 / 一般人群

原料

山药100克，红枣30克，桂圆肉50克

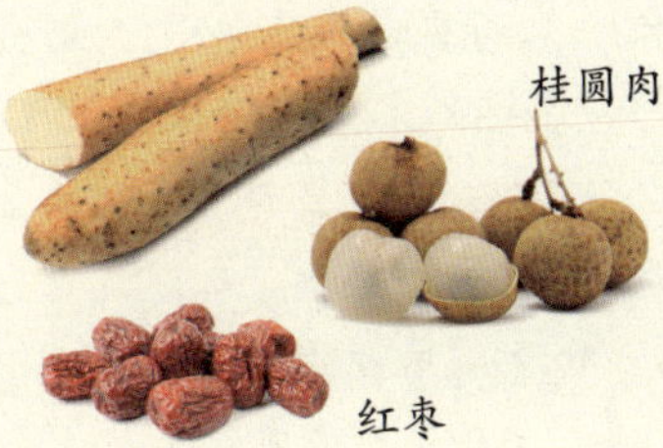

调料

白糖适量

营养分析

山药含有的淀粉酶消化素能分解蛋白质和糖，有减肥轻身的作用。山药能增强机体免疫力、补气通脉、平喘。春季天气较枯燥，易伤肺津导致阴虚，此时进补山药最为适宜。

制作指导

山药去皮切块后需立即浸泡在盐水或醋水中，以防止氧化发黑。

相宜相克

✓ 山药+玉米（增强免疫力）

✓ 山药+红枣（补血养颜）

✗ 山药+菠菜（降低营养价值）

做法：

1. 将去皮洗净的山药切块，装入碗中，用清水浸泡片刻。
2. 锅中注水烧开，倒入洗净的红枣。
3. 放入洗好的桂圆肉，再倒入山药。
4. 加盖焖煮15分钟至熟。
5. 揭盖，加入白糖拌匀。
6. 盛入汤盅即成。

桂圆银耳红枣汤

烹饪时间 / 25分钟　口味 / 甜　功效 / 美容养颜　适合人群 / 女性

原料

桂圆肉35克，红枣20克，水发银耳50克，山药100克

调料

冰糖45克

营养分析

桂圆含有糖、蛋白质和多种维生素等营养成分，有滋补强体、补心安神、养血壮阳、益脾开胃、美容养颜的功效。对失眠、神经衰弱、记忆力减退、贫血有较好的疗效。

制作指导

山药在削皮后，表面会产生红褐色之氧化现象。为避免此情形发生，可在山药削完皮后，迅速放入盐水中浸泡。

相宜相克

- ✓ 山药+红枣（补血养颜）
- ✓ 山药+羊肉（补脾健胃）
- ✗ 山药+猪肝（破坏维生素C）
- ✗ 山药+菠菜（降低营养价值）

做法：

1. 将银耳洗净切成小块。
2. 山药去皮洗净，切成丁。
3. 切好的山药放入清水中浸泡。
4. 热锅注水，倒入冰糖、桂圆肉、红枣、银耳拌匀烧开。
5. 盖上锅盖，慢火焖20分钟。
6. 揭盖，倒入山药丁拌匀煮至熟透，盛出即可。

山药五宝甜汤

烹饪时间 / 17分钟　口味 / 甜　功效 / 养心润肺　适合人群 / 老年人

原料

山药60克，水发莲子50克，鲜百合40克，红枣20克，桂圆肉35克，水发银耳50克

调料

白糖适量

营养分析

山药富含大量的淀粉、B族维生素、黏液蛋白和矿物质。其所含的黏液蛋白有降低血糖的作用，是糖尿病人的食疗佳品。山药有增强免疫力、养心润肺等保健功效。

制作指导

山药切片后需立即浸泡在盐水或醋水中，以防止氧化发黑。

相宜相克

- 桂圆+大米（补充元气）
- 桂圆+莲子（养心安神）
- 桂圆+人参（增强免疫力）
- 桂圆+百合（防治失眠）

做法：

1. 山药去皮洗净，切片；银耳洗净，切去黄色的根部，再切碎；莲子洗净，用牙签挑去莲子心。
2. 取不锈钢锅，注入适量清水烧开。
3. 倒入准备好的所有原料。
4. 用中火煮开，再转小火，煮约15分钟至食材熟软。
5. 加入白糖，用汤勺搅拌匀。
6. 关火，将做好的甜汤盛入碗中即可。

红腰豆雪梨汤

烹饪时间 / 18分钟　口味 / 甜　功效 / 益气补血　适合人群 / 女性

原料

熟红腰豆150克，雪梨1个

熟红腰豆

雪梨

调料

冰糖30克

营养分析

红腰豆含有丰富的维生素A、B族维生素、维生素C、蛋白质、食物纤维及铁、镁、磷等多种营养成分，有补血、增强免疫力、帮助细胞修补及防衰老的功效。

制作指导

在夏季食用此道糖水时，先将其冰镇后再食用，口感会更好。

相宜相克

- ✓ 梨+猪肺（清热润肺、助消化）
- ✓ 梨+蜂蜜（缓解咳嗽）
- ✗ 梨+螃蟹（易引起腹泻，损伤肠胃）
- ✗ 梨+羊肉（易导致消化不良）

做法：

1. 将去皮洗净的雪梨切成瓣，再去除核，把果肉切成小块，装入碗中，备用。
2. 锅中注水烧开，放入冰糖，搅拌一会儿。
3. 倒入熟红腰豆，拌匀，煮沸后用小火煮15分钟至红腰豆变软。
4. 倒入切好的雪梨，用大火煮至沸腾。
5. 捞出浮沫，再煮10分钟至食材入味。
6. 关火，将煮好的糖水盛出即可。

红豆年糕汤

烹饪时间 / **4分钟**　口味 / **甜**　功效 / **瘦身排毒**　适合人群 / **女性**

原料

熟红豆200克，年糕300克，姜丝少许

调料

红糖20克

·营养分析·

红豆具有通肠、利小便、消肿排脓、消热解毒、治泻痢脚气、止渴解酒、通乳下胎的作用。它含有的膳食纤维具有良好的润肠通便、降血压、降血脂、调节血糖、解毒抗癌、预防结石、健美减肥的作用。

制作指导

由于红豆不容易在短时间内煮熟，所以在做本汤品之前，一定要提前将红豆煮熟。

相宜相克

- ✓ 红豆+大米（有利营养的吸收）
- ✓ 红枣+小麦（养心健脾）
- ✗ 红豆+羊肝（易引起身体不适）
- ✗ 红豆+羊肚（易导致水肿、腹痛、腹泻）

做法：

1. 将年糕切成小块，装入盘中，备用。
2. 锅中加适量清水烧开，放入年糕，煮约1分钟。
3. 把煮熟软的年糕捞出备用。
4. 锅中加适量水烧开，放入姜丝、熟红豆。
5. 放入煮软的年糕，再略煮片刻。
6. 加入适量红糖，待溶化后，把煮好的年糕汤盛出装碗即可。

牛奶木瓜甜汤

烹饪时间 / 5分钟　口味 / 甜　功效 / 美容养颜　适合人群 / 一般人群

原料

木瓜200克，牛奶200毫升

调料

白糖适量

营养分析

木瓜所含的蛋白酶、番木瓜碱等成分，能够降低血脂，消除体内过氧化物等毒素，可净化血液，对肝功能障碍及高血脂、高血压具有良好的预防效果。

制作指导

煮汤时，白糖用量不宜过多，以保持汤的清淡口感。木瓜也应选用半生熟的，太熟了，煮后容易烂。

相宜相克

✓ 木瓜+牛奶（有明目清热、清肠热、通便的功效）

✗ 木瓜+胡萝卜（会破坏木瓜中的维生素C）

做法：

1. 木瓜去皮、籽，洗净切块，放入盘中备用。
2. 锅中倒入适量清水烧热。
3. 加入白糖，拌匀烧开。
4. 倒入木瓜煮约3分钟至熟透。
5. 倒入牛奶，用汤勺拌煮至沸腾。
6. 将汤盛入碗中，即可。

百合炖雪梨

烹饪时间 / 10分钟　口味 / 甜　功效 / 清热解毒　适合人群 / 一般人群

原料

雪梨100克，鲜百合60克

调料

白糖适量

营养分析

雪梨含有苹果酸、柠檬酸、维生素、胡萝卜素等营养物质，具有清热解毒、润燥化痰的功效，适用于热病口渴、大便干结、饮酒过度等症。大便稀薄容易腹泻者和咳嗽痰白稀者不宜过多食用雪梨。

制作指导

百合洗净后要浸泡一夜，浸泡后的水不要倒掉，与浸泡好的百合一同倒入锅中用慢火煮黏。这样炖出来的糖水更原汁原味。

相宜相克

✓ 梨+丁香（营养丰富）
✓ 梨+冰糖（润肺解毒）
✗ 梨+鹅肉（增加肾的负担）

做法：

1. 将去皮洗净的雪梨切瓣，去核后将其改切成块。
2. 锅中倒入适量清水，大火烧开。
3. 放入切好的雪梨块，加入白糖煮沸。
4. 再倒入洗净的百合。
5. 慢火炖7分钟至百合、雪梨熟透。
6. 盛入碗内即成。

冰糖木瓜

烹饪时间 / 42分钟　口味 / 甜　功效 / 养心润肺　适合人群 / 一般人群

原料

木瓜500克

木瓜

调料

冰糖30克

营养分析

木瓜含有B族维生素、维生素C、维生素E、蛋白质、胡萝卜素等营养成分，有助消化、消暑解渴、润肺止咳的功效。它特有的木瓜酵素能养心润肺、预防胃病，其独有的木瓜碱具有抗肿瘤的功效，对淋巴性白血病细胞具有强烈抗癌活性。

制作指导

蒸木瓜时应用小火蒸较长时间，直至熟透。

相宜相克

✓ 木瓜+莲子（可辅助治疗产生虚弱等症）

✗ 木瓜+胡萝卜（会破坏木瓜中的维生素C）

做法：

1. 木瓜洗净去籽、去皮，切成块。
2. 锅中加适量清水烧开，放入冰糖，倒入木瓜。
3. 大火煮至木瓜熟透。
4. 将木瓜盛入汤碗中，置于已经预热好的蒸锅。
5. 加盖，蒸40分钟至熟烂。
6. 揭盖，取出蒸好的木瓜，稍放凉后即可食用。

木瓜莲子百合汤

烹饪时间 / **10分钟**　口味 / **甜**　功效 / **养心润肺**　适合人群 / **女性**

原料

木瓜200克，水发莲子、百合各60克

调料

白糖35克

·营养分析·

莲子含有铁、钙、莲心碱、蛋白质等营养物质，具有养心润肺的功效，经常食用可以预防多种疾病。它还能扩张外周血管，降低血压。脑力劳动者常食莲子，可以健脑、增强记忆力，并能预防老年痴呆症。

制作指导

将莲子放入热水锅中煮一会儿，再放入冷水中浸泡几分钟，去除莲心时会更容易一些。

相宜相克

- ✓ 莲子+木瓜（食疗作用增强）
- ✓ 莲子+百合（清心安神）
- ✗ 莲子+蟹（同食产生不良反应）
- ✗ 莲子+龟（同食产生不良反应）

做法：

1. 先将木瓜去籽，洗净后再去除表皮，果肉切小块。
2. 锅中注入适量清水，大火烧开，倒入木瓜和洗净的莲子。
3. 加盖，煮约5分钟至沸。
4. 揭盖，倒入洗好的百合略煮片刻。
5. 加入适量白糖，用小火拌煮至白糖溶化。
6. 把汤盛出即成。

木瓜西米汤

烹饪时间 / 13分钟　口味 / 甜　功效 / 清热解毒　适合人群 / 一般人群

原料

木瓜200克，水发西米100克

水发西米

木瓜

调料

三花植脂淡奶30毫升，白糖30克

·营养分析·

木瓜含番木瓜碱、木瓜蛋白酶、木瓜凝乳酶、番茄烃、B族维生素、维生素C、维生素E、糖分、蛋白质、脂肪、胡萝卜素等。食用木瓜是效果最显著的清热解毒方法之一，常食木瓜能有效排出体内的毒素。

制作指导

蒸木瓜西米时应注意火候，用小火蒸会使汤更鲜甜。

相宜相克

✓木瓜+牛奶（明目清热、清肠热、通便）

✓木瓜+鱼（有养阴、补虚、通乳的作用）

做法：

1. 将洗净去皮的木瓜挖出果肉，制成瓜盅；将木瓜果肉切成粒。
2. 锅中倒入适量清水烧开，倒入白糖、水发西米煮熟，倒入三花植脂淡奶煮沸。
3. 放入木瓜粒，拌匀煮沸，制成西米汤。
4. 将西米汤舀入木瓜盅内，转到蒸锅。
5. 加盖，蒸10分钟至熟透。
6. 揭盖，取出蒸好的木瓜西米汤，放凉后即可食用。

一煲好烫，调养全家；以汤养身，胜于用药。汤营养足、味道鲜，不仅口感香润，而且能有效营养脏腑、滋润关节、补虚健体，还能防病治病，是药膳的最佳体现。每天一碗汤，大病小病一扫光。